职业教育课程改革创新规划教材

电子电器产品营销实务

（第2版）

张晓艳　主　编

王奎英　副主编

郭文斐　李　琦

任　燕　李俊霞　参　编

电子工业出版社

Publishing House of Electronics Industry

北京·BEIJING

内 容 简 介

本书根据教育部职业教育教学改革要求，从职业院校电子类专业学生未来职业岗位需求的角度出发，介绍了电子电器产品营销所需的基本知识和岗位技能。

本书以基本技能为主线进行编写，主要内容包括电子电器产品市场营销概论、电子电器产品的市场分析、电子电器产品的市场定位、电子电器产品的产品策略、电子电器产品的价格策略、电子电器产品的分销渠道策略、电子电器产品的沟通与促销策略、电子电器产品采购实务、电子电器产品仓储与保管实务、电子电器产品销售实务、电子电器产品运输与配送实务、电子电器产品网络营销等。

本书以知识"有用、够用"为原则，重点突出基本知识的应用和基本技能的培养，采用探究型自主学习方式，体现"以学生为主体、以教师为主导"的现代教育教学理念。

本书可作为职业院校电子类及相关专业的教学用书，也可作为电子电器产品经营从业人员岗前培训及自学参考用书。

为方便教师教学，本书还配有电子教学参考资料包，详见前言。

未经许可，不得以任何方式复制或抄袭本书之部分或全部内容。
版权所有，侵权必究。

图书在版编目（CIP）数据

电子电器产品营销实务/张晓艳主编. —2版. —北京：电子工业出版社，2018.1
职业教育课程改革创新规划教材

ISBN 978-7-121-33186-2

Ⅰ. ①电… Ⅱ. ①张… Ⅲ. ①电子产品—市场营销学—职业教育—教材②电器—产品—市场营销学—职业教育—教材 Ⅳ. ①F764.5

中国版本图书馆CIP数据核字（2017）第303697号

策划编辑：蒲　玥
责任编辑：蒲　玥
印　　刷：北京虎彩文化传播有限公司
装　　订：北京虎彩文化传播有限公司
出版发行：电子工业出版社
　　　　　北京市海淀区万寿路173信箱　邮编　100036
开　　本：787×1 092　1/16　印张：14.25　字数：364.8千字
版　　次：2012年1月第1版
　　　　　2018年1月第2版
印　　次：2024年12月第14次印刷
定　　价：32.00元

凡所购买电子工业出版社图书有缺损问题，请向购买书店调换。若书店售缺，请与本社发行部联系，联系及邮购电话：（010）88254888，88258888。

质量投诉请发邮件至zlts@phei.com.cn，盗版侵权举报请发邮件至dbqq@phei.com.cn。
本书咨询联系方式：（010）88254485，puyue@phei.com.cn。

前 言

本书是职业院校电子类专业系列教材之一,依据《教育部关于进一步深化职业教育教学改革的若干意见》等教学指导方案,并参照电子产品经营相关职业技能鉴定标准编写的。全书遵循"就业为导向、能力为本位、素质为基础、模块为载体"的指导思想,采用"模块引领、技能驱动、一体化教学"的模式,力求突出以下特色:

(1) 以学生为主体,以教师为主导,强调自主学习、团队协作、理论实践一体化。本书每一技能单元的学习均以小组活动展开。活动中,学生在教师的引导下,通过预习基本知识和进行小组讨论,共同完成学习任务。

(2) 以知识"有用、够用"为原则,以职业需求为出发点,参照电子电器产品经营相关职业鉴定标准选择教材内容。为明确岗位职责,本书适当嵌入职业素质和职业道德规范要求,力求做到内容精要、语言精练、重点突出、易学易懂。

(3) 按职业领域工作过程的逻辑排列设置模块和模块所涵盖的相关典型工作任务,由"基本技能""基本知识""思考题""知识拓展"栏目构成一个教学单元;由"模块教学目标""模块基本技能""模块技能训练""模块学习测验与总结""模块学习评价"等栏目构成一个教学模块,体现模块化、系列化。

(4) 采用以学生为主体、以教师为主导的探究型学习方式,教学活动丰富多彩。每个任务单元的教学首先以小组活动的形式展开,先让学生自行学习、体验、尝试解决问题,再由教师做主题讲授,由简到繁,由易到难。通过活动培养学生自主学习和团队合作学习的能力,满足学生喜欢探究新事物的心理,激发学生学习新知识的兴趣。各种学习活动采用多种生动有趣的形式,给学生带来全新的学习体验,符合中职生的认知规律,吸引学生积极参与。

本课程在教学活动中可参考如下课时分配。

序 号	模 块	建 议 学 时
1	电子电器产品市场营销概论	6
2	电子电器产品的市场分析	6
3	电子电器产品的市场定位	6
4	电子电器产品的产品策略	6
5	电子电器产品的价格策略	4
6	电子电器产品的分销渠道策略	4
7	电子电器产品的沟通与促销策略	6
8	电子电器产品采购实务	4
9	电子电器产品仓储与保管实务	4

续表

序 号	模 块	建 议 学 时
10	电子电器产品销售实务	4
11	电子电器产品运输与配送实务	4
12	电子电器产品网络营销	4
13	测验	2
合 计		60

　　本书由河南机电职业学院高级讲师、高级市场营销师张晓艳任主编，河南机电职业学院高级讲师、河南省学术技术带头人王奎英任副主编，河南龙翔电器有限公司高级工程师黄家旗任主审。模块一、模块二由王奎英编写；模块三、模块四由河南省民政学校任燕编写；模块五、模块六由河南机电职业学院李琦编写；模块七、模块八由河南机电职业学院郭文斐编写；模块九、模块十、模块十一由张晓艳编写；模块十二由河南机电职业学院李俊霞编写；全书由张晓艳统稿。本书在编写过程中得到了新飞电器有限公司营销师顾正杰的指导和帮助，并吸取了一些专家、学者、教师的研究成果，在此深表谢意。

　　由于我们水平有限，时间仓促，书中不妥和错误之处在所难免，敬请同行、读者批评指正。

　　为了方便教师教学，本书配有电子教学参考资料包，请有此需要的教师登录华信教育资源网（www.hxedu.com.cn）免费注册后再进行下载，如有问题可在网站留言板留言或与电子工业出版社联系（E-mail：hxedu@phei.com.cn）。

编　者
2017 年 11 月

目 录

模块一 电子电器产品市场营销概论 ·········· 1
  基本技能 1 识别电子电器产品 ·········· 1
  基本技能 2 了解电子电器产品市场特点 ·········· 4
  基本技能 3 熟悉市场营销学基本理论 ·········· 9

模块二 电子电器产品市场分析 ·········· 19
  基本技能 1 分析市场营销环境 ·········· 19
  基本技能 2 分析市场购买行为 ·········· 25
  基本技能 3 开展市场调查与预测 ·········· 29

模块三 电子电器产品的市场定位 ·········· 43
  基本技能 1 细分市场 ·········· 43
  基本技能 2 选择目标市场 ·········· 49
  基本技能 3 进行市场定位 ·········· 55

模块四 电子电器产品的产品策略 ·········· 65
  基本技能 1 选择产品组合策略 ·········· 65
  基本技能 2 熟悉产品生命周期理论 ·········· 69
  基本技能 3 选择产品商标与品牌策略 ·········· 75
  基本技能 4 选择产品包装策略 ·········· 80

模块五 电子电器产品的价格策略 ·········· 87
  基本技能 1 熟悉产品定价方法 ·········· 87
  基本技能 2 选择产品价格策略 ·········· 92

模块六 电子电器产品的分销渠道策略 ·········· 102
  基本技能 1 设计分销渠道 ·········· 102
  基本技能 2 熟悉电子电器产品连锁经营方式 ·········· 107

模块七 电子电器产品的沟通与促销策略 ·········· 115
  基本技能 1 熟悉促销方式 ·········· 115

基本技能2　选择广告和人员推销策略 ……………………………………… 119
　　基本技能3　熟悉营业推广与公共关系方式 …………………………………… 126

模块八　电子电器产品采购实务 …………………………………………………… 137
　　基本技能1　熟悉电子电器产品采购方式 ……………………………………… 137
　　基本技能2　熟悉电子电器产品采购基本业务 ………………………………… 142

模块九　电子电器产品仓储与保管实务 …………………………………………… 152
　　基本技能1　熟悉电子电器产品仓储基本业务 ………………………………… 152
　　基本技能2　熟悉电子电器产品保管基本业务 ………………………………… 162

模块十　电子电器产品销售实务 …………………………………………………… 171
　　基本技能1　了解电子电器产品销售方式 ……………………………………… 171
　　基本技能2　熟悉电子电器产品零售基本业务 ………………………………… 175

模块十一　电子电器产品运输与配送实务 ………………………………………… 188
　　基本技能1　熟悉电子电器产品运输基本业务 ………………………………… 188
　　基本技能2　熟悉电子电器产品配送基本业务 ………………………………… 196

模块十二　电子电器产品网络营销 ………………………………………………… 204
　　基本技能1　了解网络营销 ……………………………………………………… 204
　　基本技能2　熟悉电子电器产品网络营销手段 ………………………………… 209
　　基本技能3　熟悉电子电器产品网络营销策略 ………………………………… 213

参考文献 ……………………………………………………………………………… 222

模块一

电子电器产品市场营销概论

模块教学目标

学习目标	理解市场的含义和市场营销的核心概念；熟悉电子电器产品市场的分类及其特点；了解市场营销观念的发展过程
技能目标	掌握市场营销基本理论；能综合运用所学知识剖析现实案例
教学方式	学生自主学习、合作学习；教师授导；案例研讨、分析；实地考察
参考学时	6学时

模块基本技能

基本技能1 识别电子电器产品

活动1：组建学习团队

活动形式：小游戏。

活动过程：（1）教师根据学生总数划分若干小组，组成学习团队。一般每班4~5组，每组8~10人。

（2）教师事先准备好与组数相同的图片，将每张图片按小组人数剪成若干个碎片。

（3）每位学生任意抽取一张碎片，然后尝试与其他学生的碎片拼接，能共同拼出完整图片的同学即为同一小组成员。

（4）各组为本团队命名，并提出团队格言，推举出小组长及小组发言人（建议组长和发言人由每位学生轮流担当）。小组成员将个人信息提供给组长，组长按表1-1整理成通讯录，供大家学习交流。

表1-1 学习小组通讯录

团队名称		组长		发言人		
个人信息	姓名		电话		QQ	备注
团队格言						

活动2：识别电子电器产品

活动形式：小组讨论。

活动过程：（1）教师向学生说明本次活动的目的、内容及注意事项。

（2）学生认真预习"基本知识"并就图 1-1 所示产品展开讨论，识别哪些属于电子电器产品。

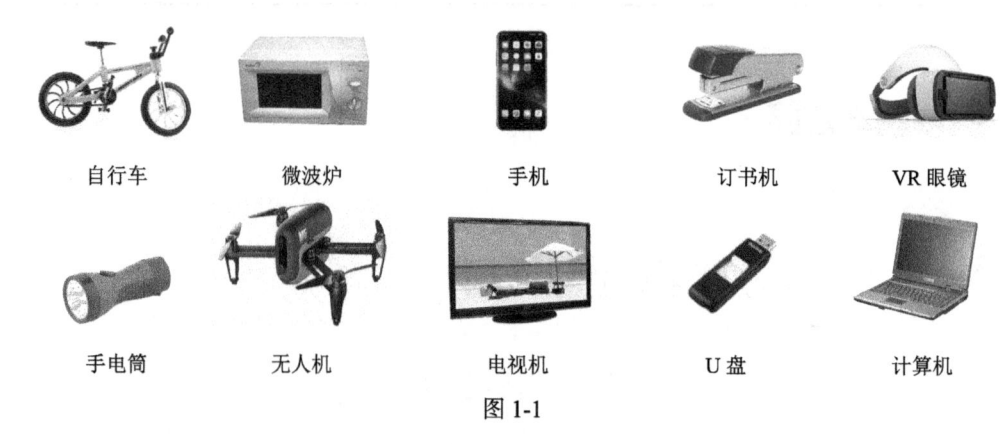

自行车　　微波炉　　手机　　订书机　　VR眼镜

手电筒　　无人机　　电视机　　U盘　　计算机

图1-1

（3）讨论过程中，教师给予必要的引导。

（4）组长负责记录，小组发言人报告讨论结果。

（5）教师对本次活动的开展情况进行评价；对存在争议的一些问题加以澄清；对表现好的小组和个人予以表扬或奖励，尤其要鼓励学生的创造性思维。

活动成果：小组研讨记录表（见表1-2）。

表1-2　　　　小组研讨记录表

研 讨 问 题	研 讨 结 果
图中所列哪些属于电子电器产品	

基本知识

一、电子电器产品的定义

电子电器产品是电子产品和电器产品的总称。

电子产品泛指由电子元器件组成的产品。从民用的角度来讲,电子产品分为消费类电子产品(如电视机、手机、DV机、电子玩具等)和专业类电子产品(如广播、电视发射机、专业录像机、播控设备、各种电子仪器仪表等)。

电器产品泛指所有用电的器具。从专业的角度来讲,电器产品主要指用于对电路进行接通、断开来变换电路参数,以实现对电路或用电设备的控制、调节、切换、检测和保护功能的用电设备和元器件。但现在这一名词已经广泛地扩展到民用角度。从普通民众的角度来讲,它主要是指家庭常用的一些为生活提供便利的用电设备,如空调、冰箱、洗衣机、各种小家电等。

概括地讲,电子电器产品是指由电子元器件组成、以电为能源的产品。

二、电子电器产品的分类

电子电器产品种类繁多,且分类标准不同,分类结果也不相同。现以家用电子电器产品为例,按其用途可分为如下几种。

(1)空调器具:主要用于调节室内空气温度、湿度及过滤空气,如电风扇、空调器、空气清洁器等。

(2)制冷器具:利用其装置产生低温来冷藏或冷冻食物、饮料及其他物品,如电冰箱、冷饮机、制冷机、冰激凌机等。

(3)清洁器具:用于个人衣物、室内环境的清理与清洗,如洗衣机、干衣机、淋浴器、抽烟机、排气扇、吸尘器等。

(4)熨烫器具:用于熨烫衣物,如电熨斗、熨衣机、熨压机等。

(5)取暖器具:通过电热元件使电能转换为热能,供人们取暖,如空间加热器、电热毯等。

(6)保健器具:用于身体保健的家用小型器具,如电动按摩器、按摩靠垫、空气负离子发生器、催眠器、脉冲治疗器等。

(7)整容器具:用于修饰人们面容,如电吹风、电推剪、电动剃须刀、多用整发器、烘发机、修面器等。

(8)照明器具:包括室内各类照明及艺术装饰用的、灯具,如各种室内照明灯具、镇流器、启辉器等。

(9)家用电子器具:指家庭和个人用的电子产品。这类家电产品门类广、品种多。主要包括以下几类。

① 音响产品:如收音机、录音机、组合音响、电唱机等。

② 视频产品:如电视机、录像机等。

③ 计时产品：如电子手表、电子钟等。
④ 计算产品：如计算器、家用电子计算机、家用计算机等。
⑤ 娱乐产品：如电子玩具、电子乐器、电子游戏机等。
⑥ 其他家用电子产品：如家用通信产品、医疗保健产品等。

（10）厨房器具：用于食物准备、食具清洁、食物制备、烹调等的电器器具，如电饭锅、电火锅、电烤箱、微波炉、电磁灶、搅拌器、绞肉机、洗碗机、榨汁机等。

> **思考题**
>
> 请分类说出你家有哪些电子电器产品。

知识拓展

电子电器产品的特性

1. 可靠性

可靠性是指电子电器产品在规定的使用条件下和规定的使用时间内保证完成规定功能的程度。能长期稳定可靠地工作是衡量电子电器产品品质的一个重要指标。

2. 耐用性

一般电子电器产品的使用寿命都很长，大部分电子产品的正常使用寿命都是以千小时计算的。较高档的产品，如电视机、冰箱、空调等的使用寿命则是以万小时来计算的。

3. 安全性

电子电器产品在电气和机械运动部分都应采取必要和充分的安全措施，保证在正常使用时不会对人身造成危害。

4. 美观性和装饰性

电子电器产品在外观式样设计、外表色彩、图案处理等方面一般都要讲究美观和装饰性。

5. 使用适宜性

电子电器的正常使用应不会给人们的正常生活带来危害。

6. 节约性

由于能源和水资源的稀缺，使用能源和水资源的费用逐年提高，所以人们更加倾向于使用节能性能和节水性能好的电子电器产品。

基本技能 2　了解电子电器产品市场特点

活动：案例研讨

活动形式：以小组为单位研讨案例。

活动过程：（1）教师向学生说明本次活动的目的、内容及注意事项。

（2）学生认真预习"基本知识"，研读案例并展开讨论、回答问题。

（3）讨论过程中，教师给予必要的引导。

（4）组长负责记录，小组发言人报告研讨结果。

（5）教师对本次活动的开展情况进行评价；对存在争议的一些问题加以澄清；对表现好的小组和个人予以表扬或奖励，尤其要鼓励学生的创造性思维。

活动成果：小组研讨记录表（见表1-3）。

表1-3 _____小组研讨记录表

研讨问题	研讨结果
（1）农村家电消费需求有哪些特点	
（2）为什么"家电下乡"优惠活动能激活农村消费市场	
（3）为什么说农村消费市场潜力巨大	

>>> 案例1-1

"家电下乡"激活农民购买力 升级农村消费市场

我国农村消费市场曾因持续低迷，一度被人们戏称为"一锅烧不开的温水"。调查表明，截止到2006年，农村居民家庭平均每百户冰箱、空调、洗衣机的拥有量分别只有22.5台、7.3台和43.1台。而从市场容量的角度来看，农村几乎与城市相当。根据中国统计年鉴的数据测算，2006年年底，城镇的家庭户数约为1.96亿户，农村的家庭户数约为1.82亿户，这说明农村家电市场的需求很大。2008年，国家开展了意在刺激农村消费市场由企业让利、国家补贴的"家电下乡"优惠活动。参与活动的家电产品共197个型号，按产品销售价格的13%予以补贴。

农村的家电消费水平与收入水平关系密切，可支配收入水平高的省市，家电的保有量水平也较高。降低家电产品的价格和提高收入对消费的影响是同向的，都会刺激消费。政府补贴家电购买无疑是一种鼓励消费的有效策略。

此次试点地区家电增长潜力较大，家电下乡试点工作所选取的山东、河南和四川是目前农村人口最多的三个省，分别占全国农村人口的6.8%、8.6%和7.28%，总计占全国农村人口总数的22.68%。因此这三个省的农村市场容量居全国之首。

经过三年的推广和营销，"家电下乡"活动取得了非常好的效果。2011年一季度统计结果显示，全国累计销售下乡家电产品270万台，销售额40亿元，环比增长70%，大大刺激了农村消费需求。

近年来，国家出台的一系列惠民政策使农民的钱包日益丰盈，农民的消费意识在逐年提升，农村消费市场潜力巨大。

基本知识

一、市场的概念

从市场营销学的角度讲,市场是现实需求与潜在需求的统称,即哪里有需求,哪里就有市场。对于一个企业而言,产品生产出来并定价后,如果有人愿意以此价格购买这种产品,这就意味着企业的产品有市场。愿意购买又有能力购买的人越多,或有效购买力越大,说明产品的需求量大,企业的市场就越大。因此,从企业营销的角度来讲,市场是指某种产品的现实购买者与潜在购买者(可能的购买者、有潜在购买需求的人或组织)需求的总和。它由三个要素组成:人口、购买力和购买欲望。

1. 人口

人口是指人口数量的多少。人口数量的多少决定着市场容量的大小;人口结构影响着市场需求的内容与结构。

2. 购买力

购买力是指消费者支付货币购买商品或劳务的能力。在人口既定的条件下,购买力就成为市场容量的重要因素之一。市场的大小直接取决于购买力的大小。

3. 购买欲望

购买欲望是指消费者购买商品或劳务的愿望、要求和动机,是把消费者的潜在购买力转变为现实购买力的重要条件。

一般而言,人口的多少与生活必需品的销量密切相关;购买力的高低与高价品、奢侈品的销量密切相关;而购买欲望则较多地与消费者的个性相关联。

电子电器产品市场是指由一切对电子电器产品具有特定需要和欲望,并且愿意和能够从事交换来使需要和欲望得到满足的潜在顾客所组成的群体。

二、市场的分类

市场的分类方法很多,按照不同的标准可以划分为不同的类型。根据购买者特点及使用目的的不同,市场可分为消费者市场和组织市场。

1. 消费者市场

消费者市场是指个人或家庭为了生活消费而购买商品或服务的市场。这一市场庞大而分散,是整个社会经济活动为之服务的最终市场。

消费者是电子电器产品的主要买主,消费者市场是电子电器产品经营活动为之服务的最终市场。因此,电子电器产品消费者市场是电子电器产品经营者最为重视和重点研究的对象。

2. 组织市场

组织市场又包含三个组成部分,即生产者市场、中间商市场和政府市场。

(1)生产者市场。生产者市场也称工业市场或产业市场。在生产者市场中,人们采购货物或劳务的目的是为了加工生产其他产品,并将这些产品销售或出租,以从中赢利。例如,手机厂商采购手机构件的目的,是为了生产手机用来出售。

(2)中间商市场。中间商包括各种批发商、代理商和零售商。在中间商市场中,批发商、代理商和各类零售商购买产品的目的,是在消费者市场上出售这些产品而获利,因此中间商市场又被称为转售者市场。

电子电器产品经营企业一般不生产产品，是电子电器产品的转售者，即经销商。例如，苏宁电器股份有限公司就是我国一家大型家电连锁零售经营企业，其经营的商品包括空调、冰箱、彩电、音像、小家电、通信产品、计算机、数码产品等上千个品牌、20多万个规格型号的电子电器产品。

（3）政府市场。政府市场是指为执行政府的主要职能而采购或租用商品的各级政府单位。政府市场上的购买者是政府的采购机构或部门。政府市场是一个庞大的市场，受到电子电器产品生产经营者的普遍重视。

三、电子电器产品市场特点

1. 电子电器产品消费者市场特点

（1）分散性。电子电器产品消费者市场以个人或家庭为购买和消费的基本单位，购买者众多、市场分散，购买的目的是为了满足生活需要，主要通过零售商购买，每次购买的量小。

（2）差异性。电子电器产品消费者人多面广，差异性大。不同年龄、性别、兴趣爱好、受教育程度、收入水平的消费者有着不同的需求特点。

（3）多变性。电子电器产品更新换代周期短，新产品层出不穷，越来越多的消费者追逐消费潮流，需求多变。消费者更加关注产品的性能、外表款式乃至产品品位，而对一成不变的产品感到厌倦。

（4）替代性。电子电器产品种类繁多，同种产品的生产厂家多，产品之间往往可以互相替代。因此，消费者选择余地大，经常在替代品之间进行购买选择，导致购买力在不同产品、品牌和企业之间流动。

（5）非专业性。电子电器产品消费者大多缺乏相应的产品知识和市场知识，其购买行为属于非专业性购买。他们对产品的选购受广告宣传的影响较大，其购买行为具有很大程度的可诱导性。

2. 电子电器产品组织市场特点

（1）派生需求。组织需求是一种派生需求。组织机构对产品的需求归根结底是从消费者对消费品或服务的需求中派生出来的。

（2）市场大。组织市场是一个非常庞大的市场。该市场的消费者不仅购买与消费者市场相同的大量产品，如计算机、灯具、空调、电视等，而且购买许多消费者市场不常需要的产品，如大型中央空调、大型计算机等。

（3）多人决策。采购决策过程的参与者往往不止一个人，而是由很多人组成的，甚至连采购经理也很少能够独立决策而不受他人影响。

（4）过程复杂。由于购买金额较大，参与者较多，而且产品技术性能较为复杂，组织购买行为过程将持续较长一段时间。

（5）提供服务。一般来讲，电子电器产品本身并不能满足组织购买者的全部需求，产品经营者还必须为购买者提供技术支持、人员培训、及时交货、信贷优惠等便利与服务。

> **思考题**
> 1. 市场的构成因素有哪些？
> 2. 电子电器产品消费者市场有何特点？

知识拓展

电子电器产品市场需求及供应特点

1. 电子电器产品市场需求特点

随着时代的发展，消费者对电子电器产品的需求也越来越趋向现代化。其特点主要表现在以下几个方面。

（1）方便适用。方便适用、物美价廉是消费者选购电子电器产品时最基本的要求。

（2）绿色环保。现在，绿色环保意识已深入人心，消费者对于电子电器产品的环保性要求越来越高。

（3）节能。省水、省电、节约能源是消费者选购电子电器产品的重要条件之一。

（4）智能化。智能化电子电器产品已经成为电子电器产品的主要发展方向，它能够让消费者在使用时感到轻松愉悦。

（5）安全保健。当今社会，人们对身体安全和健康日益关注，安全性好和具有卫生保健功能的电子电器产品越来越受到消费者的欢迎。

（6）个性化。随着消费需求越来越趋于个性化，可以体现个人的爱好和个性而设计的电子电器产品也越来越受消费者的推崇。如音乐手机和自拍手机就特别受年轻消费者的欢迎。

2. 电子电器产品市场供应特点

电子电器产品的生产经营者在向市场供应产品时，通常要考虑以下几方面的问题。

（1）市场特点：根据电子电器产品市场的特点来决定产品供应的种类及数量。人口数量大、购买力强、购买欲望强烈的地区，对电子电器产品的需求量就大，市场供应的产品数量、种类就多；地广人稀、经济欠发达地区，对电子电器产品的需求量就小，市场供应的产品数量、种类就少。

（2）换代特点：电子电器产品的科技含量高，更新换代快。因此，电子电器产品的市场供应周期通常比较短。

（3）季节特点：部分电子电器产品在供应时被考虑到产品使用的季节性特点。一般规律是冬季增加供应取暖、保温产品；夏季增加供应制冷、降温产品；节假日电视、音像等娱乐、休闲产品的供应储备比较充足。

（4）气候特点：部分电子电器产品在供应时被考虑到产品使用地区的气候特点。例如，干旱气候地区多供应具有节水功能的产品；多雨气候地区多供应具有防潮功能的产品；常年高温地区多供应具有耐高温功能的产品；常年低温地区多供应具有抗低温功能的产品。

基本技能 3　熟悉市场营销学基本理论

活动：案例研讨

活动形式：以小组为单位分析研讨案例。

活动过程：（1）教师向学生说明本次活动的目的、内容及注意事项。

（2）学生认真预习"基本知识"，研读案例并展开讨论、回答问题。

（3）讨论过程中，教师给予必要的引导。

（4）组长负责记录，小组发言人报告研讨结果。

（5）教师对本次活动的开展情况进行评价；对存在争议的一些问题加以澄清；对表现好的小组和个人予以表扬或奖励，尤其要鼓励学生的创造性思维。

活动成果：小组研讨记录表（见表1-4）。

表1-4　_____小组研讨记录表

研 讨 问 题	研 讨 结 果
（1）为什么海尔"无所不洗"的洗衣机在农村市场销售火爆	
（2）海尔"无所不洗"，反映了海尔怎样的营销观念	

>>> 案例1-2

海尔洗衣机"无所不洗"

创立于1984年的海尔集团，经过20多年的持续发展，现已成为享誉海内外的大型国际化企业集团。作为在白色家电领域最具核心竞争力的企业之一，海尔有许多令人感慨和感动的营销故事。

海尔营销人员调查四川农民使用洗衣机的状况时发现，在盛产红薯的成都平原，每当红薯大丰收的时节，许多农民除了卖掉一部分新鲜红薯外，还要将大量的红薯洗净后加工成薯条。但红薯上沾带的泥土洗起来费时费力，于是农民就动用了洗衣机……更进一步的调查发现，在四川农村有不少洗衣机用过一段时间后，电动机转速减弱、电动机壳体发烫。向农民一打听，才知道他们冬天用洗衣机洗红薯，夏天用它来洗衣服。这令张瑞敏萌生了一个大胆的想法：发明一种洗红薯的洗衣机。1998年4月，这种洗衣机投入批量生产，洗衣机型号为XPB40-DS，它不仅具有一般双桶洗衣机的全部功能，还可以洗地瓜、水果甚至蛤蜊，价格仅为848元。首次生产了1万台投放农村，立刻就被一抢而空。

每年的 6 月至 8 月是洗衣机销售的淡季。调查发现，不是老百姓不洗衣服，而是夏天里 5kg 的洗衣机不实用，既浪费水又浪费电。于是，海尔的科研人员很快设计出一种洗衣量只有 1.5kg 的洗衣机——小小神童。

"只有淡季的思想，没有淡季的市场。"在西藏，海尔洗衣机甚至可以合格地打酥油；在安徽，海尔洗衣机可以洗龙虾。海尔通过多年来的技术储备和市场优势的积累，在快速启动的洗衣机市场中占尽先机，在其他企业以降价和推销为手段大力开拓市场时，海尔仍然以优质服务赢得了市场，市场份额继续高居全国第一。

正是因为海尔公司以顾客为中心，以市场需求为导向，重视市场调查，获取重要的调查资料来指导企业的生产和经营活动，组织有系统的市场营销，才取得了今天的成就。

基本知识

一、市场营销的含义

市场营销是指通过交换以满足目标顾客的需要和欲望，从而实现企业赢利目标的综合性经营销售活动。理解市场营销主要从以下五个方面进行。

1. 市场营销活动的目的是追求利润

市场营销的最终目标也是企业经营管理的目标，即追求经济效益的最大化，实现企业的生存和发展。市场营销不是一般的管理活动，而是一种战略管理活动。

2. 市场营销活动的中心是达成交易

市场营销的基本核心思想是以顾客为中心，企业的营销活动自始至终都围绕着顾客、顾客服务、满足顾客需求展开。

3. 市场营销活动的出发点是了解和引导消费者的需求

企业要实现自己的经营目标，就要对顾客需求进行分析，尽可能满足顾客需要。随着社会经济的发展，顾客需求的个性化特征越来越明显，而且变化异常快捷。这就需要了解顾客的需要，运用各种营销手段刺激和引导消费者产生新的需求。

4. 市场营销活动的手段是展开综合性的经营销售活动

企业必须搞好市场调研、选择目标市场、产品开发、产品定价、分销渠道选择、产品推广、产品储存和运输、产品销售、售后服务等一系列与市场有关的工作。通过向顾客提供能满足顾客需要的产品或服务并使顾客选择和接受这种产品或服务来实现企业的经营目标。

二、市场营销包含的核心概念

市场营销包含了许多核心概念，其中主要有需要、欲望和需求；商品交换和交易；营销管理；营销组合。

1. 需要、欲望和需求

需要是指人们与生俱来的基本需要，存在于人类自身生理和社会之中。人的需要是多种多样的，饥饿时感到有充饥的需要，口渴时感到有解渴的需要。著名的马斯洛需要层次理论把人的基本需要概括为生理需要、安全需要、归属需要、自尊需要和自我实现需要，并指出一个人总是首先满足最基本、最重要的需要，然后才能向高级形式发展。

欲望是指想得到某种具体满足物的愿望，是个人受不同文化及社会环境影响表现出来的对需要的特定追求。例如，饥渴时对食品和水的欲望特别强烈；"同事买了部高档手机，我也想要"；"假如我中了头彩，就去买一辆豪华轿车"。显然，这些都是期盼得到某种具体满足物的想法，并不涉及支付能力能否达到。

需求是指对某个有能力购买并愿意购买的具体产品的欲望。人的需要是有限的，但欲望却很多，当有购买能力时，欲望便转化成需求。"上大学了，我得买台计算机"，现在这种需求已不足为奇，但在 1990 年，这实在是难以想象。因为，那时的一台很普通的计算机都得 2 万元左右，而一般工作人员的月收入却不足 200 元。欲望可以是无边无际的遐想，但需求的概念却有着严格的限定性，其要点包括：有明确具体的产品或服务，具备购买能力或支付能力，有购买意愿，这三者缺一不可。

人类的需要和欲望是市场营销活动的出发点。人类的需要源自人的生理和心理条件，不是社会或营销者所能创造的。营销者虽然不能创造需要，但却可以通过各种营销组合或多种营销沟通方式来影响人们的欲望。

2. 商品交换和交易

交换是指通过提供某种东西作为回报，从他人那里获得所需要的东西的行为和过程。交换的发生必须具备以下 5 个条件：

（1）至少有买卖（或交换）的双方；
（2）交换的每一方都拥有对方认为有价值、想要的东西；
（3）每一方都能够沟通信息和传送货物；
（4）每一方都可自由地接收和拒绝对方的东西；
（5）每一方都认为与对方进行交易是值得的、适当的或称心如意的。

人们对满足需求和欲望之物的取得可以有多种方式，如自产自用、巧取豪夺、乞讨和交换等。其中，只有交换方式才存在市场营销。因此，交换是市场营销的核心概念，营销的全部内容都包含在交换概念之中。

交易是交换的基本组成单位，是交换双方之间的价值交换。交换是一个过程，在这个过程中，如果双方达成一项协议，就称为发生了交易。交易的典型方式是货币交易，如到商店购买一台微波炉要支付价款 680 元。

3. 营销管理

市场营销管理是指企业为实现其目标，创造、建立并保持与目标市场之间的互利交换关系而进行的分析、计划与执行过程。市场营销管理的基本任务是为了达到企业目标，通过营销调研、计划、执行与控制来管理目标市场的需求水平、时机。换句话说，营销管理的实质是需求管理。

营销管理的任务会随着目标市场的不同需求状况而有所不同。通常要对目标市场设定一个预期交易水平，即"预期的需求水平"。然而，实际的需求水平可能低于或高于期望。营销者必须善于应对各种不同的需求状况，调整相应的营销管理任务。

4. 营销组合

市场营销组合是企业为满足目标市场的需求而加以组合的可控制的变数。国外学者曾确定多个企业可控变数。1960 年，杰罗姆·麦卡锡将它们归纳为产品（Product）、价格（Price）、地点（Place）和促销（Promotion），即著名的"4P"。

（1）产品：企业提供给目标市场的产品和服务的集合体，它包括产品的效用、质量、外观、式样、品牌、包装、规格、服务和保证等因素。

（2）价格：企业出售产品和服务所追求的经济回报，包括价目表所列的价格、折扣、折让、支付方式、支付期限和信用条件等，通常又称为定价。

（3）地点：企业为其产品进入和达到目标市场所组织实施的各种活动，包括商品流通的途径、环节、场所、仓储和运输等，通常又称为分销或渠道。

（4）促销：企业利用各种信息载体与目标市场进行沟通的传播活动，包括广告、人员推销、营业推广、公共关系与宣传报道等。

三、市场营销观念的演变与发展

近百年来，市场营销观念随着经济增长和市场供求关系的变化，大致经历了生产观念、产品观念、推销观念、市场营销观念和社会市场营销观念五种。

1. 生产观念

生产观念认为：生产是最重要的因素，只要生产出有用的产品，就不愁卖不出去。"我生产什么，就卖什么"是这种观念的典型反映。他们认为消费者喜欢那些价格低廉并可以随处买到的产品，企业的中心任务是如何提高劳动生产率，降低生产成本，增加产量和扩大销售覆盖面。

生产观念的缺点在于轻视顾客，认为"酒香不怕巷子深"，"皇帝的女儿不愁嫁"。

2. 产品观念

奉行产品观念的管理者，十分迷恋自己的产品，坚信消费者能够鉴别出产品优异的质量和功能，无须大力推销，顾客会主动找上门来并愿意出高价购买质量上乘的产品。因此，奉行产品观念容易患"营销近视症"，即过分重视产品质量，看不到市场需求及其变动，只知责怪顾客不识货，而不反省自己是否根据需求为顾客提供了其真正想要的东西。

3. 推销观念

推销观念认为，消费者通常会有购买迟钝或抗拒购买的表现。如果任其自然，消费者通常不会购买本企业太多的产品，因此，企业必须大力开展推销和促销活动，刺激消费者购买或更多地购买他们的产品。奉行推销观念的厂商特别注重运用推销术和广告术，激发现实和潜在的消费者对产品的兴趣和购买欲望，促使其购买。在他们看来，产品是"被卖出去的"，而不是"被买走的"。所以很少研究顾客真正需要是什么，只是利用各种推销手段来刺激需求，争取顾客，扩大销售，而轻视了其他营销工作，把强行推销和铺天盖地的广告当作是市场营销的全部。事实上，推销只是产品研发、定价、分销等一系列市场营销活动的一部分。

4. 市场营销观念

市场营销观念认为，企业的一切经营活动应该以顾客为中心，正确地界定目标市场，比竞争者更有成效地去组织研发、生产和营销，更有效地满足顾客的需求和欲望。市场营销观念与前面三种观念的最大区别在于：市场营销观念是以买方需要为中心，通过帮助消费者满足其需要而获得相应报酬；而推销观念则是以卖方需要为中心，满足卖方迫切要把产品换成现金的需要。前者是通过为别人服务而获得自身发展，而后者则是一种自利的考虑。

5. 社会市场营销观念

社会营销观念是对市场营销观念的重要修改和补充。它认为，企业提供产品不但要满足消费者的需要和欲望，而且要符合消费者和社会的长远利益，求得企业自身利益、消费者利益和社会长远利益三者之间的平衡。企业不能为了赚钱而只满足消费者的需求，不顾社会利益，应该树立良好的社会形象，给社会大众留下一个关心和爱护社会的好印象。这就要求企业在制定营销策略时，要平衡兼顾企业利润、消费者需求和社会利益。

目前，我国仍处于社会主义市场经济初级阶段，由于社会生产力发展程度及市场发展趋势、经济体制改革的状况及广大居民收入状况等因素的制约，中国企业营销观念仍处于以推销观念为主、多种观念并存的阶段。

四、市场营销新理论

市场营销学自20世纪初问世以来，发展了不少新的理论。

1. 服务营销

随着生产力的不断发展和社会分工日益细化，服务业在经济中的比重越来越大。因此，服务营销在营销中的重要性也不断增加。关于服务的定义，菲利普·科特勒认为："服务是一方能够向另一方提供的基本上是无形的任何活动或利益，并且不导致任何所有权的产生。它的生产可能与某种有形产品联系在一起，也可能没有任何关联。"上述定义包含以下要点：

（1）服务提供的基本上是无形的活动，可以是纯粹服务，也可以与有形产品联系在一起。

（2）服务提供的是产品的使用权，并不涉及使用权的转移，如饭店的租赁。

（3）服务对购买者的重要性足以与物质产品相提并论。对一些重要的服务，如社会保障、教育事业（教育产业除外）、治安和国防等，消费者不需要支付费用。

2. 整合营销

整合营销观念又称整合营销传播，是20世纪90年代欧美国家以消费者为导向的营销思想在传播宣传领域的具体体现。

整合营销就是从消费者的角度做逆向思考，通过研究他们的需要、欲望，以及他们愿意为此付出的成本，来进行多角度、全方位的广告策划、媒体利用，在双向沟通和购买方便性方面取得成效，最终实现利润、市场占有率、品牌、接近公众4大效益，主动引导消费行为的过程。

整合营销观念仍然是以消费者和市场需求为中心，同样强调顾客满意，不过它更注重消费者的个性而非共性来开展企业的营销活动。因此，这种观念认为，传统的"4P"组合已经很难适应竞争激烈的现代市场，应由"4C"，即消费者的需求和欲望（Consumer）、消费者获取满足的成本（Cost）、购买的方便性（Convenience），以及相互之间的沟通（Communication）来代替。

3. 网络营销

网络营销观念是由于互联网技术的迅速发展而出现的一种全新的营销观念。互联网起源于20世纪60年代的美国，随着科学技术的不断发展进步，互联网在全球范围内发展迅速，并取得了巨大的成功。如今，互联网已将遍布全世界的计算机网络连接起来，成为了全人类共享的信息资源，被称为继电视、广播、报纸、杂志之后的第五大传播媒体，是一种全新的、立体的、互动的媒体。

网络营销是指企业、组织或个人通过利用计算机网络、现代通信技术等一系列硬件和软件的支持，在网上开展的一系列营销活动，如网上调查、网上购物、网上促销、网上支付等活动。网络营销突破了地域限制，提供了更个性化的产品和服务，使得交易更加便利。此外，网络营销还具有营销成本低、营销环节少、营销方式新、营销国际化、营销全天候等特点。

4. 绿色营销

绿色营销观是在生态环境不断恶化与消费者环保意识不断增强的情况下提出的一种新的营销观念。20 世纪 90 年代以来，绿色营销风靡全球，使企业营销步入了集企业责任与社会责任为一体的理性化发展阶段。

所谓绿色营销，是指企业在充分满足消费需求，争取适度利润和发展水平的同时，注重自然生态平衡，减少环境污染，保护和节约自然资源，维护人类社会长远利益及其长久发展，将环境保护作为企业生存和发展的条件和机会的一种新型营销观念和活动。

5. 关系营销

在很多情况下，企业并不能寻求即时的交易，所以他们会与长期供应商建立顾客关系。企业要展现给顾客的是卓越的服务能力，现在的顾客多是大型且全球性的。他们偏好可以提供不同地区配套产品或服务的供应商，且可以快速解决各地的问题。当顾客关系管理计划被执行时，组织就必须同时注重顾客和产品管理。同时，企业必须明白，虽然关系行销很重要，但并不是在任何情况下都会有效的。因此，企业必须评估哪一个部门与哪一种特定的顾客采用关系营销最有利。

思考题

1. 市场营销定义的理解要点有哪些？
2. 我国市场营销观念的现状是怎样的？

知识拓展

市场营销活动管理

电子电器产品经营企业的市场营销活动，需要以下三个管理系统支持。

1. 市场营销计划

企业既要制定较长期战略规划，决定发展方向和目标，又要有具体的市场营销计划，具体实施战略计划目标。

2. 市场营销组织

营销计划需要有一个强有力的营销组织来执行。根据计划目标，企业需要组建一个高效的营销组织结构，要对组织人员实施筛选、培训、激励和评估等一系列管理活动。

3. 市场营销控制

在营销计划实施过程中，需要控制系统来保证市场营销目标的实施。营销控制主要有企业年度计划控制、企业赢利控制、营销战略控制等。

营销管理的三个系统是相互联系、相互制约的。市场营销计划是营销组织活动的指导，营销组织负责实施营销计划，计划实施需要控制，保证计划得以实现。

营销小故事

36次越洋电话

珍妮是美国一家报社的高级记者,她的丈夫在东京。有一天,她回日本探望公婆,顺便到东京一家索尼专卖店买了一台摄像机。在选机时,珍妮当然受到了热情的接待,但当她回到家打开一看,却发现摄像机只有一个空壳。于是,她气愤难平地写了一篇名为《微笑服务的背后》的文章,以此揭露索尼公司的虚假服务和欺骗行为。当天晚上,正当她准备将稿件发回美国时,索尼公司副总裁和专卖店经理亲自拿着一台摄像机找上门来并向她详细解释了事情的经过:当天下午盘点时,经理发现一个空壳的样机被售货员错卖了出去。于是,他们根据珍妮留下的名片,拨通了报社电话,然后又将电话打到了她美国的家中,几经周折,查到了珍妮在日本公婆家的电话,最终打听到了她的确切地址,于是登门致歉。而在这短短的几小时内,竟打了36次越洋电话。珍妮听后大受感动,于是,当晚,另一篇名为《36次越洋电话》的文章发回了美国。

营销启示:只有真正把顾客当做"上帝",才能赢得"上帝"的真正垂爱。

模块技能训练

一、请讨论并回答下列问题

1. 电子产品和电器产品的区别在哪里?
2. 青海、江苏、海南三省的电子电器产品消费市场哪个最大?为什么?
3. 年轻消费者对电子电器产品的消费需求有什么特点?
4. 电子电器产品生产经营应该树立怎样的营销观念?

二、案例分析

>>> 案例1-3

新型电脑的命运

20世纪80年代后期,乔布斯在苹果电脑基础上研制开发了新一代个人电脑。它拥有黑色、流线型的外形设计,并预装了公司新开发的软件系统。当乔布斯推出这一新机型时,他怀有无比的期望,想借此机会击退IBM的进攻,重新夺回失去的市场份额。但是到了1993年,耗资2亿美元研制开发的新型电脑仅出厂1万台就停产了。如此优秀的产品没有市场,原因何在?这款电脑外观设计完美,并配有高保真的喇叭和光盘驱动器等。最初,将这种梦幻型电脑引入学院市场时,才发现做学问的人并不大关心设备的外观和各类媒体设备,他们只需要有个能代替大脑运算的计算机就行。后来,乔布斯又将他引以为豪的新型电脑推销给工程师,但工程师更喜欢Sun微系统公司的台式工作站和硅谷的绘图仪。尽管新型电脑预装的软件采用了图形界面,便于操作,是一种用户友好性的软件系统,但该系统与IBM和苹果机不兼容，这样在使用中就缺乏足够的软件支持。这款电脑各方面都很优秀，糟糕的就是不符合市场需要。

问题：这款各方面都很优秀的电脑为何不受欢迎？从中能够吸取哪些教训？

三、技能实训

实 地 考 察

活动形式：实地考察哪些电子电器产品受欢迎。

活动过程：（1）以小组为单位利用课余时间对本地家电卖场进行实地观察。

（2）留意观察哪些品牌、哪种产品的柜台驻足人群多、销售情况好。

（3）留意倾听顾客向营业员询问的问题。

（4）小组讨论填写实地考察表，组长负责记录。

活动成果：实地考察表（见表1-5）。

表1-5 _____小组实地考察表

产品名称	品　　牌	顾客询问的主要问题	受欢迎的原因

模块学习测验与总结

一、选择题

1. 电子电器产品市场是指（   ）。
   A. 由电子电器产品生产商所组成的总体
   B. 由电子电器产品经销商所组成的总体
   C. 由对电子电器产品有需求的潜在顾客所组成的总体
   D. 由电子电器产品生产商、经销商、潜在顾客所组成的总体

2. 电子电器产品消费者市场具有（   ）的特点。
   A. 专业性　　　B. 非专业性　　　C. 集中性　　　D. 分散性

3. 电子电器产品组织者市场包含三个组成部分，即（   ）。
   A. 生产者市场　B. 消费者市场　C. 中间商市场　D. 政府市场

4. 以下属于电子电器产品市场营销活动的是（   ）。
   A. 产品定价　　　　　　　　B. 公益活动
   C. 产品储存　　　　　　　　D. 产品运输

5. "酒香不怕巷子深"的营销观念是（   ）。
   A. 生产观念　　　　　　　　B. 产品观念
   C. 推销观念　　　　　　　　D. 市场营销观念

二、判断正误

1. 消费者市场的购买是最终市场的购买。　　　　　　　　　　　　（　　）
2. 组织市场购买的特点之一是过程复杂。　　　　　　　　　　　　（　　）
3. 人口的多寡与生活必需品的销量密切相关。　　　　　　　　　　（　　）
4. 电子电器产品市场营销活动的中心是为企业赢取利润。　　　　　（　　）
5. "顾客就是上帝"的营销观念是推销观念。　　　　　　　　　　（　　）

三、案例分析

>>> 案例1-4

日本电视机打入中国市场

1979年,我国放宽对家用电器的进口。当时,日本电视机厂商首先从市场营销角度分析了中国市场需求的特点,认为中国人均收入虽然较低,但总人口有10亿,而且有储蓄的习惯,已形成了一定的购买力,具有对电视机的消费需求。由此得出结论:中国存在着一个很有潜力的黑白电视机市场。日本电视机厂商在分析中国电视机市场需求特点的基础上,制定了相应的市场营销策略以满足中国消费者的需求。

(1) 产品策略。中国电压系统与日本不同,必须将110V改为220V;中国电力不足,电压不稳,需配置稳压器;中国住房面积偏小,应以12~14英寸电视机为主;要提供质量保证及修理服务。

(2) 定价策略。考虑到当时中国尚无国外电视机的竞争,因此,价格比中国同类电视机要高。

(3) 分销策略。因为当时中国内地国营企业尚未进口电视机,所以经港澳国货公司和代理商销售;或通过港澳同胞和其他归国人员携带电视机进入内地。

(4) 促销策略。主要采用广告策略,在中国香港《大公报》《文汇报》等报刊大量刊登广告;在香港电视台发动宣传攻势,介绍有关日本电视机的信息。

日本电视机厂在有针对性地制定市场营销组合的基础上,将电视机源源不断地推向中国市场。

问题: 日本电视机为什么能够成功打入中国市场?

四、个人学习总结(表1-6)

表1-6　个人学习总结

我学到了哪些知识	
我学会了哪些技能	
我哪里学得不够好?原因及措施怎样	

模块学习评价（表1-7）

表1-7 模块学习评价表

小组：		姓名：	评价总分：		
评价项目		评价依据	优秀 8~10分	良好 6~8分	继续努力 0~6分
自我评价 20分	学习态度	遵守纪律；学习主动；积极参与小组活动和讨论；尊重同学和老师；具有较强的团队精神、合作意识；能客观有效地评价同学的学习			
	目标达成	达到学习目标；按要求完成各项学习任务			
	自评合计分				
	其他组员	评价依据	优秀 20~30分	良好 10~20分	继续努力 0~10分
小组互评 30分		（1）积极参与小组活动和讨论；具有较强的团队精神、合作意识；服从角色安排 （2）对小组活动贡献大小 （3）知识目标达成情况 （4）技能目标达成情况			
	……				
	小组平均分				
		评价依据	优秀 10~8分	良好 8~6分	继续努力 6~0分
教师评价 50分	学习态度	综合表现			
	个人评价	自评结果			
	小组评价	互评结果			
	小组活动	活动成果			
	测验	测验结果			
	教评合计分				

模块二

电子电器产品市场分析

模块教学目标

学习目标	掌握电子电器产品市场调查、市场预测、市场营销环境分析和市场购买行为分析的基本内容和方法
技能目标	具备电子电器产品市场调研、营销环境分析和市场购买行为分析的初步能力；具备一定的团队协作能力
教学方式	学生自主学习、合作学习；教师授导；实际体验；案例研讨；座谈会；社会实践
参考学时	6学时

模块基本技能

基本技能1 分析市场营销环境

活动：案例研讨

活动形式：以小组为单位研讨案例。

活动过程：（1）教师向学生说明本次活动的目的、内容及注意事项。

（2）各小组首先预习"基本知识"，研读案例，然后展开研讨，组长负责记录，小组发言人宣读讨论结果。

（3）讨论过程中，教师给予必要的指导。

（4）教师对本次活动的开展情况进行评价；对存在争议的一些问题加以澄清；对表现好的

小组和个人予以表扬或奖励，尤其要鼓励学生的创造性思维。

活动成果：小组研讨记录表（见表2-1）。

表2-1　　　　小组研讨记录表

研 讨 问 题	研 讨 结 果
TCL集团为何要放弃经营多年的主营业务——平板电视市场，转而加快液晶电视产业升级战略	

>>> 案例 2-1

彩电业大环境不佳　TCL出售股权为经营减负

2011年7月，一则"TCL出售TCL王牌电子（深圳）有限公司100%股权"的消息引发了人们的关注。难道曾经家喻户晓的王牌彩电已经结束历史使命？TCL相关负责人表示，此次出售有助于盘活旗下闲置资产、加快液晶电视产业升级战略。出售完成后，TCL可更专注于相关液晶主业，并能实现收益约2亿元，可实现净利润约1.05亿元。

有分析认为，TCL集团出售TCL王牌电子（深圳）有限公司100%股权的背后是该公司主业不兴的窘境。数据显示，2009年和2010年，该公司分别实现净利润4.7亿元和4.33亿元，同比分别下滑了近6%和8%。2010年扣除非经常性损益后，亏损2.33亿元，净利润同比下降209%。

实际上，TCL主业不兴和彩电行业大环境不佳有关。经过两年多的快速增长期，国内平板电视市场开始步入成熟期，城市的销量已在下滑。数据显示，2011年前5个月，国内城市平板电视市场销量已出现1%的负增长。得益于农村市场的增长，国内平板电视前5个月销量才保持2.7%的正增长。而据有关调查显示，由于宏观经济原因，加上"家电下乡"和"以旧换新"等政策红利刺激效应的减弱，国内平板电视市场已现疲软态势。

基本知识

一、市场营销环境的概念

市场营销环境是指影响企业市场营销活动及其目标实现的各种因素和动向，它分为宏观环境和微观环境。市场营销环境是客观存在的，企业不能选择、改变，但可以努力去适应环境，主动规避市场环境威胁，使企业的生存环境朝着有利于企业的方向发展。

电子电器产品生产经营企业通过分析市场营销环境，可以避免环境威胁，发现市场营销机会，采取适合的营销策略。

二、电子电器产品宏观营销环境分析

电子电器产品宏观环境是指会对电子电器产品营销提供市场机会或造成环境威胁的主要社会力量。它主要由人口环境、经济环境、政治法律环境、自然环境、科技环境、社会文化环境等因素构成。

1. 人口因素

人口因素包括人口的年龄结构、性别结构、教育与职业结构、家庭结构、社会结构和民族结构。

（1）年龄结构。不同年龄的消费者对商品的需求不同，如年轻人对时尚电子产品感兴趣，喜欢追赶潮流；老年人对保健按摩器等医疗保健产品有需求；儿童喜欢电动玩具等。

（2）性别结构。反映到市场上就会出现男性用品市场和女性用品市场。

（3）教育与职业结构。受教育程度高的消费者往往追求高雅、美观；受教育程度低的消费者往往讲究价廉、实用。职业不同，收入水平、生活和工作条件不同，对商品的设计、款式、包装、价格等的要求也不尽相同。

（4）家庭结构。家庭的数量和家庭平均人口的多少以及不同类型的家庭，往往有不同的消费需求。例如，一个国家或地区的家庭单位、家庭平均人员多，对电视机、空调、洗衣机、厨房电器等耐用消费品的需求就大；小型家庭往往对家电要求小型精巧。

（5）社会结构。我国绝大部分人口为农业人口，约占总人口的80%。这样的社会结构要求电子电器产品经营企业应充分考虑到农村这个大市场。

（6）民族结构。民族不同，其文化传统、生活习性也不相同，消费需求也有自己的风俗习惯。电子电器产品经营要重视民族市场的特点，开发适合民族特性、受其欢迎的商品。例如，海尔开发了能打酥油的洗衣机，就深受欢迎。

2. 经济环境

经济环境包括收入、消费支出、产业结构、经济增长率、货币供应量、银行利率、政府支出等因素。其中，消费者的收入和支出，以及国家经济增长情况对电子电器产品营销影响较大。

3. 政治法律环境

政治环境是指企业市场营销活动的外部政治形势。一个国家的政局稳定与否，会给企业营销活动带来重大的影响。如果政局稳定，人民安居乐业，就会给企业经营营造良好的环境；相反，如果政局不稳，社会矛盾尖锐，秩序混乱，就会影响经济发展和市场的稳定。

法律环境是指国家或地方政府所颁布的各项法规、法令和条例等，它是企业营销活动的准则，企业只有依法进行各种营销活动，才能受到国家法律的有效保护。

4. 自然环境

自然环境是指自然界提供给人类各种形式的物质资料，如阳光、空气、水、森林、土地等。针对我国目前自然资源日益短缺，环境污染日趋严重，政府干预不断加强的情况，企业应关注自然环境变化的趋势，并从中分析企业经营的机会和威胁，制订相应的对策。

5. 科技环境

科学技术是社会生产力中最活跃的因素，它影响着人类社会的历史进程和社会生活的方方面面，对企业营销活动的影响更是显而易见。例如，随着多媒体和网络技术的发展，出现了"电视购物"、"网上购物"等新型购买方式。企业可以利用这种方式进行广告宣传、市场调研和推销商品。随着新技术革命的进展，"在家便捷购买、享受服务"的方式还会继续发展。

6. 社会文化环境

文化主要是指一个国家、地区或民族的文化传统，包括一定的态度和看法、价值观念、宗教信仰、生活方式及风俗习惯等。这些因素也会影响人们的消费观念或购买行为，从而影响企业的市场营销活动。

在中国的风俗习惯中，元旦、春节、端午、中秋等是非常重要的节日，这些节日前往往是人们购物的高峰期，这也是电子电器产品经营企业开展促销活动的最佳时机。

三、电子电器产品微观营销环境

电子电器产品经营企业的微观营销环境主要是指对企业营销活动发生直接影响的条件和因素，如企业自身、供应商、营销中介、最终顾客、竞争者和社会公众等。

1. 企业自身

（1）企业的最高管理层。由董事会、董事长、总经理，以及其他办事机构组成的最高管理层是企业的最高领导核心，负责制定企业的经营目标和战略，营销者只有在最高管理者规定的范围内做出各项决策，并得到上层的批准，才能付诸实施。

（2）与营销相关的其他部门。如企业财务、采购、制造、研发、仓储、运输等都会对电子电器产品经营企业的营销能力造成直接影响。

2. 供应商

供应商是指向企业及其竞争者提供生产产品和服务所需资源的企业或个人。供应商对电子电器产品经营企业营销活动的影响主要表现在供货的稳定性与及时性、供货的价格变动和供货的质量水平。

3. 营销中介

营销中介是指为企业营销活动提供各种服务的企业或部门的总称。电子电器产品营销中介主要有中间商、辅助商等。

（1）中间商：是指协助企业寻找顾客或直接与顾客进行交易的商业企业。中间商分为两类：代理中间商和经销中间商。代理中间商如代理人、经纪人，专门介绍客户或与客户磋商交易合同，但并不拥有商品持有权；经销中间商如批发商、零售商和其他再售商，购买产品，拥有商品持有权，再售商品。

（2）辅助商：是指为企业担任仓储、运输活动的物流公司，为企业提供各种营销服务的咨询公司、广告公司、财务代理、税务代理公司、银行、信贷机构、信托公司，以及为企业提供风险保障的保险公司等。这些机构虽然不直接经营商品，但它们协助企业确立市场定位，进行市场推广，对促进电子电器产品的批发和零售起着举足轻重的作用。

4. 最终顾客

企业与供应商和中间商保持密切关系的目的，都是为了有效地向顾客提供商品与服务。任何企业的产品或服务一旦得到了顾客的认可，它就获得了市场。所以，分析顾客的消费心理、了解顾客对企业产品的态度是企业经营的核心。电子电器产品经营企业应认真研究目标市场上顾客的需求特点及变化趋势，并对目标顾客进行细分，在细分市场的基础上制定企业经营方式和策略。

5. 竞争者

从消费需求的角度出发，企业的竞争者可划分为愿望竞争者、类别竞争者、产品形式竞争者和品牌竞争者。电子电器产品经营企业在开展经营活动时,要善于分析各类竞争者并采取不同的经营策略。企业掌握竞争的最好办法是树立"顾客第一"的观点。一个企业必须时刻牢记四个基本方面,即必须考虑客户、销售渠道、竞争和企业自身的特点。成功的商品经营实际上就是有效地安排好企业与顾客、销售渠道及竞争对手间的关系位置。

6. 公众

公众是指对一个组织完成其目标的能力有着实际或潜在兴趣或影响的群体。公众可能有助于增强一个企业实现自己目标的能力,也可能妨碍这种能力。鉴于公众会对企业的命运产生巨大的影响,精明的企业就会采取具体的措施,去成功地处理与主要公众的关系,而不是不采取行动和等待。大多数企业都建立了公共关系部门,专门筹划与各类公众的建设性关系。公共关系部门负责收集与企业有关的公众的意见和态度,发布消息、沟通信息,以建立信誉。如果出现不利于公司的反面宣传,公共关系部门就会成为排解纠纷者。

四、SWOT 综合分析方法及企业对策

企业对市场环境深入分析的目的是为了发现市场机会和环境威胁,以便采取有效的应对措施抓住有利时机开展经营活动,避开威胁或把损失降低到最小。

企业内外情况是相互联系的,将外部环境所提供的有利条件(机会)和不利条件(威胁)与企业内部条件形成的优势与劣势结合起来分析,有利于制定正确的经营战略。

SWOT 分析法就是进行企业外部环境和内部条件分析,从而寻找二者最佳可行战略组合的一种分析方法。SWOT 分析法的名称是取"优势(Strong)"、"劣势(Weak)"、"机会(Opportunities)"、"威胁(Threat)"的第一个字母组成的。

1. SWOT 分析的步骤

(1)收集信息。收集宏观环境及微观环境信息。
(2)信息的整理和分析。信息经整理后,分析它属于优势、劣势,还是机会或威胁。
(3)确定企业具体业务所处的市场位置。
(4)拟定营销战略。

2. 企业的 SWOT 综合分析

进行 SWOT 分析,需要绘制 SWOT 分析矩阵图,这个矩阵是以外部环境中的发展机会和威胁为一方,以企业拥有的优势和存在的劣势为另一方而组成的二维矩阵,如图 2-1 所示。在这个矩阵中,存在四种战略组合策略,即优势-机会组合、劣势-机会组合、优势-威胁组合和劣势-威胁组合。

企业外部因素 \ 企业内部因素	优势(S)	劣势(W)
机会(O)	SO战略	WO战略
威胁(T)	ST战略	WT战略

图 2-1 企业 SWOT 分析矩阵

(1)优势-机会组合(SO)战略。优势-机会组合代表企业自身优势多、市场机会大。这种组合应该是企业的最佳选择,应通过发挥自身优势,利用企业内部的长处去抓住外部机会,

实现企业的快速发展。企业适宜采用扩张战略,即企业在该业务上重点扩张,筹集资金,积极准备扩大经营。

(2)劣势-机会组合(WO)战略。劣势-机会组合代表企业虽然遇到的市场机会大,但自身劣势多,缺少竞争优势。企业虽然识别出外部环境中存在的机会,但企业自身存在的不足可能会限制企业对机会的把握。对于这样的情况,最现实的问题就是企业如何弥补自身资源或能力的不足,以抓住机会,否则机会只能让给竞争对手。企业适宜采用防卫战略,如招商引资、寻求外援协助,利用外部机会来改进企业内部弱点。

(3)优势-威胁组合(ST)战略。优势-威胁组合代表企业自身虽有竞争优势,但缺少市场机会。企业可以利用自身长处去避免或减轻外来的威胁,降低威胁可能产生的不利影响。但这种做法会使得企业的优势资源不能更好地利用。在严重的市场威胁环境下,企业适宜采取分散战略,利用多角化经营,分散经营风险。

(4)劣势-威胁组合(WT)战略。劣势-威胁组合代表企业自身缺少竞争优势,劣势明显,且市场威胁较大。在这种情况下,企业难以抵挡环境威胁对企业的不利影响。如果企业处于这样的位置,在制定战略时就要设法降低环境不利对企业的冲击,使损失减到最小。企业适宜采用退出战略,即该业务既无机会也无优势可言,应及时撤离,如缩减经营规模、抽资转向等。

思考题

1. 营销宏观环境分析所包含的基本内容有哪些?
2. 营销微观环境分析所包含的基本内容有哪些?

营销小故事

一 字 之 差

一家美国公司在日本市场推销某产品时使用的广告语是曾经风靡美国市场的"做你想做的",但是却没有达到明显的效果,颇感意外。经过调查后才知道,日本文化与美国文化在价值观上存在很大差异。大多数日本人并不喜欢标新立异,突出个性,而是非常强调克己、规矩。于是,这家公司便将广告语改为"做你应该做的",结果市场反应转好。虽然只是一字之差,引发的思考却耐人寻味。

营销启示:不同国家和地区的文化特点往往存在很大差异,所以市场营销活动应充分考虑到这一点,以免影响活动效果。

知识拓展

国内电子市场的发展趋势

电子市场作为一种 IT 产品的主要零售终端,在 IT 产品流通领域发挥着越来越重要的作用。随着我国整个流通、服务业,以及电子信息产业的快速发展,在"十二五"期间,国内电子市场成交额将保持年均12%～15%的增长，并将呈现如下发展趋势。

1. 市场管理"百货化"

电子市场已开始向"百货商场化"管理靠拢。随着电子市场软硬件水平的不断提升，市场经营者不断为消费者营造良好的购物环境，推动市场走品牌之路。市场经营者通过风格多样的商品展示，使商品销售与现代环境设计融为一体，引领消费文化，满足消费者购物需求，提高市场的品位。此外，市场经营者通过借鉴百货、超市、大型购物中心等形态进行市场布局改造，在装修、产品经营区域划分、统一营销服务、统一品牌形象等方面开始探索市场"百货化"经营的新模式。部分电子市场也开始尝试"统一收银"等业务变革。

2. 以"品牌化"服务影响消费者

消费者对品牌的认知直接影响其消费习惯，较多的消费者先选择市场品牌再选择产品品牌。市场品牌的塑造直接界定了目标消费者的构成，引发消费者的跟随，进而有助于带动市场销售。电子市场的经营管理者正逐步树立规范经营理念，着力通过打造"品牌市场"来提升市场竞争力。电子市场的经营管理者通过吸引知名产品品牌生产商、规模较大并具有行业知名度的经销商到电子市场开设新品展示店、专营专卖店，与电子市场建立品牌战略联盟，伴随电子市场的连锁发展而发展。此外，电子市场的经营管理者通过对市场商户的主动管理来提高商户质量，进而提高商品质量和品牌化程度，降低消费者对电子市场产品质量的担忧。同时，电子市场经营者纷纷推出品牌化服务以提高市场知名度与美誉度，如部分电子市场推出的"先行赔付"制度等。

3. 与其他产业融合度提高

电子市场正逐步呈现出与其他产业融合的趋势，与餐饮、旅游、网络、社区服务、金融等行业的发展联系越来越紧密。从近年来电子市场的创新业态来看，多是零售业与其他产业融合，在专注电子市场业务的同时，也融合了百货零售、餐饮、休闲、娱乐等多种形态，地方政府也往往把电子市场行业的整体规划放在促进地区经济增长的大环境中来考虑，如商业街的规划、城镇中心的规划，往往融合了多种产业的互动。

4. 社区型模式发展速度将加快

随着城市化的推进、城市人口的增多、城市的扩大，人们基于交通、便捷的考虑，在大中型城市中选择就近消费将是一个趋势。此外，由于电子产品的关联度越来越高，计算机、数码、通信等电子产品都将成为在互联网背景下获取和交换信息的工具，其消费也随之呈现出电子产品普及化、购买群体大众化、服务方式体贴化等趋势，电子产品的消费门槛逐年降低，日益成为大众消费品。与此同时，消费者对于购买产品的服务要求更加严格，就近购买将成为部分电子产品的主要购买方式。消费者消费习惯的改变将为社区型电子市场的发展提供坚实的基础。

基本技能2　分析市场购买行为

活动：课堂讨论

活动形式：小组座谈。主题：我的电子产品购买经历。

活动过程：（1）教师向学生说明本次活动的目的、要求和注意事项。

（2）小组成员依次讲述自己的一次电子产品购买经历，内容包括：①购买的是哪种产品？②购买的时间、地点，购买的主要原因或目的是什么？③是谁提出购买的，与谁商量过，由谁做出的购买决定，谁去买的，买给谁用的？④是以什么方式购买的？⑤对购买的产品是否满意，有哪些经验教训？组长负责记录座谈内容。

（3）由各小组发言人宣读本组座谈记录，以形成资料共享。

（4）小组研究并回答问题。组长负责记录。

（5）教师对各组讨论情况进行总结评价；对气氛热烈、发言积极的小组和个人予以表扬和奖励，尤其要鼓励学生的创造性思维。

活动成果：小组座谈记录表、小组座谈记录整理表（见表2-2、表2-3）。

表2-2 ＿＿＿＿＿小组座谈记录表

组　　长		座谈主题	我的购物经历
小组成员1	发言记录		
小组成员2	发言记录		
小组成员3	发言记录		
……			

表2-3 ＿＿＿＿＿小组座谈记录整理表

项　　目	结　　果
购买的决策者主要是哪些人	
购买的目的主要有哪些	
购买的渠道主要有哪些	
购买时间段主要有哪些	
购买的产品有哪些	
购买的方式有哪些	

基本知识

一、影响消费者购买行为的因素

消费者市场的购买是最终市场的购买，因此，对电子产品消费者市场购买行为的研究，是对整个电子产品市场研究的核心。

购买行为是与购买商品有关的各种可见的活动。如收集商品信息、比较、购买和购买后的反应等。而这些活动必然受消费者心理活动的支配，并受消费者个人特性和社会文化因素的影响，因此，研究消费者的购买行为，除了要考察消费者在购买决策过程中的各种活动以外，还要分析支配和影响这些活动的各种因素，以便说明谁是购买者（occupants），他们买什么（objects），他们为何购（objectives），谁参与购买（organizations），他们怎样购买（operations），什么时间购买（occasions）和在何处购买（outlets），即所谓"市场7os"问题。

（1）个性因素。个性因素是一个人身上表现出的经常的、稳定的、实质的心理特征。个性的差别直接导致其购买行为的不同。个性因素主要包括个人的年龄、职业、收入、个性、生活方式等。

（2）社会因素。消费行为作为个人行为，首先受到个人因素的影响，但消费者作为整个社会生活消费的一个组成部分，又受到他所处的社会历史条件的制约和社会因素的影响，这主要包括社会文化、相关群体、社会阶层、家庭等，它们都将影响着消费者的购买行为。

（3）经济因素。经济因素是影响消费者购买行为的直接因素，主要包括消费者收入、消费品价格（包括消费品本身的价格、消费品的预期价格和相关消费品的价格）等。

（4）心理因素。消费者的购买行为受其心理的支配，影响消费者购买行为的心理因素包括激励、知觉、态度、学习等心理过程。

二、消费者购买行为的参与者

电子产品消费者在购买过程中，特别是在购买中高档产品时可能扮演不同的角色，按其在购买过程中的不同作用，可分为以下几种。

（1）倡议者。首先想到提议购买某产品的人。
（2）影响者。对购买某产品有一定影响的人。
（3）决策者。决定是否买、何时买、何处买、买何品牌的人。
（4）购买者。实际购买具体产品的人。
（5）使用者。实际使用产品的人。

例如，某家庭在购买个人计算机的过程中，提议人通常是孩子，影响者通常是父母的亲戚、同事、朋友，决策者通常是父母，购买者通常是父母和孩子，使用者主要是孩子。

以上五种角色中，最重要的是决策者。因此，决策者通常是商品经营者主要的促销对象。

三、消费者购买行为分析方法

消费者购买行为分析，通常采用5W1H分析方法。5W1H分析法是对选定的项目、工序或操作，都要从原因（何因why）、对象（何事what）、地点（何地where）、时间（何时when）、人员（何人who）、方法（何法how）等六个方面提出问题进行思考。

（1）What。消费者购买行为追求的能满足自己需求的产品或服务是什么。
（2）When。消费者购买行为一般发生在什么时候。
（3）Where。消费者获得该产品或服务一般通过什么渠道或消费者的购买行为一般发生在什么地点。
（4）Why。消费者购买的主要动机或目的是什么。
（5）Who。购买行为的发起者、影响着、决策者、执行者，以及产品的最终使用者是谁。
（6）How。消费者习惯或喜欢通过什么样的购物方式实现自己的购买行为。

四、消费者购买决策过程分析

消费者完整的购买行为过程是以购买为中心，包括购买前和购买后一系列活动在内的复杂行为过程。具体可分为五个阶段。

```
确定需要 → 收集信息 → 评估选择 → 决定购买 → 购后行为
```

（1）确定需要。当消费者感觉到了一种需要而且准备购买某种商品去满足需要时，对这种商品的购买过程就开始了。来自内部和外部的刺激都可能引起需要和诱发购买动机。企业应了解消费者的需要是由什么引起的，又是怎样被引导到特定的商品上从而形成购买动机的，以便采取相应的市场营销策略，刺激消费者的某些需要并诱发购买动机。

（2）收集信息。消费者形成了购买某种商品的动机后，接下来往往要通过查阅资料、向亲友和熟人询问情况、关注广告宣传、留意报刊、电视等大众宣传媒介的客观报道和使用者对该产品的评论等渠道收集有关信息。企业可利用这些渠道向消费者有效地传递信息。

（3）评估选择。消费者根据所掌握的信息，对备选产品品牌、性价比、购买渠道等进行评价和比较，以便做出选择。企业可通过抽样调查，了解消费者如何评价产品，就可采取措施来影响其选择。

（4）决定购买。经过评估与选择，消费者仅仅形成了对某种品牌的偏好和购买意向，接下来往往还要做出以下一些具体的购买决策：购买哪种品牌，在哪家商店购买，购买数量，购买时间，在某种情况下还要决定支付方式。企业应了解消费者的心理活动及其变化规律，采取符合消费者心理的促销活动和方法，引起消费者的注意和兴趣，以促成其购买。

（5）购后行为。消费者购买商品后，往往会通过使用和他人的评判，对其购买选择进行检验。如果感到满意，则可能重复购买或向他人推荐；如果感到不满，则会产生退货想法或劝说身边的人不要购买该产品。因此，企业产品宣传应实事求是并适当留有余地；应经常征求顾客意见，为他们发泄不满提供适当的渠道，以便迅速采取补救措施。

例如，李想对现在使用的耳机不满意，打算买副新耳机。于是，他开始多方了解有关耳机的品牌、质量、价格及购买渠道等方面的情况，最后选择了一款自己满意的某品牌的耳机，并且了解到网上购买比在专卖店购买价格便宜很多。于是，李想决定在网上购买并顺利得到了该款耳机。经过使用，李想觉得该耳机物美价廉，买得很合算，就又介绍朋友去买。

思考题

1. 电子电器产品消费者市场购买行为的特点是什么？
2. 消费者完整的购买行为过程是怎样的？

知识拓展

消费者购买行为模式

现实中的顾客是多种多样的，不同的顾客在购买动机及行为方面有很大差别。受购买动机、经济条件、生活方式、社会文化、年龄和个性等因素的影响，顾客的购买行为主要有如下6种类型。

1. 价格型购买行为

具有这种购买行为模式的客户对商品价格比较敏感。其中，有些总喜欢购买廉价商品，甚至在没有购买意向的情况下，见到廉价商品也会采取购买行动。还有些价格型的人特别信任高级商品，认为这类商品用料上乘、质量可靠，即所谓"一分钱，一分货"，所以常乐于购买高价商品，认为这样可以使自己的需求得到更好的满足。

2. **理智型购买行为**

有些客户习惯于在反复考虑、认真分析、多方选择的基础上采取购买行为。他们购买商品时比较慎重，不轻易受广告宣传、商品外观及其他购买行为的影响，而是对商品的质量、性能、价格和服务等方面认真进行比较。接待这类客户时要实事求是，详细地介绍商品，努力促成交易。

3. **冲动型购买行为**

具有这种行为模式的顾客经常在广告和商品陈列、使用示范等因素刺激下购买商品。他们在挑选商品时主要凭直观感受，而很少进行理智思考，不大讲究商品实际效用和价格等，因为喜爱或看到他人竞相购买就会迅速采取购买行动。生动的广告、美观的商品包装、引人注目的商品陈列等，对于吸引这类购买者效果十分显著。

4. **想象型购买行为**

有些人往往会根据自己对商品的想象、评价或联想进行选购。该类客户在购买商品时，比较重视商品名称、造型、图案、色彩、寓意等，这是一种比较复杂的购买行为。具有这种购买行为的客户通常对商品有很高的鉴赏力，他们的选择对相关群体的影响比较大。

5. **习惯型购买行动**

有些客户通常会根据自己过去的使用习惯和爱好购买商品，或总是到自己熟悉的地点去购买商品。他们一般比较忠于自己熟悉的商品、商标和经销商，选择商品和购买地点具有定向性、重复性。他们往往果断采取购买行动，不需要进行反复比较。

6. **随意型购买行为**

有些顾客对商品没有固定的偏好，不讲究商品的商标和外观，往往是随机购买，这被称为随意型购买。它有两种表现：一种是不愿为购买商品多费精力，需要时遇到什么就买什么，追求方便和省事；另一种是购买者缺乏主见或经验，不知道怎样选择，乐于仿效他人，卖方的建议对其影响也很大。

人们的购买行为模式并不是一成不变的。在现实生活中，人们的购买行为模式往往与产品特性有直接关系，在购买不同类别的商品时，往往会采取不同的行为模式。例如，购买一般生活用品，属于随意型、习惯型的较多；而对于高档消费品，多数人属于理智型；对于礼品等，则以冲动型或价格型购买占多数。因此，掌握了各种类型的客户，就能深入地了解客户的需求，能更好地为顾客提供服务，从而赢得顾客。

基本技能 3　开展市场调查与预测

活动：体验市场调查

活动形式：填写市场调查问卷，接受市场调查。

活动过程：（1）由教师向学生说明本次活动的目的、要求和注意事项。

（2）全班学生每人填写一份问卷。

（3）各小组首先预习"基本知识"，研读案例，然后展开研讨。组长负责记录，小组发言人宣读讨论结果。

（4）讨论过程中，教师给予必要的指导。

（5）教师对本次活动的开展情况进行评价；对存在争议的一些问题加以澄清；对表现好的小组和个人加以表扬和奖励，尤其要鼓励学生的创造性思维。

活动成果：小组研讨记录表（见表2-4）。

表2-4　　　　小组研讨记录表

研 讨 问 题	研 讨 结 果
（1）该问卷调查的目的是什么	
（2）该问卷想要收集有关手机哪些方面的资料	
（3）除了问卷调查以外，还有哪些方法可以达到市场调查的目的	

案例 2-2

大学生手机市场调查问卷

同学，您好！

大学生手机消费市场份额逐年增加，本次问卷旨在了解大学生在购买手机时的考虑因素，对大学生的需求状况作进一步的了解。希望您能在百忙中抽出一点时间，帮我们完成此份问卷，谢谢您的合作。

1. 您的性别（　　　）。
   A. 女　　　　B. 男
2. 您所在年级（　　　）。
   A. 大一　　　B. 大二　　　C. 大三　　　D. 大四
3. 您现在有自己的手机吗？（　　　）
   A. 有　　　　B. 没有
4. 您更换手机的频率（　　　）。
   A. 1年内　　　B. 1~2年　　　C. 2~3年　　　D. 3~4年
   E. 4年以上　　F. 用坏了才换　G. 有新款就换
5. 如果提到手机您会首先想到哪个品牌（　　　）。
   A. 三星　　　B. 苹果　　　C. 华为　　　D. 小米
   E. vivo　　　F. OPPO　　　G. 荣耀　　　H. 魅族
   I. 金立　　　J. 其他＿＿＿＿＿
6. 您目前使用的手机是哪个品牌（　　　）。
   A. 三星　　　B. 苹果　　　C. 华为　　　D. 小米
   E. vivo　　　F. OPPO　　　G. 荣耀　　　H. 魅族
   I. 金立　　　J. 其他＿＿＿＿＿

7. 您对自己所用手机的满意程度（　　）。
   A. 满意　　　　B. 一般　　　　C. 不满意
8. 您以前购买过该品牌的手机吗?（　　）
   A. 有　　　　　B. 没有
9. 您下次想购买哪个品牌的手机（　　）。
   A. 三星　　　　B. 苹果　　　　C. 华为　　　　D. 小米
   E. vivo　　　　F. OPPO　　　　G. 荣耀　　　　H. 魅族
   I. 金立　　　　J. 其他_____
10. 您这次购买这款手机的原因是（　　）。（可多选）
    A. 亲朋好友推荐　　　　　　B. 广告吸引，名人广告
    C. 销售人员推荐　　　　　　D. 自己了解
11. 您选择手机时最注重的因素是（　　）。
    A. 性能　　　　B. 款式　　　　C. 价格　　　　D. 流行性
    E. 质量　　　　F. 其他_____
12. 您的手机除了正常通话外主要用来（　　）。
    A. 游戏　　　　　　　　　　B. QQ、微信聊天
    C. 看视频　　　　　　　　　D. 读电子书
    E. 其他_____
13. 您对目前使用的手机有什么不满？您对该手机有什么建议（外形、功能等）。

基本知识

一、市场调查

1. 市场调查的定义

市场调查就是指运用科学的方法，有目的、系统地收集、记录、整理有关市场营销信息和资料，分析市场情况，了解市场的现状及其发展趋势，为市场预测和营销决策提供客观、正确的资料。

市场调查是市场营销的出发点，通过市场调查分析，为企业制订营销目标、产品计划、产品价格，选择分销渠道，采取促销策略和检查经营成果提供科学依据；并在营销决策的执行过程中，为计划的控制和调整提供依据，起到检验和矫正的作用。

2. 市场调查的内容

市场调查的内容涉及市场营销活动的整个过程，主要包括如下几个方面。

（1）**市场环境的调查**：主要包括经济环境、政治环境、社会文化环境、科学环境和自然地理环境等。具体的调查内容可以是市场的购买力水平，经济结构，国家的方针、政策和法律法规，风俗习惯，科学发展动态，气候等各种影响市场营销的因素。

（2）**市场需求调查**：主要包括消费者需求量调查、消费者收入调查、消费结构调查、消费者行为调查，包括消费者为什么购买、购买什么、购买数量、购买频率、购买时间、购买方式、购买习惯、购买偏好和购买后的评价等。

（3）**市场供给调查**：主要包括产品生产能力调查、产品实体调查等。具体为某一产品市场

可以提供的产品数量、质量、功能、型号、品牌等，以及生产供应企业的情况等。

（4）市场营销因素调查：主要包括产品、价格、渠道和促销的调查。产品的调查主要是了解市场上新产品开发的情况、设计的情况、消费者使用的情况、消费者的评价、产品生命周期阶段、产品的组合情况等。产品的价格调查主要是了解消费者对价格的接受情况、对价格策略的反应等。渠道调查主要包括了解渠道的结构、中间商的情况、消费者对中间商的满意情况等。促销活动调查主要包括各种促销活动的效果，如广告实施的效果、人员推销的效果、营业推广的效果和对外宣传的市场反应等。

（5）市场竞争情况调查：主要包括对竞争企业的调查和分析，了解同类企业的产品、价格等方面的情况，他们采取了什么竞争手段和策略，做到知己知彼，通过调查可以帮助企业确定企业的竞争策略。

3. 市场调查的步骤

市场调查是由一系列收集和分析市场数据的步骤组成的。某一步骤做出的决定可能影响其他后续步骤，某一步骤所做的任何修改都往往意味着其他步骤也可能需要修改。

（1）确定问题与假设。由于市场调查的主要目的是收集与分析资料以帮助企业更好地做出决策，以减少决策的失误，所以调查的第一步就要求决策人员和调查人员认真地确定研究的目标，做出假设。给出研究目标的主要原因是为了限定调查的范围，并通过调查所得的资料来检验所做的假设是否成立，写出调查报告。

（2）确定所需资料。收集哪些资料与调查的目标有关。例如，消费者对本企业产品及其品牌的态度如何；消费者对本企业品牌产品价格的看法如何；本企业品牌的电视广告与竞争品牌的广告在消费者心目中的评价如何；不同社会阶层对本企业品牌与竞争品牌的态度有无差别，等等。

（3）确定收集资料的方式。需要确定的有数据来源、调查方法、调查工具、抽样计划及接触方法等。如果没有适用的现成资料（第二手资料），原始资料（第一手资料）的收集就成为必需步骤。

（4）抽样设计。抽样设计首先要选择是概率抽样还是非概率抽样，这具体要视该调查所要求的准确程度而定。概率抽样的估计准确性较高，且可估计抽样误差，但从经济观点来看，非概率抽样设计简单，可节省时间与费用。其次要确定样本数目，这同样需要考虑统计与效率问题。

（5）数据收集。数据收集必须通过调查员来完成，调查员的素质会影响调查结果的正确性。调查员以大学的市场学、心理学或社会学的学生最为理想，因为他们已受过调查技术与理论的训练，可减少调查误差。

（6）数据分析。资料收集后，应检查所有答案，不完整的答案应考虑剔除，或者再询问该应答者，以求填补资料空缺。资料分析应将分析结果编成统计表或统计图，方便读者了解分析结果，并可从统计资料中看出与第一步确定问题假设之间的关系。同时又应将结果以各类资料的百分比与平均数形式表示，使读者对分析结果形成清晰对比。

（7）撰写调查报告。市场调查的最后一步是编写一份书面报告。一般而言，书面调查报告可分两类：①专门性报告；②通俗性报告。专门性报告的读者是对整个调查设计、分析方法、研究结果以及各类统计表感兴趣者，他们对市场调查的技术已有所了解。而通俗性报告的读者的主要兴趣在于听取市场调查专家的建议。

4. 市场调查的一般方法

市场调查的方法主要有访问法、观察法、实验法和问卷法。

（1）访问法：是指直接向被调查人员提出问题，根据被调查者的回答来收集信息资料的方法，包括面谈调查、邮寄调查、电话调查、留置调查、网络调查等。

① 面谈调查：是由调查者直接与被调查者接触，通过当面交谈获取信息的一种方法。具体形式既有派员工走出去，也有把被调查对象请进来；既有个别交谈，也有开座谈会等形式；既有企业自身人员调查，也有聘请或委托他人调查；既有在家庭、单位调查，也有在购物场所、公共场所随机调查。要根据具体调查目的、特点和需求来决定采取哪种方式比较合适。

② 邮寄调查：是指调查人员将设计好的调查问卷通过邮局寄给被调查者，由被调查者填好后在规定的时间内寄回的调查方法。

③ 电话调查：是指调查人员通过电话向被调查者了解有关情况的一种调查方法。这种方法一般适用于被调查者对调查问题比较熟悉或者是调查问题比较简单的营销调查。

④ 留置调查：是指调查人员将调查问卷当面交给被调查者，说明调查意图和要求，由被调查者自行填写，再由调查人员按约定日期收回的一种调查方法。还有一种做法是通过某些单位或组织，间接地向调查对象发送问卷，然后再通过他们集体回收；或者附上回邮信封要求被访者将填写好的问卷直接寄回。为了感谢合作，一般都要向被访者赠送小礼品。

⑤ 网络调查：是指调查人员利用计算机网络系统，将调查问卷通过电子邮件发给被调查者或放在网上，由被调查者填写后发回或提交的一种调查方法。

（2）观察法：是指调查人员通过直接观察记录被调查者的言行来收集资料的调查方法。常用的市场调查方法有如下几种。

① 实验观察：是指在人为设计的环境中进行观察。非实验观察是指在自然状况下进行观察，所有参与的人和物不受控制。

② 直接观察：是指调查人员介入到调查的情境中进行观察。间接观察则是调查人员不直接介入所调查的情景，而是通过观察与调查对象直接关联的事物来推断调查对象的情况。

③ 公开观察：是指在被调查者知道调查人员身份的情况下进行调查。非公开观察则是指调查人员在调查过程中不暴露自己的身份而进行调查。

④ 人工观察：是指由调查人员直接在观察现场记录有关内容，根据实际情况对观察到的现象做出合理的推断。仪器观察是指利用仪器，如录音机、照相机等进行观察的方法。

（3）实验法：就是先在一个较小的范围内，并在一定的条件下，对某种影响商品销售的因素进行实际试验，对其结果进行全面分析、评价，看有无大规模推广的价值。所以，这种实验也常被称为销售实验或试销。

（4）问卷法：是通过设计调查问卷，让被调查者填写调查表的方式获得所调查对象的信息。在调查中将调查的资料设计成问卷后，让接受调查对象将自己的意见或答案填入问卷中。在一般进行的实地调查中，以问答卷采用最广泛。

下面是一份关于大学生手机市场的调查报告实例。

案例 2-3

大学生手机市场调研报告

一、调研目的与概况

近年来,随着社会化进程的加快,经济水平的不断提高,手机在大学生这一群体中有了越来越广泛的使用。购买手机的大学生越来越多,手机的更换率也越来越快。而且,大学生也属于手机的主要消费群体之一。因此,手机市场在大学中有很大的消费潜力,导致很多手机厂商将手机销售推向校园。我们着重从外显因素出发,分析大学生的购买倾向。为了解手机在大学生中的使用状况、购买决策因素、对手机的消费情况和市场前景,我们决定以大学生为调查对象,对大学生手机市场做一次调研,以便能更准确地把握这一市场动向。

通过对大学生手机消费情况的调研,全面了解大学生手机消费市场的容量及结构、质量、价格和品牌等内容,为开发大学生手机市场提供一定的参考。

研究消费者的行为与心理,了解手机市场结构与市场潜力,了解大学生手机消费情况与习惯,了解手机在大学生中的使用情况与潜在的市场需求。

二、调研对象

在校大学生

三、调研时间

2017 年 4 月 30 日至 5 月 4 日

四、调研方法

1. 互联网上查找资料;
2. 校园问卷。

五、调研方式

本次调查主要采用校园问卷的方式,共发问卷 600 份,回收问卷 550 份,问卷回收率 91%,其中男生占 60%,女生占 40%。

六、调研报告

(一)市场状况分析

近年来,手机在大学生这一群体中广泛普及,大学生的手机拥有率达 100%。智能手机更新换代迅速,手机市场不断更新。而现在学生手机使用频率,手机磨损也较为严重。有调查显示,很多大学生在两年内会换一次手机。因此,大学生也是手机消费中一个巨大的群体。人们追求时尚与新颖,手机市场在大学生中具有很大的发展潜力。

(二)目前大学生手机市场分析

根据调查显示,小米、魅族、华为、苹果、Vivo、Oppo 都是学生手机选择排名靠前的品牌。从数据中也可以看出,大学生对国产手机品牌的信赖度在加大,对国产手机的认可度也在提高。

(三)大学生了解手机信息的途径

根据调查显示,大学生了解手机信息的途径主要是上网和朋友介绍。电视广告等宣传渠道所占比例较小。现在,随着互联网信息的迅速传播,网络媒体能够更全面、更具体地反应手机市场的信息。因此,对大学生而言,更青睐于通过网络搜集手机购买信息。而大学生身处校园,通过电视、报纸等渠道了解要少一些。

（四）大学生购买手机的原则和特点

调查显示，大学生购买手机的主要考虑因素是手机功能、价格、品牌和时尚个性化款式，这些因素也成为了大学生购买手机的基本准则。其中，大学生对于手机功能的选择达到49%，然后是价格、品牌和款式。由此可见，手机功能的多元化和强大，是大学生选择手机的重要主导因素。同时，由调查结果我们可以看出大学生选择手机的几个特点：1. 手机功能要比较强大，款式时尚，品牌知名度要高，价格一般在1000至2000之间；2. 大学生更换手机比较频繁，容易形成再次消费，购机地点较集中；3.国产手机选择比例较高，对手机质量要求较高。其中影响手机更换频率的主要因素是手机的质量问题。而且大学生认为国产机的最大缺点是质量不过硬。其次是手机功能不够强大。同时，大学生作为特殊的消费群体，并没有经济来源，手机质量好、性价比高也是大学生选购时考虑的重要因素。

（五）大学生手机消费情况

调查结果显示，大学生中约有83.64%的同学每月手机消费小于300元。消费项目主要包括手机话费、手机贴膜、手机维修和手机配件购买等。这表明由手机购买带动的与手机有关的产品销售也具有很大的市场潜力。其中，每月手机话费在50至100元的占61.82%，即大学生话费支出比例较大。现在网络发达，大学生上网需求大，花费的时间较多，这对手机市场的发展有促进作用。

（六）营销建议

从以上分析中，我们可以看到大学生这一消费群体在手机消费中的巨大市场。并且随着时间的推移，这一群体的消费力量将会越来越大，其具有很大的市场潜力。因此，提高对大学生市场的重视，着力开拓这方面的市场，对于手机的营销具有积极意义。我们的建议如下：第一、针对大学生手机消费市场开展营销活动，推行中低档手机销售路线，重视品牌营销，主打功能、质量好、价格适中的机型。第二、把手机销售店开到大学校园或附近，并搭配手机配件的销售。同时做好促销宣传和售后服务工作。

七、总结

随着社会生活环境的变化，人们的消费结构也在不断发生着变化，消费对象也在不断发生着转移。大学生作为整个消费市场中的一个消费群体，不再是只待在象牙塔里读书的传统形象，而是更多地融进社会，对手机消费的追求也逐渐成为大学生中的一种时尚，手机消费在大学生中具有巨大的市场潜力。

目前手机市场的品牌和机型繁多，各个手机品牌之间的市场营销策略手段各有不同。通过这次调查可以发现，真正能得到大学生消费群体欢迎的手机是那些性能、质量、外观、服务等过得硬的手机。虽然品牌也有一定的影响力，但是一款性能出众、质量过硬、外观大方，价格适中的手机总能得到大学生的认可。而现阶段国产手机需要完善自我，树立品牌，才能和国外名牌手机进行竞争，获得大学生的青睐。

二、电子电器产品市场预测

1. 市场预测的概念

市场预测就是在调查研究的基础上运用科学方法对市场需求变化进行分析并预测其发展趋势的过程。例如，一个家电经销商要制订明年的家电销售计划，就要预测明年家电市场需求的变化趋势，包括对市场潜在需求量、实际销售额等的测算。市场预测是企业做出正确决策的前提条件之一。预测是对未来不确定的时间进行推测，所以不可能百分之百准确。

2. 电子电器产品市场预测的基本内容

（1）预测市场对电子电器产品需求量的变化趋势。

（2）预测本企业生产经营的电子电器产品市场销售量和市场占有率的状况及发展趋势。

（3）预测市场对电子电器产品品种、规格、价格的需求变化趋势。

（4）预测本企业经营的电子电器产品生命周期。

3. 电子电器产品市场预测的方法

市场预测的方法很多，这里主要从定性和定量预测两个方面介绍几种常用的预测方法。

（1）销售者意见法。销售者意见法就是将销售者对市场前景的预测意见汇集起来，加以分析评价，做出预测的方法。例如，某公司的三名销售人员凭借自己的经验，对某产品下个季度的销售量提出自己的意见，分别为 650 台、600 台、780 台，则三个销售人员的预测平均值为（650+600+780）/3≈677（台）。这 677 台即为下季度的预测值。

在上述方法中，如果将销售人员替换成经理，则为经理意见法。

（2）专家调查法。专家调查法又称为"德尔菲法"或"专家背靠背法"，这是一种向有经验的专家征询未来市场需求情况的预测方法。具体做法是先由企业向选定的专家提供背景资料，然后请专家们根据自己的知识和经验，对预测的项目提出意见，并说明依据和理由。企业将各位专家的意见收集、归纳、整理后，在匿名的条件下，反馈给他们，由专家考虑对自己的意见是否进行修正。经过几轮反复征询，直到专家的意见基本趋向稳定。然后，将专家的最后一次的预测按从小到大顺序排列，取中位数作为预测值。

$$中位数=（项数+1）/2$$

例如，有 9 位预测者预测的数据（从小到大排列）为：100，101，106，110，111，114，117，119，123。

$$中位项=（9+1）/2=5$$

那么，第 5 项所对应的值 111 为中位数，就是预测值。

又如在上例中若有第 10 位预测者，其预测值为 127，那么：

$$中位项=（10+1）/2=5.5$$

$$预测值=（111+114）/2=112.5$$

111、114 分别是中间两项，即第 5 项和第 6 项。这两项数字最能代表 10 个预测者的意见。

（3）市场需求量预测。市场需求量的预测公式如下：

$$Q = n \cdot q \cdot p$$

式中　Q——预测值；

　　　n——消费者数量；

　　　q——平均每人每年购买量；

　　　p——产品单价。

例如，假定每年有 1 亿消费者购买电池，平均每年购买量为 5 节，平均每节电池 1 元，则市场需求量是多少？

$$Q = 1 \times 5 \times 1 = 5（亿）$$

思考题

1. 市场调查与预测的基本内容是什么？
2. 市场调查与预测的一般方法有哪些？

知识拓展

市场调查报告的一般格式

从严格意义上来说，市场调查报告没有固定不变的格式。不同的市场调查报告写作，主要根据调查的目的、内容、结果及主要用途来决定具体格式。但一般来说，各种市场调查报告在结构上都包括标题、导言、主体部分和结尾4个部分。

1. 标题

市场调查报告的标题即市场调查的题目。标题必须准确揭示调查报告的主题思想，要简单明了、高度概括、题文相符。例如，《××市居民住宅消费需求调查报告》《关于化妆品市场调查报告》《××产品滞销的调查报告》等，这些标题都很简明，能吸引人。

2. 导言

导言是市场调查报告的开头部分，一般说明市场调查的目的和意义，介绍市场调查工作基本概况，包括市场调查的时间、地点、内容和对象，以及采用的调查方法、方式。这是比较常见的写法。也有调查报告在导言中，先写调查的结论是什么，或直接提出问题等，这种写法往往能增强读者阅读报告的兴趣。

3. 主体部分

主体部分是市场调查报告中的主要内容，是表现调查报告主题的重要部分。这一部分的写作直接决定调查报告的质量高低和作用大小。主体部分要客观、全面阐述市场调查所获得的材料、数据，用它们来说明有关问题，得出有关结论；对有些问题、现象要做深入分析、评论等。总之，主体部分要善于运用材料来表现调查的主题。

4. 结尾

结尾主要是形成市场调查的基本结论，也就是对市场调查的结果做一个小结。有的调查报告还要提出对策措施，供有关决策者参考。

有的市场调查报告还有附录。附录的内容一般是有关调查的统计图表、有关材料出处、参考文献等。

营销小故事

把梳子卖给和尚

一位商人为了在四个儿子中挑选自己的继承人，决定做一个测试：让他们在一天的时间内向寺庙里的和尚们推销梳子。

早晨，四个儿子身背梳子分头而去。

不一会儿的工夫老大便悻悻而归："这不是明摆着折腾人吗？和尚们根本就没有头发，谁买梳子？"

中午，老二也沮丧而归："我到处跟和尚讲我的梳子是如何如何好，结果那些和尚说我笑话他们没有头发，于是赶我走，甚至要打我。幸亏我看到一个小和尚抓头挠痒，就劝他买把梳子挠痒，这才卖出了一把。"

下午，老三得意地回来了："我问一位山庙里的和尚，如果拜佛的人头发被山风吹乱了，是不是对佛不尊敬？和尚说是的。我说你知道了又不提醒他们，是不是一种罪过？他说是的。于是我建议他在每个佛像前摆一把梳子，香客来了先梳完头再拜佛。一共 12 座佛像，我便卖出去一打梳子！"

晚上，老四疲惫地归来，不仅梳子全部卖完了，还带回了与寺庙签订的大额订单，以及与寺庙联合成立梳子厂的协议。看到大家惊诧不已，老四解释说："我找到当地香火最旺的寺庙，直接跟方丈讲，你想不想给寺庙增加收入？方丈说当然想了。于是我建议他在寺庙最显眼的位置贴上告示，只要给寺庙捐钱捐物就有礼物送，礼物就是一把经过高僧开光并刻有寺名的功德梳。用这把梳子在人多的地方梳头，就能梳去晦气梳来运气。于是很多人捐钱后就在人多的地方梳头，又促使更多人去捐钱拿梳子。就这样，所有的梳子都卖出去了还不够。"

营销启示：不同的思维，采用不同的营销术，就会有不同的结果。在别人认为不可能的地方挖掘需求，开发出新的市场来，那才是真正的营销高手。

模块技能训练

一、请讨论并回答下列问题

1. 电子电器产品经营企业为什么要开展市场调查和预测活动？
2. 电子电器产品经营企业应如何适应市场环境的变化？
3. 电子电器产品经营企业为什么要研究消费者的购买行为？

二、案例分析

>>> 案例 2-4

戴尔公司的环境威胁与机会分析

下面是美国戴尔公司在 1995 年进行 SWOT 分析时的记录。

1. 机会

（1）个人计算机产业的成长前景依然诱人。在今后的几年中可以预期高终端个人计算机有 15% 的收入增长率，产业有 12% 的综合增长率。

（2）应用于企业的成长最快的部分将是其顶尖系统。这个部分在今后的几年中预计年增长率可达 20%。

（3）尖端技术、网络作业、顾客服务及成本是企业计算机系统购置的决定因素。

（4）1995 年后顾客更换过时系统的数量将超过首次购买者。

（5）欧洲和亚洲市场是尚未饱和的市场之一。

（6）美国的个人计算机市场饱和度相对还很低。只有33%的白领在工作中使用个人计算机，只有17%的美国家庭拥有个人计算机。

（7）最大的成长机会应当属于那些中小企业（雇员不足500人的企业）。

2. 威胁

（1）个人计算机行业的竞争非常激烈，其中包括传统的制造商如IBM、康柏，以及不断增多的增值零售商、兼容计算机厂商与顾客自行组装。

（2）对零部件制造商的依赖使得组装再销售者对价格的变化与零部件获得性非常脆弱。

（3）零售计算机商店通常不会固定忠诚于他们商店内所出售的某一特定品牌的系统。

（4）一些行业分析家认为个人计算机产业的增长会随着经济增长的放慢变得不确定。

（5）大型、资源充裕的竞争者的研究与开发可能使得一些专利技术很快过时。

（6）由创新者和最早模仿者所启动的美国市场预计在今后的几年中会停滞，75%以上的顾客不能担保有购买一套家用计算机的财力。

（7）市场衰退减缓了产品更新和改良的速度。

3. 优势

（1）70%以上的戴尔的客户已成为重复购买者。

（2）戴尔的企业文化以业绩为导向，并强调顾客满意。

（3）相对于大多数制造厂家提供一般的系统而言，戴尔提供了高绩效、低成本的产品和顶尖系统。

（4）戴尔正在开发专利技术以提高系统绩效，同时改善其作为顾客系统开发者的形象。

（5）戴尔被认为是在顾客满意、售后服务方面的行业领袖之一。1991年后戴尔在美国、英国、德国和法国开展的顾客满意度民意测验中名列前茅。

（6）在过去的两年中，国际市场对戴尔设计系统的需求有所增加。

（7）戴尔与施乐公司签订了为戴尔的个人计算机实施现场服务的合同。戴尔顾客中97%以上都在施乐标准化服务的范畴内。

（8）国际销售已连续3年成倍增长，反映出所有的分支机构的运作以及在法国和瑞典的第一年度的运作都有利可图。

（9）戴尔在对大公司、政府部门和教育部门的销售中有54%的增长。

4. 劣势

（1）迈克尔·戴尔被批评缺乏耐心，并且不能倾听其他管理人员的意见。一些产业观察家们质疑：随着公司的发展和成熟，迈克尔·戴尔是否还有能力继续运用他的管理手段。

（2）戴尔公司的员工构成反映出组织的潜在缺点，即缺乏有经验的员工和对企业的所有权。尽管员工中男性与女性大约各占50%，但是在管理层中，只有一名女性管理人员——顾客服务经理。

（3）戴尔在对产品的宣传和新产品的导入方面远远落后于竞争对手。

（4）戴尔在促销上着眼于电信营销战略，没有抓住其他的渠道进行促销活动。

(5)戴尔在营销规模小的市场上缺乏对产品的优选。

问题：假如你是戴尔公司营销决策者，根据以上分析，你会采取哪种策略应对？

三、技能实训

××空调本地市场需求调查

活动形式：社会实践。以小组为单位，利用本地家电卖场及居民住宅小区进行调查访问。

活动过程：（1）确定市场调查任务。

（2）制定市场调查计划。

（3）执行市场调查计划。

（4）撰写市场调查报告。

活动成果：（1）市场调查行动方案。（2）市场调查问卷。（3）市场调查报告。

模块学习测验与总结

一、选择题

1. 影响企业营销活动的社会性力量和因素，称为（　　）。
    A. 微观环境　　　　　　　B. 宏观环境
    C. 作业环境　　　　　　　D. 直接环境
2. 以下属于微观环境因素的是（　　）。
    A. 经济　　　　　　　　　B. 供应商
    C. 最终顾客　　　　　　　D. 居民储蓄
3. 以下不属于中间商的是（　　）。
    A. 批发商　　　　　　　　B. 零售商
    C. 供应商　　　　　　　　D. 代理商
4. 下列调查方法中不属于访问调查法的是（　　）。
    A. 面谈法　　　　　　　　B. 网络调查法
    C. 邮寄调查法　　　　　　D. 直接观察法
5. 影响消费者购买行为的因素有（　　）。
    A. 经济因素　　　　　　　B. 个性因素
    C. 心理因素　　　　　　　D. 感情因素

二、判断正误

1. 影响消费需求最活跃的经济因素是消费者收入。（　　）
2. 企业经营成败的关键在于能否适应不断变化的经营环境。（　　）
3. 访问调查法是收集二手资料常用的调查方法。（　　）
4. 电子电器产品消费者购买过程中最重要的角色是购买者。（　　）
5. 定性预测受预测者主观因素影响大。（　　）

三、案例分析

》》案例 2-5

《2017 中国消费者》报告发布：健康和生活品质成为消费重点

近日，市场研究咨询公司英敏特发布了《2017 年中国消费者》报告，研究显示，中国的消费者正处于生活方式升级中，他们渴望更加健康、更加具有体验感的休闲生活，但在消费中也会更加理性。

英敏特按照不同的分类，总结了美容个护、无酒精饮料、休闲娱乐、服装饰品和家居消费在 2017 年可能存在的趋势。对于生活的方方面面，消费者都追求功能性和品质性，科技的因素逐渐渗透到消费行业中。比如 VR 技术，除了用于游戏，在影视、零售、室内设计、旅游网站的应用也会进一步增多。

休闲娱乐方面，中国游戏市场迅猛发展，手机游戏成增长引擎，而网络游戏热度下降。4G 移动网络的普及，以及越来越多网络提供免费 Wi-Fi，为该市场的发展提供了坚实的硬件基础。

家居方面，消费者渴望家里摆放优质产品和家具，以彰显他们的品质。这为智能家居创造了机会，比如通过手机控制的家电产品。这类产品提高联网率，还能带动厨房电器和娱乐设备的创新，为家人创造更好的生活品质。

总的来看，在经济放缓的情况下，中国消费者会努力提高自己的生活品质，但绝不是以乱花钱为代价。消费者会出现更加精挑细选的心态，也更具有聪明花钱的意识。他们会优先在改善生活品质的事物上花钱，让生活更健康，体验更丰富。

问题：面对市场消费特点的变化，电子电器产品营销将做何应对？

四、个人学习总结（表 2-5）

表 2-5　个人学习总结

我学到了哪些知识	
我学会了哪些技能	
我哪里学得不够好？原因及措施怎样	

模块学习评价（表2-6）

表2-6 模块学习评价表

小组：		姓名：	评价总分：		
评价项目		评价依据	优秀 8~10分	良好 6~8分	继续努力 0~6分
自我评价 20分	学习态度	遵守纪律；学习主动；积极参与小组活动和讨论；尊重同学和老师；具有较强的团队精神、合作意识；能客观有效地评价同学的学习			
	目标达成	达到学习目标；按要求完成各项学习任务			
	自评合计分				
小组互评 30分	其他组员	评价依据	优秀 20~30分	良好 10~20分	继续努力 0~10分
		（1）积极参与小组活动和讨论；具有较强的团队精神、合作意识；服从角色安排			
		（2）对小组活动贡献大小			
		（3）知识目标达成情况			
		（4）技能目标达成情况			
	……				
	小组平均分				
教师评价 50分		评价依据	优秀 8~10分	良好 6~8分	继续努力 0~6分
	学习态度	综合表现			
	个人评价	自评结果			
	小组评价	互评结果			
	小组活动	活动成果			
	测验	测验结果			
	教评合计分				

模块三

电子电器产品的市场定位

模块教学目标

学习目标	熟悉电子电器产品消费者市场细分的标准、程序与方法;目标市场选择的标准和程序;市场定位的原则和方法
技能目标	具备进行电子电器产品市场细分、目标市场选择和市场定位的初步能力
教学方式	学生自主学习、合作学习;教师授导;实际体验;案例研讨;座谈会;社会实践
参考学时	6学时

模块基本技能

基本技能 1 细分市场

活动:案例研讨

活动形式:以小组为单位研讨案例。

活动过程:(1)教师向学生说明本次活动的目的、内容及注意事项。

(2)学生认真研读案例并在教师的指导下就研讨问题展开讨论,回答问题。

(3)组长负责记录,小组发言人报告研讨结果。

(4)教师对本次活动的开展情况进行评价;对存在争议的一些问题加以澄清;对表现好的小组和个人予以表扬或奖励,尤其要鼓励学生的创造性思维。

活动成果:小组研讨记录表(见表3-1)。

表 3-1 　　　　小组研讨记录表

研 讨 问 题	研 讨 结 果
（1）海尔冰箱靠什么战略实现的逆势增长	
（2）你们还知道哪些海尔的细分化产品	

>>> 案例 3-1

海尔冰箱 2017 上半年市场份额第一：逆势增长 9.8%

2017 年 7 月中旬，权威监测机构中怡康公布了 2017 年上半年冰箱市场销售数据。数据显示，上半年冰箱行业整体零售负增长 1.2%，而海尔冰箱逆势增长 9.8%，市场份额达到 30.6%，同比上升 3.1%，位居第一。其中，在 8000 元以上的高端市场中，海尔冰箱销量份额占比 32.3%，同比上升 4.7%，位居第一。

纵观当前市面上的冰箱产品，不难看出，产品同质化、创新不足、功能单一化现象严重，这也是冰箱行业呈现负增长的主要原因。在行业销量下跌的情形下，海尔冰箱能实现逆势增长，主要得益于其围绕用户需求，推出差异化创新产品，在满足了用户保鲜诉求的同时，也成为了冰箱行业发展的新风口。

据了解，传统冰箱大都处在冷藏室无法保存干货，冷冻室不保鲜、温度波动大的困局，使得食材新鲜程度大打折扣。为了给用户提供科学的存储方案，海尔全空间保鲜冰箱凭借冷藏精控干湿分储技术，为蔬果及干货类食材提供稳定的温度、湿度保鲜环境，保证果蔬食材不失水，干货食材不返潮；冷冻室运用智能恒温技术，通过智能控制风道与保鲜区之间的遮蔽装置，将冰箱冷冻区间温度波动降低 45%，化霜升温降低 40%，有效避免冷冻温度上升，有利于锁住食物营养。

技术上的颠覆性创新只是表象，与用户的深度交互才是不可或缺的深层内因。在研发之初，海尔冰箱就通过交互平台了解到用户经常抱怨冰箱里蔬菜失水、干货返潮、肉冻发白发干等问题。为此，海尔冰箱通过一系列独创技术，实现了冷藏冷冻全空间保鲜的突破，从而带给用户家庭食材新鲜如超市般的储鲜体验。

可以说，海尔冰箱实现逆势增长，其"高端差异化"战略功不可没。在这场市场细分化的博弈中，海尔冰箱不仅实现了技术上的占位，更凭借迭代升级的创新产品向用户传递了冷藏冷冻全空间保鲜理念，为用户提供健康的生活方式，这也是产品研发的初衷。显然，海尔冰箱已经做到了口碑和产品的双赢。

基本知识

一、市场细分的概念与作用

市场细分是指营销者通过市场调研，依据消费者的需要和欲望、购买行为和购买习惯等方面的差异，把某一产品的市场整体划分为若干消费者群的市场分类过程。每一个消费者群就是一个细分市场,每一个细分市场都是由具有类似需求倾向的消费者构成的群体。

电子电器产品市场细分不是根据产品品种、产品系列来进行的,而是从消费者的角度进行划分的,是根据市场细分的理论基础,即消费者的需求、动机、购买行为的多元性和差异性来划分的。市场细分对电子电器产品营销具有极其重要的作用。

1. **有利于选择目标市场和制订市场营销策略**

市场细分后的子市场比较具体,比较容易了解消费者的需求,企业可以针对较小的市场制订特殊的营销策略。同时,在细分的市场上,信息容易了解和反馈,一旦消费者的需求发生变化,企业可以迅速改变营销策略,制订相应的对策,以适应市场需求的变化,提高企业的应变能力和竞争力。

2. **有利于发掘市场机会,开拓新市场**

通过市场细分,企业可以对每一个细分市场的购买潜力、满足程度、竞争情况等进行分析对比,探索出有利于本企业的市场机会,使企业及时做出投产、异地销售决策,或根据本企业的生产技术条件编制新产品开拓计划,进行必要的产品技术储备,掌握产品更新换代的主动权,开拓新市场,以更好地适应市场的需要。例如,海尔根据消费者夏天洗衣次数多、单次量少的特点,推出了省水省电型的"小神童"系列洗衣机;通过改善洗衣机通水装置,解决了四川农民提出的洗衣机既洗衣服又洗红薯的问题;进军日本市场时又推出了小型的、适合单身白领使用的洗衣机……

3. **有利于集中人力、物力投入目标市场**

任何一个企业的资源、人力、物力、资金都是有限的。通过细分市场,选择适合自己的目标市场,企业可以集中人、财、物等资源,去争取局部市场上的优势,然后再占领自己的目标市场。

4. **有利于企业提高经济效益**

前面三个方面的作用都能使企业提高经济效益。除此之外,企业通过市场细分后,可以面对自己的目标市场,生产和经营适销对路的产品,既能满足市场需要,又可以增加企业的收入。产品适销对路可以加速商品流转,降低企业的生产经营成本,提高企业的经济效益。

二、电子电器产品消费者市场细分的标准

电子电器产品消费者市场的细分标准可以概括为地理因素、人口统计因素、心理因素和行为因素四个方面,每个方面又包括一系列的细分变量。

1. **按地理因素细分**

按地理因素细分,就是按消费者所在的地理位置、地理环境等因素来细分市场。

(1)地理位置。可以按照行政区划来进行细分,如在我国,可以划分为东北、华北、西北、西南、华东和华南几个地区;也可以按照地理区域来进行细分,如划分为省、自治区、市、县等,或内地、沿海、城市、农村等。在不同地区,消费者的需求存在较大差异。例如,滚筒洗衣机在农村地区的受欢迎的程度就不如城市地区。

(2)城镇大小。可划分为大城市、中等城市、小城市和乡镇。处在不同规模城镇的消费者,在消费结构方面往往存在较大差异。

(3)地形和气候。按地形可划分为平原、丘陵、山区、沙漠地带等;按气候可分为热带、亚热带、温带、寒带等。防暑降温、御寒保暖之类的消费品就可以按不同气候带来划分。例如,

我国北方气候干燥，加湿器很有市场，而江南地区空气湿度大，基本上不存在对加湿器的需求。

2. 按人口统计因素细分

按人口统计因素细分，就是按年龄、性别、职业、收入、家庭人口、家庭生命周期、民族、宗教、国籍等因素，将市场划分为不同的群体。

（1）年龄。不同年龄段的消费者，由于生理、性格、爱好、经济状况的不同，对消费品的需求往往存在很大的差异。因此，可按年龄将市场划分为许多各具特色的消费者群，如儿童市场、青年市场、中年市场、老年市场等。

（2）性别。按性别可将市场划分为男性市场和女性市场。不少商品在用途上有明显的性别特征，如妇女是方便、节能家电产品的主要购买者。

（3）收入。收入的变化直接影响消费者的需求欲望和支出模式。收入高的消费者就比收入低的消费者购买更高价的产品，如大容量冰箱、中央空调、豪华家电等；收入高的消费者一般喜欢到大百货公司或品牌专卖店购物，收入低的消费者则通常在住地附近的商店、仓储超市购物。

（4）职业。不同职业的消费者，由于知识水平、工作条件和生活方式等不同，其消费需求存在很大的差异。

（5）教育状况。受教育程度不同的消费者，在志趣、生活方式、文化素养、价值观念等方面都会有所不同，因而会影响他们的购买种类、购买行为、购买习惯。

（6）家庭人口。根据家庭人口数可分为单身家庭（1人）、单亲家庭（2人）、小家庭（2~3人）、大家庭（4人以上）。家庭人口数量不同，家用电器的配置等也会出现需求差异。

3. 按心理因素细分

按心理因素细分，就是将消费者按其生活方式、性格、购买动机、态度等因素细分成不同的群体。

（1）生活方式。生活方式是指人们对工作、消费、娱乐的特定习惯和模式。不同的生活方式会产生不同的需求偏好，如"传统型"、"新潮型"、"节俭型"、"奢侈型"等。这种细分方法能显示出不同群体对同一种商品在心理需求方面的差异性。

（2）性格。消费者的性格对产品的喜爱有很大的关系。性格可以用外向与内向、乐观与悲观、自信、顺从、保守、急进、热情、老成等词句来描述。性格外向、容易感情冲动的消费者往往喜欢表现自己，因而他们喜欢购买能表现自己个性的产品；性格内向的消费者则喜欢大众化，往往购买比较朴实的产品；富于创造性和冒险心理的消费者，则对新奇、刺激性强的商品特别感兴趣。

（3）购买动机。按消费者追求的利益来进行细分。消费者对所购产品追求的利益主要有求实、求廉、求新、求美、求名、求安等，这些都可作为细分的依据。例如，顾客购买美容家电产品是为了美的追求。因此，企业可对市场按利益变数进行细分，确定目标市场。

4. 按行为因素细分

按行为因素细分，就是按照消费者购买或使用某种商品的时间、购买数量、购买频率、对品牌的忠诚度等因素来细分市场。

（1）购买时间。许多产品的消费具有时间性。例如，电暖气在冬季购买需求旺盛；空调在夏季生意最兴隆。因此，企业可根据消费者购买时间进行细分，在适当的时候加大促销力度，采取优惠价格，以促进产品的销售。

（2）购买数量。据此可分为大量用户、中量用户和少量用户。大量用户人数不一定多，但消费量大，许多企业以此为目标，反其道而行之也可取得成功。例如，计算机的大量使用者是知识分子和学生。

（3）购买频率。据此可分为经常购买者、一般购买者、不常购买者（潜在购买者）。例如音响产品，青年人经常购买，中年人按正常方式购买，而工人、农民则不常买。

（4）购买习惯（对品牌忠诚度）。据此可将消费者划分为坚定品牌忠诚者、多品牌忠诚者、转移的忠诚者、无品牌忠诚者等。例如，有的消费者忠诚于某些产品，如海尔电器。为此，企业必须辨别他的忠诚顾客及其特征，以便更好地满足他们的需求，必要时给忠诚顾客以某种形式的回报或鼓励，如给予一定的折扣。

三、电子电器产品市场细分的程序与方法

1. 市场细分的程序

电子电器产品市场细分作为一个比较、分类、选择的过程，应该按照一定的程序来进行，通常有如下几步。

（1）正确选择市场范围。企业根据自身的经营条件和经营能力确定进入市场的范围，如进入什么行业、生产什么产品、提供什么服务。

（2）列出市场范围内所有潜在顾客的需求情况。根据细分标准，比较全面地列出潜在顾客的基本需求，作为以后深入研究的基本资料和依据。

（3）分析潜在顾客的不同需求，初步划分市场。企业将所列出的各种需求通过抽样调查进一步收集有关市场信息与顾客背景资料，然后初步划分出一些差异最大的细分市场，至少从中选出三个细分市场。

（4）筛选。根据有效市场细分的条件，对所有细分市场进行分析研究，剔除不合要求、无用的细分市场。

（5）为细分市场定名。为便于操作，可结合各细分市场上顾客的特点，用形象化、直观化的方法为细分市场定名，如某旅游市场可分为商人型、舒适型、好奇型、冒险型、享受型、经常外出型等。

（6）复核。进一步对细分后选择的市场进行调查研究，充分认识各细分市场的特点，本企业所开发的细分市场的规模、潜在需求，以及还需要对哪些特点进一步分析研究等。

（7）决定细分市场规模，选定目标市场。企业在各子市场中选择与本企业经营优势和特色相一致的子市场，作为目标市场。没有这一步，就没有达到细分市场的目的。

经过以上7个步骤，企业便完成了市场细分的工作，就可以根据自身的实际情况确定目标市场并采取相应的目标市场策略。

2. 市场细分的方法

市场细分的方法主要有单一变量法、主导因素排列法、综合因素细分法、系列因素细分法等。

（1）单一变量法。是指根据市场营销调研结果，把选择影响消费者或用户需求最主要的因素作为细分变量，从而达到市场细分的目的。如电动玩具市场需求量的主要影响因素是年龄，可以针对不同年龄段的儿童设计适合不同需要的玩具。

（2）主导因素排列法。即用一个因素对市场进行细分。如按年龄细分学习机市场等。这种方法简便易行，但难以反映复杂多变的顾客需求。

（3）综合因素细分法。即用影响消费需求的两种或两种以上的因素进行综合细分。如用生活方式、收入水平、年龄三个因素可将手机市场划分为不同的细分市场。

（4）系列因素细分法。即对细分市场所涉及的多项因素由粗到细、由浅入深，逐步进行细分。如全国市场可细分为城市场、农村市场；农村市场又可细分为南方地区、北方地区农村；地区农村又可细分为农村少数民族地区等。

> **思考题**
> 1. 为什么要对电子电器产品市场进行细分？
> 2. 市场细分必须具备怎样的条件？

知识拓展

有效市场细分的条件

企业进行市场细分的目的是通过对顾客需求差异予以定位，以取得较大的经济效益。众所周知，产品的差异化必然导致生产成本和推销费用的相应增长，所以，企业必须在市场细分所得收益与市场细分所增成本之间做一权衡。由此，我们得出有效的细分市场必须具备以下特征。

（1）可衡量性：这是指用来细分市场的标准、因素及细分后的市场是可以识别和衡量的，即有明显的区别、合理的范围。如果某些细分变数或购买者的需求和特点很难衡量，细分市场后无法界定、难以描述，那么市场细分就失去了意义。一般来说，一些带有客观性的因素，如年龄、性别、收入、地理位置、民族等，都易于确定，并且有关的信息和统计数据也比较容易获得；而一些带有主观性的因素，如心理和性格方面的因素，就比较难以确定。

（2）可进入性：这是指企业能够进入所选定的市场部分，能进行有效的促销和分销，实际上就是考虑营销活动的可行性。一是企业能够通过一定的广告媒体把产品的信息传递到该市场众多的消费者中去；二是产品能通过一定的销售渠道抵达该市场。

（3）可赢利性（规模性）：这是指细分市场的规模要大到能够使企业足够获利的程度，使企业值得为它设计一套营销规划方案，以便顺利地实现其营销目标，并且具有可拓展的潜力，以保证按计划能获得理想的经济效益和社会服务效益。如一个普通大学的餐馆，如果专门开设一个西餐馆满足少数师生酷爱西餐的要求，可能由于这个细分市场太小而得不偿失；但如果开设一个回族饭菜供应部，虽然其市场仍然很窄，但从细微处体现了民族政策，有较大的社会效益，就值得去做。

（4）差异性：是指细分市场在观念上能被区别并对不同的营销组合因素和方案有不同的反应。

（5）相对稳定性：是指细分后的市场有相对应的时间稳定。细分后的市场能否在一定时间内保持相对稳定，直接关系到企业生产营销的稳定性。特别是大中型企业以及投资周期长、转产慢的企业，更容易造成经营困难，严重影响企业的经营效益。

营销小故事

情侣苹果

圣诞之夜，某高校俱乐部前，一老妇守着两筐大苹果叫卖。因为天寒，问者寥寥，生意非常冷清。一教授见此情形，上前与老妇商量几句，然后走到附近商店买来节日织花用的红彩带，并与老妇一起将苹果两两一扎，接着高叫道："情侣苹果！五元一对！"经过的情侣们甚觉新鲜，用红彩带扎在一起的一对苹果看起来很有情趣，因而买者甚众。不一会儿，苹果就全部卖光，老妇赚得颇丰，对教授感激不尽。

营销启示：教授对俱乐部门前来往人群进行市场细分可谓别出心裁，成双成对的情侣使其突发灵感，他察觉到情侣们将是最大的苹果需求市场。"情侣苹果"对情侣非常具有吸引力，即使苹果不好销的大冷天也高价畅销了。

基本技能 2 选择目标市场

活动：案例研讨

活动形式：以小组为单位研讨案例。

活动过程：（1）教师向学生说明本次活动的目的、内容及注意事项。

（2）学生认真预习"基本知识"，研读案例并在教师的指导下展开讨论、回答问题。

（3）组长负责记录，小组发言人报告研讨结果。

（4）教师对本次活动的开展情况进行评价；对存在争议的一些问题加以澄清；对表现好的小组和个人予以表扬或奖励，尤其要鼓励学生的创造性思维。

活动成果：小组研讨记录表（见表3-2）。

表3-2 _____小组研讨记录表

研讨问题	研讨结果
（1）日本电视机打入美国市场，选用了什么机型？为什么	
（2）日本电视机成功打入美国电视机市场，采用了什么战略决策	

> **案例 3-2**

抓住空白点

日本电视机生产企业从1961年开始向美国出口电视机。当时美国不只是世界头号电视机生产强国，而且，美国消费者还普遍存有"东洋货是劣质货"的观念。但日本企业经过认真的市场分析发现，在美国市场上，12英寸以下的小型电视机是一个市场空白点。当时，美国电视机生产企业都嫌小型电视机利润少而不愿经营，并且错误地认为小型电视机消费时代已经结束。但事实上仍有不少消费者需要它，日本企业借机将小型电视机打入美国市场。正是由于日本企业从美国产品市场空白点入手"钻"入美国，所以未受到强大的美国企业的反击。等日本企业羽翼丰满，占领大型电视机市场时，美国电视机厂家再想反击却为时已晚。

基本知识

一、目标市场的选择标准

目标市场是企业在市场细分的基础上，根据市场潜量、竞争对手状况、企业自身特点所选择进入的市场。

例如，现阶段我国城乡居民对照相机的需求，可分为高档、中档和普通三种不同的消费者群。调查表明，33%的消费者需要物美价廉的普通相机，52%的消费者需要使用质量可靠、价格适中的中档相机，16%的消费者需要美观、轻巧、耐用、高档的全自动或多镜头相机。国内各照相机生产厂家大都以中档、普通相机作为生产营销的目标，因而市场出现供过于求，而各大中型商场的高档相机则多是高价进口产品。如果某一照相机厂家选定16%的消费者为目标，优先推出质优、价格合理的新型高档相机，就会受到这部分消费者的欢迎，从而迅速提高市场占有率。

一般而言，企业考虑进入的目标市场，应符合以下标准或条件。

1. 有一定的规模和发展潜力

企业进入某一市场是期望能够有利可图，如果市场规模狭小或者趋于萎缩状态，企业进入后就难以获得发展。此时，应审慎考虑，不宜轻易进入。当然，企业也不宜以市场吸引力作为考虑的唯一因素，即与竞争企业遵循同一思维逻辑，将规模最大、吸引力最大的市场作为目标市场。大家共同争夺同一个顾客群的结果，只会是造成过度竞争和社会资源的无端浪费，同时使消费者的一些本应得到满足的需求遭受冷落和忽视。现在国内很多企业动辄将城市尤其是大中城市作为其首选市场，而对小城镇和农村市场不屑一顾。如果转换一下思维角度，一些目前经营尚不理想的企业说不定会出现"柳暗花明"的局面。

2. 细分市场的结构吸引力

细分市场可能具备理想的规模和发展特征，然而从赢利的角度来看，它未必有吸引力。波特认为有五种力量决定整个市场或其中任何一个细分市场的长期的内在吸引力，即同行业竞争者、潜在的新参加的竞争者、替代产品、购买者和供应商。它们具有如下五种威胁性。

（1）细分市场内激烈竞争的威胁。如果某个细分市场已经有了众多的、强大的或者竞争意识强烈的竞争者，那么该细分市场就会失去吸引力。如果该细分市场处于稳定或者出现衰退，生产能力不断大幅度扩大，固定成本过高，撤出市场的壁垒过高，竞争者投资很大，那么情况就会更糟。这些情况常常会导致价格战、广告争夺战，并使公司要参与竞争就必须付出高昂的代价。

（2）新竞争者的威胁。如果某个细分市场可能会吸引能增加新的生产能力和大量资源并争夺市场份额的新的竞争者，那么该细分市场就会没有吸引力。问题的关键是新的竞争者能否轻易地进入这个细分市场。如果新的竞争者进入这个细分市场时遇到森严的壁垒，并且遭受到细分市场内原来的公司的强烈阻挠，他们便很难进入。

（3）替代产品的威胁。如果某个细分市场存在着替代产品或者有潜在替代产品，那么该细分市场就失去吸引力。替代产品会限制细分市场内价格和利润的增长。公司应密切注意替代产品的价格趋向。如果在这些替代产品行业中技术有所发展，或者竞争日趋激烈，这个细分市场的价格和利润就可能会下降。

（4）购买者讨价还价能力加强的威胁。如果某个细分市场中购买者的讨价还价能力很强或正在加强，该细分市场就没有吸引力。购买者会设法压低价格，对产品质量和服务提出更高的要求，并且使竞争者互相斗争，所有这些都会使销售商的利润遭受损失。销售商为了保护自己，可选择议价能力最弱的购买者或者转换销售。较好的防卫方法是提供顾客无法拒绝的优质产品供应市场。

（5）供应商讨价还价能力加强的威胁。如果公司的供应商——原材料和设备供应商、公用事业、银行等，能够提价或者降低产品和服务的质量，或减少供应数量，那么该公司所在的细分市场就会没有吸引力。如果供应商集中或有组织，或者替代产品少，或者供应的产品是重要的投入要素，或者转换成本高，或者供应商可以向前实行联合，那么供应商的讨价还价能力就会较强。因此，与供应商建立良好关系和开拓多种供应渠道才是防御上策。

3. 符合企业目标和能力

某些细分市场虽然有较大吸引力，但不能推动企业实现发展目标，甚至会分散企业的精力，使之无法完成其主要目标，这样的市场应考虑放弃。此外，还应考虑企业的资源条件是否适合在某一细分市场经营。只有选择那些企业有条件进入、能充分发挥其资源优势的市场作为目标市场，企业才会立于不败之地。

现代市场经济条件下，电子电器产品制造商品牌和经销商品牌之间经常展开激烈的竞争，也就是所谓的品牌战。一般来说，制造商品牌和经销商品牌之间的竞争，本质上是制造商与经销商之间实力的较量。在制造商具有良好的市场声誉、拥有较大市场份额的条件下，应多使用制造商品牌，无力经营自己品牌的经销商只能接受制造商品牌。相反，当经销商品牌在某一市场领域中拥有良好的品牌信誉及庞大的、完善的销售体系时，利用经销商品牌也是有利的。因此进行品牌使用决策时，要结合具体情况，充分考虑制造商与经销商的实力对比，客观地做出评价。

二、选择目标市场的程序

1. 评估细分市场

企业评估细分市场的核心是确定细分市场的实际容量，评估时应考虑三个方面的因素：细分市场的规模、细分市场的内部结构吸引力和企业的资源条件。

细分市场内部结构吸引力取决于该细分市场潜在的竞争力。竞争者越多、竞争越激烈，该细分市场的吸引力就越小。有五种力量决定了细分市场的竞争状况，即同行业的竞争品牌、潜在的新参加的竞争品牌、替代品牌、品牌产品购买者和供应商，这五种力量从供给方面决定了细分市场的潜在需求规模，从而影响市场实际容量。

如果细分市场竞争品牌众多，且实力强大，或者进入壁垒、退出壁垒较高，且已存在替代品牌，则该市场就会失去吸引力。例如，我国手机市场竞争品牌很多，中小企业要进入这样一个市场，成功的可能性很小。如果该细分市场中购买者的议价能力很强或者原材料和设备供应商招商高价格的能力很强，则该细分市场的吸引也会大大下降。

决定细分市场实际容量的最后一个因素是企业的资源条件，这也是关键性的一个因素。企业的品牌经营是一个系统工程，有长期目标和短期目标，企业行为是计划的战略行为，每一步发展都是为了实现其长远目标服务，进入一个子市场只是企业品牌发展的一步。因此，虽然某些细分市场具有较大的吸引力，有理想的需求规模，但如果和企业的长期发展目标不一致，企业也应放弃进入。而且，即使和企业目标相符，但企业的技术资源、财力、人力资源有限，不能保证该细分市场的成功，那么企业也应果断舍弃。

因此，对细分市场的评估应从上述三个方面综合考虑，全面权衡，这样评估出来的结果才有意义。

2. 选择进入细分市场的方式

通过评估，品牌经营者会发现一个或几个值得进入的细分市场，这也就是品牌经营者所选择的目标市场，下面要考虑的就是进入目标市场的方式，即企业如何进入的问题。

（1）集中进入方式。企业集中所有的力量在一个目标市场上进行品牌经营，满足该市场的需求，在该品牌获得成功后再进行品牌延伸。这是中小企业在资源有限的情况下进入市场的常见方式。许多保健品企业在进入市场时常采用一个主打品牌进行集中营销的策略。例如，格兰仕集团以微波炉进入市场获得了成功，后又推出了空调、洗衣机、烤箱、电磁炉等也同样取得了成功。集中进入的方式有利于节约成本，以有限的投入突出品牌形象，但风险也比较大。

（2）有选择地专门化。品牌经营者选择了若干个目标市场，在几个市场上同时进行品牌营销，这些市场之间或许很少或根本没有联系，但企业在每个市场上都能获利。例如，飞利浦公司在医疗保健市场、生活市场和照明市场上同时开展营销活动且都取得了成功。这种进入方式有利于分散风险，企业即使在某一市场失利也不会全盘皆输。

（3）专门化进入。品牌厂商集中资源生产一种产品提供给各类顾客或者专门为满足某个顾客群的各种需要服务的营销方式。例如，北京亚都环保科技有限公司专门生产室内空气品质产品提供给所有消费者。

（4）无差异进入。品牌经营者对各细分市场之间的差异忽略不计，只注重各细分市场之间的共同特征，推出一个品牌，采用一种营销组合来满足整个市场上大多数消费者的需求。无差异进入往往采用大规模配销和轰炸式广告的办法，以达到快速树立品牌形象的效果。例如，格兰仕公司推出微波炉时，产品满足所有顾客的要求。

无差异进入的策略能降低企业生产经营成本和广告费用，不需要进行细分市场的调研和评估。但是其风险也比较大，毕竟在现代需求日益多样化、个性化的社会中，以一种产品、一个品牌满足大部分需求的可能性很小。

（5）差异进入。品牌经营者有多个细分子市场为目标市场，分别设计不同的产品，提供不同的营销组合以满足各子市场不同的需求，这是大企业经常采用的进入方式。例如，海尔集团仅冰箱一种产品就区分出"大王子""双王子""小王子""海尔大地风"等几个设计和型号各异的品牌，以满足家庭、宾馆、餐厅、农村地区等不同细分市场对冰箱的需求。

差异性进入由于针对特定目标市场的需求，所以成功的概率更高，能取得更大的市场占有率，但其营销成本也比无差异进入要高。

这五种市场进入方式各有优缺点，企业在选择时应考虑自身的资源条件，结合产品的特点，选择最适合的方式。

三、电子电器产品目标市场选择策略

企业在决定目标市场的选择时，可根据具体条件考虑三种不同策略。

1. 无差异市场策略

无差异市场策略是把整个市场作为一个目标市场，着眼于消费需求的共同性，推出单一产品和单一营销手段加以满足。例如，电压力锅生产经营企业通常采取这一策略，如图 3-1 所示。

图 3-1　无差异市场策略

无差异营销策略的优点是可以降低成本，这是因为：

（1）由于产品单一，企业可以实行机械化、自动化、标准化大量生产，从而降低产品成本，提高产品质量。

（2）采用无差异的广告宣传、单一的销售程序，降低了销售费用。

（3）节省了市场细分所需的调研费用、多种产品开发设计费用，使企业能以物美价廉的产品满足消费者需要。

无差异营销策略也有其不足：

（1）不能满足不同消费者的需求和爱好。用一种产品、一种市场营销策略去吸引和满足所有顾客几乎是不可能的，即使一时被承认，也不会被长期接受。

（2）容易受到竞争对手的冲击。当企业采取无差异营销策略时，竞争对手会从这一整体市场的细微差别入手，参与竞争，争夺市场份额。

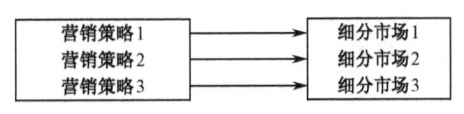

2. 差异性市场策略

差异性市场策略是充分肯定消费者需求的异质性，在市场细分的基础上选择若干个细分子市场为目标市场，分别设计不同的营销策略组合方案，满足不同细分子市场的需求。例如，电风扇市场细分后的台式风扇、落地扇、空调扇等就是差异性市场选择，如图 3-2 所示。

差异性市场策略是目前普遍采用的策略，这是科技发展和消费需求多样化的结果，也是企业之间竞争的结果。不少企业实行多品种、多规格、多款式、多价格、多种分销渠道、多种广告形式等多种营销策略，满足不同细分市场的需求。

图 3-2　差异性市场策略

差异性市场策略的优点是：

（1）由于企业面对多个细分市场，即使某一细分市场发生剧变，也不会使企业全盘陷入困境，大大降低了经营风险。

（2）由于能较好地满足不同消费者的需求，争取更多的顾客，从而扩大销售量，获得更大的利润。

（3）企业可以通过多种营销策略来增强企业的竞争力，有时还会因为在某个细分市场上取得优势、树立品牌形象而带动其他子市场的发展，形成连带优势。

差异性市场策略的不足之处在于：由于目标市场多、产品经营品种多，所以渠道开拓、促销、生产研制等成本高。同时，经营管理难度较大，要求企业有较强的实力和素质较高的经营管理人员。

3. 密集性市场策略

密集性市场策略是企业集中设计生产一种或一类产品，采用一种营销组合，为一个细分市场服务，如格力空调的生产经营策略，如图3-3所示。

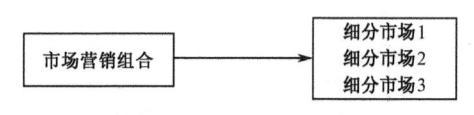

图 3-3 密集性市场策略

密集性市场策略与无差异性市场策略的区别是：后者以整个市场为目标市场，前者则以整个市场中某个小市场为目标市场。这一策略不是在一个大市场中占有小份额，而是追求在一个小市场上占有大份额。其立足点是：与其在总体上占劣势，不如在小市场上占优势。

密集性市场策略优点如下：

（1）由于市场集中，便于企业深入挖掘消费者的需求，能及时得到反馈意见，使企业能制订正确的营销策略。

（2）生产专业化程度高，企业可以有针对性地采取营销组合，节约成本和费用。

（3）目标市场较小，可以使企业的特点和市场特征尽可能达成一致，从而有利于充分发挥企业自身优势。

（4）在细分市场上占据一定优势后，可以积聚力量，与竞争者抗衡。

（5）能有效地树立品牌形象。

密集性策略的缺点如下：

（1）由于市场较小，空间有限，企业发展受到一定限制。

（2）如果有强大对手进入，风险很大，很可能陷入困境，缺少回旋的余地。

思考题

1. 什么是目标市场？
2. 目标市场的模式有哪些？
3. 企业选择目标市场应考虑哪些因素？
4. 如何评估目标市场？

知识拓展

影响目标市场选择的因素

无差异市场策略、差异性市场策略和密集性市场策略各有利弊，各自适合不同的情况。一般说来，在选择目标市场策略时要考虑以下因素。

1. **企业资源**

如果企业资源丰富，实力雄厚（包括生产经营规模、技术力量、资金状况等），具有大规模的单一流水线，拥有广泛的分销渠道，产品标准化程度高，内在质量好，品牌商誉高，就可以采用无差异市场策略。

如果企业具有相当的规模、技术设计能力强、管理素质较高，可以实施差异性市场策略。反之，如果企业资源有限、实力较弱，难以开拓整个市场，则最好实行密集性营销策略。

2. **产品特点**

如果产品具有同质性，即消费者购买和使用时对此类产品特征感觉相似，其需求弹性较小，如微波炉等，可采取无差异市场策略。如果产品具有异质性，消费者对这类产品特征感觉有较大差异，如手机等，其需求弹性较大，可采取差异性或密集性策略。

3. **市场特征**

如果消费者的需求和爱好相似，购买行为对市场营销刺激的反应基本一致，企业可以采取无差异策略。

如果消费者需求偏好、态度、购买行为差异很大，宜采取差异性策略或密集性策略。

4. **产品生命周期**

处于产品生命周期不同阶段的产品，要采取相应的目标市场策略。处在"引入期"、"成长期"的宜采取无差异市场策略。因为消费者初步接触新产品，对其不甚了解，消费需求还停留在初浅层次。另一方面，企业由于种种原因也难以一下子推出多种品种。

在"成熟期"、"衰退期"的宜采取差异性策略和密集性策略。这是由于企业生产已定型，消费已成熟，需求向深层次多样化发展，竞争也日趋激烈。采取差异性策略可以开辟一个又一个新市场，或者采取密集型策略，稳固市场地位，延长产品生命周期。

5. **竞争对手策略**

企业选择目标市场策略时，通常还要分析竞争对手的策略，知己知彼，百战不殆。如果竞争对手采取无差异市场策略，企业应考虑差异性市场策略，提高竞争能力。如果竞争对手采取差异性策略，企业就应进一步细分市场，实行更有效的密集性策略，使自己的产品与竞争对手有所不同。

基本技能 3 进行市场定位

活动：课堂讨论

活动形式：小组座谈。

活动过程：（1）由教师向学生说明本活动的目的和要求，以及活动过程中可能出现的问题和注意事项。

（2）由各小组发言人宣读本组座谈记录，以形成资料共享。

（3）小组研讨并回答问题。组长负责记录。

（4）教师对各组座谈、讨论情况进行总结评价；对气氛热烈、发言积极的小组和个人予以表扬和奖励，尤其要鼓励学生的创造性思维。

活动成果：小组研讨记录表（见表3-3）。

表3-3 _____小组研讨记录表

研 讨 问 题	研 讨 结 果
（1）海尔洗衣机选择的目标市场有哪些	
（2）海尔洗衣机针对目标市场的产品定位是怎样的	
（3）海尔集团的市场定位策略为什么能够取得成功	

>>> 案例3-3

海尔的市场定位策略

海尔集团的前身是一家生产普通家电产品、亏损额达147万元而濒临倒闭的集体小厂。1985年，海尔股份有限公司成立，经过十几年的发展，海尔集团成为了中国家电行业特大型企业。在这一发展过程中，海尔成功地运用了市场定位策略。

海尔集团根据市场细分的原则，在选定的目标市场内确定消费者需求，有针对性地研制开发多品种、多规格的家电产品，以满足不同层次消费者需要。例如，海尔洗衣机是我国洗衣机行业跨度最大、规格最全、品种最多的产品。在洗衣机市场上，海尔集团根据不同地区的环境特点，考虑不同的消费需求，提供不同的产品。例如，针对江南地区"梅雨"天气较多、洗衣不容易干的情况，海尔集团及时开发了集洗涤、脱水、烘干于一体的海尔"玛格丽特"三合一全自动洗衣机，以其独特的烘干功能迎合了饱受"梅雨"之苦的消费者。此产品在上海、宁波、成都等市场引起了轰动。针对北方水质较硬的情况，海尔集团开发了专利产品——"爆炸"洗净的气泡式洗衣机，即利用气泡爆炸破碎软化作用，提高洗净度20%以上，受到了消费者的欢迎。针对农村市场，海尔研制开发了下列产品：（1）"大地瓜"洗衣机，适应盛产红薯的西南地区农民图快捷省事，在洗衣机里洗红薯的需要；（2）小康系列滚筒洗衣机，针对较富裕的农村地区；（3）"小神螺"洗衣机，价格低、宽电压范围、外观豪华，非常适合广大农村市场。

海尔集团以高质量和高科技进行市场定位，占领市场。其市场竞争的原则不是在量上争第一，而是在质上争第一，依靠高科技推出新产品。它所涉足的领域除冰箱外，其他产品均起步较晚，这些产品的市场竞争也非常激烈。但海尔集团经过认真的市场调查，冷静地估计自己的实力后，认为应该进入这些产品市场中参与竞争。它采用针锋相对式市场定位策略，1992年推出空调产品，1995年推出洗衣机产品，由于技术领先、质量可靠，均深受消费者欢迎。现在，海尔集团已跻身于世界500强的行列。

基本知识

一、市场定位的概念

1. 市场定位的概念

市场定位是指为了使自己生产或销售的产品获得稳定的销路，从各方面为产品塑造一定的特色，树立一定的市场形象，以求在顾客心目中形成一种特殊的偏爱。

电子电器产品生产经营企业在对自己的产品进行市场定位时，一方面要了解竞争对手的产品具有什么特色，另一方面要研究消费者对该产品的各种属性的重视程度，然后结合这两方面进行分析，再确定本企业产品的特色和独特形象。

二、电子电器产品市场定位的原则与方法

1. 市场定位的原则

各企业产品所面对的顾客和所处的竞争环境不同，市场定位所依据的原则也不同。总的来讲，市场定位所依据的原则有以下四点。

（1）根据产品具体的内在特点定位。构成产品内在特色的许多因素都可以作为市场定位所依据的原则，如所含成分、材料、质量、价格等。例如，不锈钢豆浆机，可以强调它是不锈钢材料，与其他豆浆机的制造材料不同。

（2）根据特定的使用场合及用途定位。例如，空气加湿器产品的市场定位是室内空气加湿和室内空气质量改善。

（3）根据顾客得到的利益定位。产品提供给顾客的利益是顾客最能切实体验到的，也可以用作定位的依据。

（4）根据使用者类型定位。企业常常试图将其产品指向某一类特定的使用者，以便根据这些顾客的看法塑造恰当的形象，如老年保健理疗仪。

事实上，许多企业进行市场定位所依据的原则往往不止一个，而是多个原则同时使用。因为要体现企业及其产品的形象，市场定位必须是多维度、多侧面的。

2. 电子电器产品市场定位的方法

（1）特色定位法：是指根据特定的产品属性来定位，以便在竞争市场上确立一个恰当的位置。例如，格力空调强调科技领先；海尔空调强调健康环保；美的空调强调低碳节能。

（2）用途定位法：是指强调产品独特的使用价值。例如，亚都空气净化器强调能够净化室内空气、消除装修污染。

（3）使用者定位法：是指根据使用者的类型来定位。企业常常试图把某些产品指引给适当的使用者即某个细分市场，以便根据该细分市场的看法塑造恰当的形象。例如，康佳集团针对农村市场开发的"福临门"系列彩电，充分考虑农民消费者的需求特殊性，定位为质量过硬、功能够用、价位偏低，同时增加了宽频带稳压器等配件产品。

（4）竞争定位法：是指根据竞争者来定位，可以接近竞争者定位，也可远离竞争者定位。

例如，康柏公司要求消费者将其个人计算机与 IBM 个人计算机摆在一起比较，企图将其产品定位为使用简单而功能更多的个人计算机。

（5）档次定位法：是指不同的产品在消费者心目中按价值高低有不同的档次。对于产品质量和价格比较关心的消费者，选择在质量和价格上的定位也是突出本企业形象的好方法。企业可以采用"优质高价"定位和"优质低价"定位。例如，在各种家电产品价格大战如火如荼的同时，海尔始终坚持不降价，保持较高的价位，这就是"优质高价"的典型表现。

（6）附加定位法：通过加强服务树立和加强品牌形象，称为附加定位。对于生产型企业而言，附加定位需要借助于生产实体形成诉求点，从而提升产品的价值；对于非生产型企业来说，附加定位可以直接形成诉求点。例如，"海尔真诚到永远"就是海尔公司一句响彻全球的口号。

三、市场定位的步骤

市场定位的关键是企业要设法在自己的产品中找出比竞争者更具有优势的特性。

竞争优势一般有两种基本类型：一是价格竞争优势，就是在同样的条件下比竞争者定出更低的价格，这就要求企业采取一切努力来降低单位成本；二是偏好竞争优势，即能提供确定的特色来满足顾客的特定偏好，这就要求企业采取一切努力在产品特色上下功夫。因此，企业市场定位的全过程可以通过如下三个步骤来完成。

1. 分析目标市场的现状，确认潜在的竞争优势

该步骤的中心任务是要回答三个问题：一是竞争对手对产品定位如何？二是目标市场上顾客欲望满足程度如何及确实还需要什么？三是针对竞争者的市场定位和潜在顾客的真正需求企业应该及能够做什么？企业市场营销人员必须通过一切调研手段，系统地设计、搜索、分析并报告有关上述问题的资料和研究结果。

通过回答上述三个问题，企业就可以从中把握和确定自己的潜在竞争优势在哪里。

2. 准确选择竞争优势，对目标市场初步定位

竞争优势表明企业能够胜过竞争对手的能力。这种能力既可以是现有的，也可以是潜在的。选择竞争优势实际上就是一个企业与竞争者各方面实力相比较的过程。比较的指标应是一个完整的体系，只有这样，才能准确地选择相对竞争优势。通常的方法是分析、比较企业与竞争者在经营管理、技术开发、采购、生产、市场营销、财务和产品等七个方面究竟哪些是强项，哪些是弱项。借此选出最适合本企业的优势项目，以初步确定企业在目标市场上所处的位置。

3. 显示独特的竞争优势和重新定位

这一步骤的主要任务是企业要通过一系列的宣传促销活动，将其独特的竞争优势准确传播给潜在顾客，并在顾客心目中留下深刻印象。但在下列情况下，还应考虑重新定位。

（1）竞争者推出的新产品定位于本企业产品附近，侵占了本企业产品的部分市场，使本企业产品的市场占有率下降。

（2）消费者的需求或偏好发生了变化，使本企业产品销售量骤减。

四、电子电器产品定位策略

1. 避强定位策略

避强定位策略是指企业力图避免与实力最强的或较强的其他企业直接发生竞争，而将自己的产品定位于另一市场区域内，使自己的产品在某些特征或属性方面与最强或较强的对手有比

较显著的区别。其优点是避强定位策略能使企业较快地在市场上站稳脚跟。并能在消费者或用户中树立形象,风险小;缺点是避强定位往往意味着企业必须放弃某个最佳的市场位置,很可能使企业处于最差的市场位置。

2. 迎头定位策略

迎头定位策略是指企业根据自身的实力,为占据较佳的市场位置,不惜与市场上占支配地位的、实力最强或较强的竞争对手发生正面竞争,而使自己的产品进入与对手相同的市场位置。其优点是竞争过程中往往相当惹人注目,甚至产生所谓轰动效应,企业及其产品可以较快地为消费者或用户所了解,易于达到树立市场形象的目的;缺点是具有较大的风险性。

3. 创新定位策略

创新定位策略是指寻找新的尚未被占领但有潜在市场需求的位置,填补市场上的空缺。如日本的索尼公司的索尼随身听等一批新产品正是填补了市场上迷你电子产品的空缺,并进行不断的创新,使得索尼公司即使在二战时期也能迅速的发展,一跃而成为世界级的跨国公司。采用这种定位方式时,企业应明确创新定位所需的产品在技术上、经济上是否可行,有无足够的市场容量,能否为企业带来合理而持续的盈利。

4. 重新定位策略

重新定位是指企业为已在某市场销售的产品重新确定某种形象,以改变消费者原有的认识,争取有利的市场地位的活动。如亚都产品定位最早是室内空气加湿器,随着人们对室内空气污染问题的日益重视,又将其产品定位在室内空气质量改善上,以吸引更多、更广泛的购买者。

市场定位是设计企业产品和形象的行为,以使企业明确在目标市场中相对于竞争对手自己的位置。企业在进行市场定位时,应慎之又慎,要通过反复比较和调查研究,找出最合理的突破口。避免出现定位混乱、定位过度、定位过宽或定位过窄的情况。而一旦确立了理想的定位,企业必须通过一致的表现与沟通来维持此定位,并应经常加以监测,以随时适应目标顾客和竞争者策略的改变。

思考题

1. 市场定位的步骤是什么?
2. 市场定位的方法有哪些?

知识拓展

市场定位策略实施的步骤

1. 识别可能的竞争优势

消费者一般都会选择那些给他们带来最大价值的产品和服务。因此,赢得和保持顾客的关键是比竞争者更好地理解顾客的需要和购买过程,以及向他们提供更多的价值。通过提供比竞争者更低的价格,或者是提供更多的价值以使较高的价格显得合理。企业可以把自己的市场定位为:向目标市场提供优越的价值,从而赢得竞争优势。

产品差异:企业可以使自己的产品区别于其他产品。

服务差异:除靠实际产品区别外,企业还可以使其与产品有关的服务不同于其他企业。

人员差异：企业可以通过雇佣和训练比竞争对手好的人员来获得竞争优势。

形象差异：即使竞争的产品看起来很相似，购买者也会根据企业或品牌形象观察出不同。因此，企业可以通过建立形象来使自己不同于竞争对手。

2. 选择合适的竞争优势

假定企业已很幸运地发现了若干个潜在的竞争优势。现在，企业必须选择其中几个竞争优势，以建立起市场定位战略。许多经销商认为企业针对目标市场只需大力促销，但也有经销商则认为企业的定位应多于前面讲到的七个方面的因素。

总的来说，企业需要避免三种主要的市场定位错误：第一种是定位过低，即根本没有真正为企业定好位；第二种错误是定位过高，即传递给购买者的公司形象太窄；第三种是定位混乱，给购买者一个混乱的企业形象。

3. 传播和送达选定的市场定位

一旦选择好市场定位，企业就必须采取切实步骤把理想的市场定位传达给目标消费者。企业所有的市场营销组合必须支持这一市场定位战略。

营销小故事

"50+"老人超市

在奥地利首都维也纳有专门为50岁以上老人服务的购物场所，即"50+"超市。

"50+"超市创意很简单，但又很独到。超市货架之间的距离比普通超市大得多，老人可以慢慢地在货架间选货而不会觉得拥挤或憋气；货架间设有靠背座椅；购物推车装有刹车装置，后半截还设置了一个座位，老人如果累了可以随时坐在上面歇息；货物名称和价格标签比别的超市也要大，而且更加醒目；货架上还放着放大镜，以方便老人看清物品上的产地、标准和有效期等。如果老人忘了带老花镜，可以到入口处的服务台临时借一副老花镜戴上。最重要的是，超市只雇佣50岁以上的员工。对此，一家"50+"超市经理布丽吉特·伊布尔说："这受到顾客的欢迎，增加了他们的信任感。"从中获益的不仅是顾客，雇佣的12名员工也可以重新获得工作，他们十分珍惜这份工作，积极性特别高。

"50+"超市由于替老人想得特别周到，深受老人欢迎，同时也被其他年龄层（如带孩子的年轻母亲）所接受。"50+"超市商品的价格与其他没有特殊老年人服务的所有超市一样，营业额却比同等规模的普通超市多了20%。

营销启示：我国正在向老年化社会过渡，也可以考虑相关的市场商机。

模块技能训练

一、请讨论并回答下列问题

1. 电子电器产品经营企业为什么要进行市场定位？
2. 电子电器产品经营企业产品定位策略有哪些？

二、案例分析

>>> 案例 3-4

九阳获"最具影响力"小家电品牌

2017年9月1日,全球三大消费电子展之一的柏林国际消费电子展(简称IFA展)在德国柏林拉开帷幕。

在IFA展期间,由中国家用电器研究院主办的"第十三届中国家用电器创新成果推介"活动连续第九次在德国柏林举行。此次活动中,九阳第九次荣获"年度最具影响力小家电品牌"殊荣。同时,九阳自主研发的"免安装洗碗机"摘得"年度产品创新成果"桂冠。

作为国产豆浆机的发明者,九阳表示,近年来,公司不断升级创新,走精品之路和智能化之路,将目光聚焦在升级国人厨房,呼应和承接消费升级的巨大红利。

进入第三个十年后,九阳开启"定位厨房,升级厨房"发展战略。让烹饪更简单、更健康,让厨房成为家庭的中心,为国人打造一个无烟、智能、开放的中式厨房。

九阳新推出的破壁无渣豆浆机、料理机、原汁机、"铁釜"电饭煲、面条机、馒头机、智能炒菜机器人、免安装洗碗机等一系列产品,倡导更健康、更轻松的生活方式,一上市便赢得消费者认可。

2016年5月九阳推出第一款洗碗机,凭借免安装、体积小,以及强大的碗筷洗涤效果,获得良好的市场,一年之后,九阳精益求精再度发力,重磅推出升级版X6洗碗机。

未来,在物联网和人工智能的大趋势下,九阳以用户为中心不断创新,打造智能厨房。此次摘得"年度产品创新成果"桂冠的九阳免安装洗碗机就是典型代表。

问题:(1)以豆浆机为首的九阳小家电产品广受欢迎的原因在哪里?
(2)九阳"定位厨房,升级厨房"的发展战略如何?为什么?

三、技能实训

情景模拟训练 ABC公司电冰箱市场定位

【情景内容】各小组分别成立一个模拟公司,并通过讨论确定模拟公司的法人代表(公司总经理)和营销部经理。研究市场背景资料,确定ABC公司电冰箱定位。

【人员构成】营销部经理、营销部工作人员。

【训练步骤】第一种选择是将ABC公司电冰箱定位于竞争者A附近,与A争夺顾客;第二种选择是将ABC公司电冰箱定位于图3-5左上角的阴影处,即决定生产出售高质量、低价格的200升电冰箱,这种产品目前是市场空白。

【背景材料】ABC电冰箱生产商根据其产品规格(分别为200升、500升、1000升三种)和主要顾客群体(假设为消费者、托儿所、餐馆)进行了市场细分(如图3-4所示)后,决定进入"消费者用200升电冰箱市场",即选择该市场为其目标市场。图3-5所示产品定位图中,

A、B、C、D 四个圆圈代表目标市场上的四个竞争者，圆圈面积大小表示四个竞争者的销售额大小。竞争者 A 生产销售高质量、高价格的 200 升电冰箱，竞争者 B 生产销售中等质量、中等价格的 200 升电冰箱，竞争者 C 生产销售低质量、低价格的 200 升电冰箱，竞争者 D 生产销售低质量、高价格的 200 升电冰箱。

【训练任务】各小组分别说明其定位选择的商业逻辑。

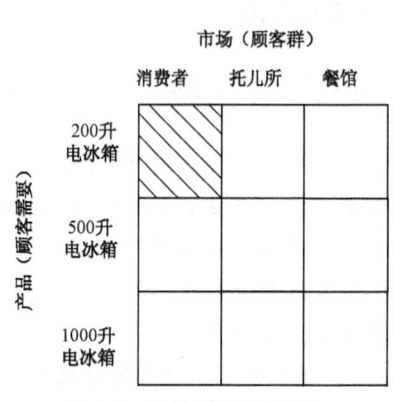

图 3-4　产品/市场矩阵图

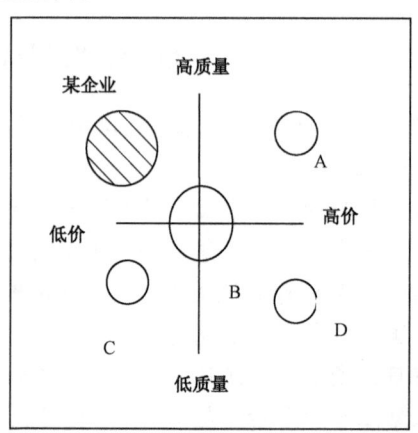

图 3-5　产品定位图

项目学习评价

一、选择题

1. 同一细分市场的顾客需求具有（　　）。
   A. 绝对的共同性　　　　　B. 较多的共同性
   C. 较少的共同性　　　　　D. 较多的差异性
2. （　　）差异的存在是市场细分的客观依据。
   A. 产品　　B. 价格　　C. 需求偏好　　D. 细分
3. 企业资源有限，实力较弱，难以开拓整个市场，宜选择（　　）策略。
   A. 无差异　　B. 差异性　　C. 综合性　　D. 密集性
4. 将事物划分为城镇市场和农村市场，其划分标志是（　　）。
   A. 地理因素　　B. 人口因素　　C. 心理因素　　D. 行为因素
5. 采取无差异性策略的优点是（　　）。
   A. 节约广告费　　　　　　B. 成本低
   C. 简化营销工作　　　　　D. 能满足所有消费者

二、判断正误

1. 市场细分的实质是通过产品分类来细分市场。　　　　　　　　　　（　　）
2. 市场细分就是把一个大市场划分为若干个小市场的过程。　　　　　（　　）
3. 无差异策略是用一种市场营销组合满足若干个细分市场的需求。　　（　　）
4. 密集型策略是用一种市场营销组合满足全部市场的需求。　　　　　（　　）
5. 市场定位就是决定企业的服务对象。　　　　　　　　　　　　　　（　　）

三、案例分析

>>> 案例 3-5

常州电子仪器厂的产品定位

常州电子仪器厂经过市场调查分析,确定电子琴存在较大的市场潜力,决定开发民用电子琴产品。

一、电子琴的销售对象定位

经过调查发现,不同消费对象所需要的电子琴大体分为三种类型:1.文艺团体演奏用电子琴。要求音色美、功能全、质量高,能适应多种乐曲的舞台演奏需要;2.中小学教学用电子琴。要求音色优于风琴,质量一般,功能从简,但至少有一个风琴的音色和一个欣赏音色。弹奏方式要与风琴一致,以适应教师的演奏习惯,售价低廉;3.音乐爱好者欣赏用电子琴。由于音乐爱好者的欣赏水平、经济条件、演奏技巧和审美观点各不相同,因此对电子琴的功能、结构、质量、价格、外形等方面的要求也不相同。该厂通过分析比较,确定以中小学、幼儿园作为主要销售对象,开发的新产品为教学用电子琴,放弃其他市场。

二、电子琴的功能定位

从满足教学需要的角度考虑,电子琴的音阶范围和琴体结构仍可以有多种形式,该厂通过对经济、价值和社会心理等方面的综合分析,选定了合适的音阶、音色和演奏性能。

三、电子琴价格定位

根据调查,当时国内同类产品的价格均在300元以上,用户的期待价格是每台300元。为促进消费,该厂决定采取以需求为中心的定价策略,同时考虑力争在国内产品中取得价格优势,最后决定电子琴的最终销售价格为每台不超过300元。根据价格定位,该厂又进行了目标成本决策,目标成本不超过180元。

电子琴质量水平和成本之间存在一定的函数关系,单纯追求质量或单纯考虑降低成本费用,都会降低企业的经济效益。最后该厂通过对质量和成本的综合分析,确定电子琴的质量水平是:1.线路设计要在保证性能可靠、稳定的前提下,尽量采用低价元器件;2.琴键、琴盒等结构件,要在满足基本性能的前提下,能减则减;3.外部装饰简洁美观;4.音色优美,使人听起来有舒服感。

由于该厂科学的市场定位,加上科学管理和灵活销售,新产品开发终于获得成功。

问题:常州电子仪器厂在进行产品定位时,用的是什么定位方法?

四、个人学习总结(表3-4)

表3-4 个人学习总结

我学到了哪些知识	
我学会了哪些技能	
我哪里学得不够好?原因及措施怎样	

模块学习评价（表 3-5）

表 3-5　模块学习评价表

小组：		姓名：	评价总分：		
评价项目		评价依据	优秀 8~10 分	良好 6~8 分	继续努力 0~6 分
自我评价 20 分	学习态度	遵守纪律；学习主动；积极参与小组活动和讨论；尊重同学和老师；具有较强的团队精神、合作意识；能客观有效地评价同学的学习			
	目标达成	达到学习目标；按要求完成各项学习任务			
	自评合计分				
	其他组员	评价依据	优秀 20~30 分	良好 10~20 分	继续努力 0~10 分
小组互评 30 分		（1）积极参与小组活动和讨论；具有较强的团队精神、合作意识；服从角色安排			
		（2）对小组活动贡献大小			
		（3）知识目标达成情况			
	……	（4）技能目标达成情况			
	小组平均分				
		评价依据	优秀 8~10 分	良好 6~8 分	继续努力 0~6 分
教师评价 50 分	学习态度	综合表现			
	个人评价	自评结果			
	小组评价	互评结果			
	小组活动	活动成果			
	测验	测验结果			
	教评合计分				

模块四

电子电器产品的产品策略

模块教学目标

学习目标	理解并掌握产品整体概念和产品组合策略、产品生命周期理论,以及新产品开发相关知识、品牌策略和包装策略
技能目标	运用所学知识制订产品组合策略;进行品牌策划和包装策略选择;能够在产品的不同生命周期阶段进行不同的产品策略选择
教学方式	学生自学;教师授导;案例分析;社会实践
参考学时	6学时

模块基本技能

基本技能 1 选择产品组合策略

活动:案例研讨

活动形式:以小组为单位研讨案例。
活动过程:(1)教师向学生说明本次活动的目的、内容及注意事项。
(2)学生认真预习"基本知识",研读案例并展开讨论、回答问题。
(3)讨论过程中,教师给予必要的引导。
(4)组长负责记录,小组发言人报告研讨结果。
(5)教师对本次活动的开展情况进行评价;对存在争议的一些问题加以澄清;对表现好的

小组和个人予以表扬或奖励，尤其要鼓励学生的创造性思维。

活动成果：小组研讨记录表（见表4-1）。

表4-1　　　　小组研讨记录表

研 讨 问 题	研 讨 结 果
（1）海尔08奥运风空调有什么特点	
（2）除了提供高品质产品外，海尔为什么还为消费者提供"奥运标准"的服务方案	

>>> 案例4-1

海尔空调：产品加服务打造"奥运标准"

2007年10月18日，距离2008年北京奥运会召开还有295天时间，作为空调业唯一奥运会赞助商的海尔启动了2008新战略，在主流经销商中开展"海尔奥运空调锦标赛"，通过打造"奥运标准"的产品和服务，实现2008年消费者、经销商及企业的三赢。

据了解，"海尔奥运空调锦标赛"在华北、华东、华南、东北、中南、西南六大区域主流渠道开展，目的是为了与经销商一起为广大消费者提供达到"奥运标准"的海尔的产品和服务，让国人切身体会到奥运级的待遇和享受。

"今年制冷年刚开局，我们就锁定了高差异化的08奥运风空调。这款产品刚上市就吸引了非常多的消费者，再加上我们的大力推广宣传，销量肯定很好。"一位武汉当地的经销商非常有信心。

据悉，这款被众多经销商联合主推的奥运产品，凝聚了中、日、韩三国顶级设计师的智慧，"自动清扫过滤网"是这款空调最大的亮点。这项创新技术将科技、环保融入人性化，可自动把握清扫时机，确保过滤网时刻清洁、整机风路时时畅通。对于不会清扫或觉得人工清扫太麻烦的消费者，这款奥运空调独特的优势会带来极大的惊喜。不久，首批限量版海尔08奥运风空调上市，随机赠送极富珍藏价值的奥运邮折，更是让产品蕴涵的奥运价值理念再度升级，甚至出现了预付全款订购的场面。

除了提供高品质产品外，海尔还为消费者提供"奥运标准"的服务方案。海尔空调将以优势技术、优势人员的统一调度为基础，进一步提高服务效率，以绿色、环保、省时的模式服务大众，使用户真正享受到奥运级服务标准。

基本知识

制订合适的产品策略是营销组合的第一要务。如何认识和理解产品的概念则直接影响到企业采取什么样的产品策略。对于消费者来说，所购买的不是产品本身，而是产品所能提供的各种效用和利益，这就需要树立产品的整体概念。

一、产品的整体概念

从市场经营的观点来看,产品不仅仅是指能够提供某种用途的物质实体及其品质,如冰箱、洗衣机及其质量、款式、特色、品牌和包装等,还包括能给顾客带来附加利益或心理上的满足和信任感的无形服务,如售后服务、质量保证、产品形象、销售者声誉等,这就是"产品整体概念"。即一切能满足消费者某种利益和欲望的物质产品和非物质形态的服务均为产品。具体来讲,产品整体概念包含有五个层次的内容。如图 4-1 所示。

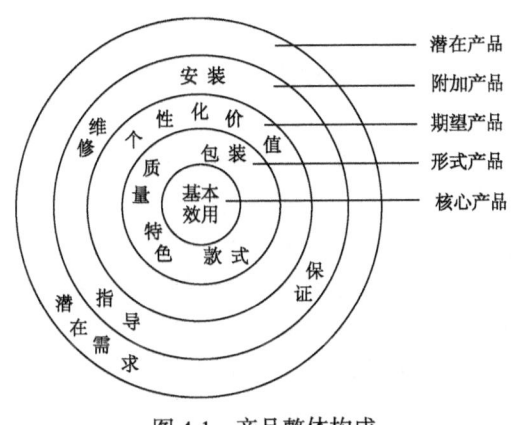

图 4-1 产品整体构成

1. 核心产品

核心产品是指产品向顾客提供的基本利益和效用。这是产品最基本的层次,也是满足顾客需要的核心内容。如电冰箱的核心产品是用于冷藏食物;数码相机是用于拍照;洗衣机是用于洗涤衣物等。因此,企业在开发产品、宣传产品时应明确地确定产品能提供的利益,产品才具有吸引力。

2. 形式产品

形式产品是指核心产品所呈现的实体形态或外在表现形式。如产品的款式、色彩、质量、品牌、包装等。

3. 期望产品

期望产品是指消费者所期望的产品的个性化价值。如全自动洗衣机的期望产品是更方便、更节水、更省电。

4. 附加产品

附加产品是指顾客购买产品时所获得的附加利益与服务。如大型家电的送货、安装、质量保证、售后保修服务等。海尔能在激烈的市场竞争中保持不败,产品不仅风靡全国而且热销海外,靠的就是热情周到的售后服务。海尔强调的"五星级服务"标准,用最优秀的技术人才和最优质的技术服务,向市场提供最佳的附加产品。

5. 潜在产品

潜在产品是指与现有产品相关的、未来可发展的潜在性产品,即能满足消费者的潜在需求,尚未被消费者意识到,或已经被意识到但尚未被消费者重视或消费者不敢奢望的一些产品。如电视机可发展为电脑终端。

产品整体概念充分体现了以顾客为中心的营销理念,有利于营销者充分认识和理解产品的各个层次，通过不断创新，获取差异化的优势，赢得消费者青睐。

二、产品组合的概念

产品就像人一样，都有其由成长到衰退的过程。因此，企业不能仅仅经营单一的产品。世界上很多企业经营的产品往往种类繁多，如美国通用电气公司经营的产品多达 25 万种。当然，并不是经营的产品越多越好，企业应该生产和经营哪些产品才是有利的？这些产品之间应该有些什么配合关系？这就是产品组合问题。

产品组合是指企业生产或经营的全部产品线、产品项目的组合搭配方式。如空调产品线上可有单冷空调、冷暖空调、柜式空调、壁挂式空调等不同用途和不同形式的产品，以及有 1.5 匹、2 匹、3 匹等不同规格的产品。

产品组合包括四个维度：广度、长度、深度和关联度。

（1）产品组合的广度。产品组合的广度是指企业所拥有的产品线数目的多少。例如，电视企业拥有 34 英寸电视系列、29 英寸电视系列、25 英寸电视系列，则其广度为 3。

（2）产品组合的长度。产品组合的长度是指企业拥有的产品项目总数，即全部产品线中的产品项目数相加。例如，某家电企业生产的空调有 8 个项目，冰箱有 6 个项目，洗衣机有 10 个项目，那么该企业产品组合长度是 24。

（3）产品组合的深度。产品组合的深度是指产品线中每个品种的种类、规格有多少，表示某类产品开发的深度。例如，空调产品线上可以有单冷空调、冷暖空调、柜式空调、壁挂式空调 4 种不同用途和不同形式的产品，又有 1.5 匹、2 匹、3 匹等不同规格的产品，那么空调产品线的深度就是 12（4×3）。

（4）产品组合的关联度。产品组合的关联度是指各条产品线的产品在最终用途、生产条件和销售渠道等方面的相关程度。例如，某家用电器公司拥有豆浆机、榨汁机、搅拌器等多条产品线，这一产品组合就有较强的相关性。相反，实行多角化经营的企业，其产品组合的相关性就小。研究产品组合的广度、长度、深度、相关度，有助于企业选择合适的产品组合策略，进行产品组合决策。

三、产品组合策略

产品组合策略就是企业根据消费需求、竞争形势和企业自身能力对产品组合的广度、长度、深度和关联度等方面制订的营销策略。具体可以采用下列几种。

（1）全线全面型策略。面向尽可能多的顾客，并向他们提供各种各样的产品。例如，格兰仕继微波炉成功后为了扩大其经营范围，又投资 20 亿元进军空调器、冰箱制冷业。

（2）市场专业型策略。把企业的营销力量集中于某一特定市场，并向该市场提供尽可能多的产品。

（3）产品专业型策略。企业只从事某一条产品线的营销，但尽可能增加线内的产品项目，以增加产品组合的深度，面向更多的市场。例如，海尔洗衣机在 2001 年一次性推出 18 款最新型的洗衣机产品，在原有的产品项目基础上增加了新的产品项目。

（4）有限产品专业型策略。企业只生产或销售某一条产品线中的有限几个或一个产品项目的策略。

> **思考题**
>
> 1. 产品整体概念将产品分为哪 5 个层次？
> 2. 什么是产品组合的广度、长度、深度和关联度？

知识拓展

"4C"营销理论

随着市场竞争日趋激烈，媒介传播速度越来越快，"4P"理论逐渐受到挑战。1990 年，美国学者罗伯特·劳特朋教授提出了与传统营销的"4P"相对应的"4C"营销理论。

"4C"分别指代"Customer（顾客）"、"Cost（成本）"、"Convenience（便利）"和"Communication（沟通）"。

"Customer（顾客）"主要指顾客的需求。企业必须首先了解和研究顾客，根据顾客的需求来提供产品。同时，企业提供的不仅是产品和服务，更重要的是由此产生的客户价值。

"Cost（成本）"不单是指企业的生产成本，或者说"4P"中的"Price（价格）"，它还包括顾客的购买成本，同时也意味着产品定价的理想情况，应该是既低于顾客的心理价格，也能够让企业有所盈利。此外，这中间的顾客购买成本不仅包括其货币支出，还包括其为此耗费的时间、体力和精力消耗，以及购买风险等。

"Convenience（便利）"是指顾客在购买某一商品时，除耗费一定的资金外，还要耗费一定的时间、精力和体力，这些构成了顾客总成本。所以，顾客总成本包括货币成本、时间成本、精神成本和体力成本等。由于顾客在购买商品时，总希望把有关成本包括货币、时间、精神和体力等降到最低程度，以使自己得到最大程度的满足，所以零售企业必须考虑顾客为满足需求而愿意支付的"顾客总成本"。努力降低顾客购买的总成本，如降低商品进价成本和市场营销费用从而降低商品价格，以减少顾客的货币成本；努力提高工作效率，尽可能减少顾客的时间支出，节约顾客的购买时间；通过多种渠道向顾客提供详尽的信息、为顾客提供良好的售后服务，减少顾客精神和体力的耗费。

"Communication（沟通）"则被用于取代"4P"中对应的"Promotion（促销）"。"4C"营销理论认为，企业应通过同顾客进行积极有效的双向沟通，建立基于共同利益的新型企业/顾客关系。这不再是企业单向的促销和劝导顾客，而是在双方的沟通中找到能同时实现各自目标的通途。

基本技能 2　熟悉产品生命周期理论

活动：案例研讨

活动形式：以小组为单位研讨案例。

活动过程：（1）教师向学生说明本次活动的目的、内容及注意事项。

（2）学生认真预习"基本知识"，研读案例并展开讨论、回答问题。

（3）讨论过程中，教师给予必要的引导。

（4）组长负责记录，小组发言人报告研讨结果。

（5）教师对本次活动的开展情况进行评价；对存在争议的一些问题加以澄清；对表现好的小组和个人予以表扬或奖励，尤其要鼓励学生的创造性思维。

活动成果：小组研讨记录表（见表4-2）。

表4-2 _____小组研讨记录表

研 讨 问 题	研 讨 结 果
（1）钻石手机生命周期各阶段的市场特征是怎样的	
（2）钻石手机很快被市场淘汰的原因是什么	

案例 4-2

短命的钻石手机

数年前，在国产手机产量过剩、行业发展停滞的情况下，某品牌推出价格高达万元的钻石手机。在疯狂的概念炒作及大规模广告投放的推动下，停滞的市场一时间被炸开一个缺口，销量迅速上升，此次行动的领导人更是获得"手机狂人"的称号。

但是好景不长，不久就有媒体披露，号称彰显尊贵地位的手机上的76颗小钻每颗仅值2.1元。同时，大量购买该手机的消费者投诉，手机菜单反应迟钝，通话质量差。为了挽救负面报道的影响，该品牌连续几次大幅度降价，先由万元降至3180元，又降至2980元，再降至2480元，最后降至1500多元，一个月内下降8000元，业界一片哗然。但是，钻石手机的虚幻概念破灭后，消费者对该手机已经失去了兴趣，降价并不能刺激其新需求。于是，这种被认为是给"乡长老婆用的"钻石手机很快就被市场彻底抛弃了。

并非所有的产品都呈现钟形市场生命周期轨迹。那种迅速进入公众视线的时尚型产品，当他们被疯狂追逐、采用，很快地达到高峰后，便会迅速衰退，很快遭到淘汰。钻石手机就属此类产品。

基本知识

一、产品生命周期理论

经过长期的市场实践人们逐渐认识到，一种产品在市场上的销售情况和获利能力并不是固定不变的，而是随着时间的推移经历诞生、成长、成熟和衰老的过程。

产品生命周期是指从新产品投放市场开始，在市场上由弱到强又由盛到衰直至被市场淘汰为止所经历的全部时间。产品生命周期是市场营销理论体系中一个非常重要的概念。它是企业制订市场营销策略的基础。

典型的产品生命周期一般可分为四个阶段,即引入期、成长期、成熟期和衰退期。产品生命周期内销售量、成本和利润的变化规律如图4-2所示。

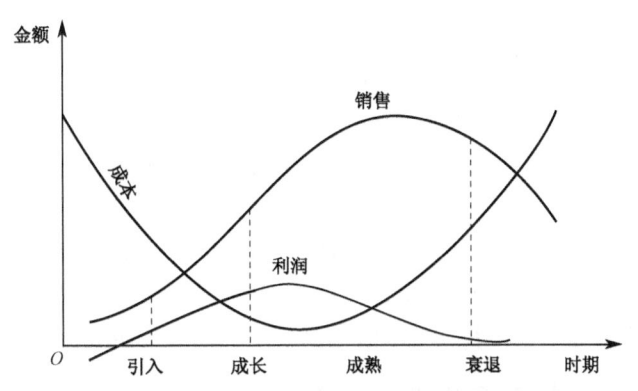

图4-2 产品生命周期内销售量、成本和利润的变化规律

产品生命周期是指产品的市场寿命,它是从产品的市场销售额和利润的变化来进行分析判断的,反映的是产品的销售情况及获利能力在时间上的变化规律。它受国民经济、科学技术、市场竞争、政治法律、供求状况、顾客喜好等多方面因素的影响。

产品生命周期是一种理论分析、归纳现象的工具,在现实经济生活中,并不是所有产品的生命历程都完全符合这种理论形态。例如,有些产品上市伊始就迅速成长,跳过引入期直接进入成长期;而另一些产品上市之后持续缓慢增长,由引入期直接进入成熟期;还有些产品经过成熟期以后,不是进入衰退期,而是再次进入迅速成长期,等等。

需要注意的是,产品生命周期中的"产品"是一个泛指的概念,具体包括产品的种类、品种和具体品牌,三者的生命周期大不相同。产品种类的生命周期最长,其次为产品品种,周期最短的是具体品牌的产品。例如,空调是一种产品种类,空调中的柜机是其中的一个品种,而"××牌××型号柜机"则是具体品牌的产品。三者比较,空调的生命周期最长,"××牌××型号柜机"生命周期最短。在实际经营中,应用产品生命周期理论分析产品种类的情况较少,而更多的是分析产品品种和具体品牌。

二、电子电器产品生命周期各阶段市场特点

电子电器产品因其自身的产品特性和市场特点,在其生命周期的不同阶段,销售量、利润、成本、消费者特征和竞争状况等方面所表现出的市场特点是有所不同的。

1. 引入期

新产品初上市,知名度低,此时顾客对产品还不了解,只有少数追求新奇的顾客购买;销售量很小,为了扩展销路,需要大量的促销费用对产品进行宣传;由于技术方面的原因,产品不能大批量生产,所以单位产品成本高;销售额增长缓慢,企业不但得不到利润,反而可能亏损;产品也有待进一步完善;竞争者很少,甚至没有。例如,海尔公司推出首台不用洗衣粉的"环保双动力"洗衣机,在初上市时就具有上述特点。

2. 成长期

产品逐渐被消费者了解和接受，大量的新顾客开始购买，市场逐步扩大；产品大批量生产，单位产品生产成本降低；销售量迅速上升，利润也随之上升；竞争者看到有利可图，纷纷进入市场参与竞争，使同类产品供给量增加，价格随之下降。例如，智能手机、数码相机等很多电子产品在成长期都面临上述问题：价格下降、竞争加剧等。

3. 成熟期

在成熟期，产品已经为大多数消费者所接受，市场需求趋向饱和，潜在的顾客已经很少；单位成本降到最低；销量和利润的增长达到了顶峰后销量开始呈下降趋势；由于竞争激烈，促销费用开始增加，产品价格开始降低，企业利润下降。例如电磁炉、微波炉、豆浆机等。

4. 衰退期

由于需求饱和或新产品出现，使顾客的消费习惯发生改变而转向其他产品，从而使销量明显下降，促销成本明显增加，利润明显减少，竞争者纷纷退出。最后，原有产品被新开发的产品替代。例如，传呼机和"大哥大"早已被手机替代，而手机也在不断地更新换代。

三、电子电器产品生命周期各阶段营销策略

1. 引入期营销策略

在此阶段，企业应广泛宣传产品功能，提高产品知名度，吸引潜在顾客的注意和试用。此阶段市场竞争者少，企业应利用有利时机尽快建立有效的营销系统，为每一个营销组合变量如产品、价格、渠道、促销等分别制订有效策略，以最短的时间占领市场，将新产品快速推进到成长期。在引入期，一般把价格和促销两个因素结合，各设高、低两档，则有四种可供选择的策略，如图 4-3 所示。

		促销费用	
		高	低
价格水平	高	快速-掠取策略	缓慢-掠取策略
	低	快速-渗透策略	缓慢-渗透策略

图 4-3 引入期可供选择的市场策略

（1）快速-掠取策略。企业在产品投放阶段将其价格定得很高，同时配以大量促销费用进行广告宣传等活动，以树立"优质优价"的产品形象，迅速提高产品知名度，快速打开市场销售局面。这种策略适用于市场上无替代品或该产品明显优于同类产品，且产品市场需求大的情形。例如，苹果新一代手机的上市，通常采用这一策略。

（2）缓慢-掠取策略。企业在产品投放阶段将其价格定得很高，为获取较多利润而不愿意花费较多的广告宣传等促销费用时所采用的策略。使用这种策略必须具备以下条件：市场竞争不激烈，产品具有独创的特点，消费者对此产品的需求因为缺乏弹性而无较大的选择性。例如，助听器、盲人浏览器、眼控仪等特殊人群使用的产品。

（3）快速-渗透策略。企业以低价格和高促销费用推出新产品，迅速占领市场，随着销售

量的扩大，使生产或进货单位成本降低，获取规模效益。运用这种策略，必须具备以下条件：市场规模较大，潜在竞争对手较多，企业也有能力降低产品单位成本。例如，美的电风扇最初进入市场时，便是以低价高促销策略迅速打开了市场。

（4）缓慢-渗透策略。企业以低价和少量促销支出推出新产品。低价可扩大销售，少量促销支出可降低营销成本、增加利润。这种策略使用的条件是：市场规模很大并熟悉该产品；市场对价格很敏感，存在某些潜在的竞争者，但威胁不是很大。例如，充电器。

2. 成长期营销策略

产品经过市场考验进入成长期。产品逐渐被消费者接受，销量增长，利润较大，但市场竞争程度增加。此阶段市场营销的目的主要是扩大市场占有率，掌握市场竞争主动权，设法使产品的销售和利润进一步增长。具体策略包括如下几种。

（1）产品改进策略：对产品的质量、款式、性能、包装进行相应的改进，以继续增强产品市场竞争力。

（2）开拓新市场策略：加强市场调查，不断拓展新市场，增设销售机构和销售网点，适应和满足广大客户的需要，促使市场份额的再度提高。

（3）塑造品牌策略：广告宣传的重点应从建立产品知名度转向建立产品新形象，采用说服性广告，着重宣传产品的质量、性能、与同类产品相比的优势，同时加强售后服务，增强顾客购买信心。

（4）适时降价策略：结合生产成本和市场价格的变动趋势，分析竞争者的价格策略，在适当时机降低产品价格，以吸引对价格敏感的顾客，并抑制竞争。

3. 成熟期营销策略

产品进入成熟期的标志是销售量增长速度渐缓并达到顶峰，市场趋于稳定。企业应千方百计地维持现有的市场地位并设法将此阶段延长。具体有三种基本策略可供选择。

（1）市场改革策略：即开拓新市场，寻找新用户。通过开发产品的新用途来寻求新的市场；通过刺激现有顾客来增加使用频率；通过重新为产品定位来寻求新的买主，提高产品销售量。

（2）产品改革策略：通过改进产品品质、特性、款式和服务来促进消费者的购买。

（3）市场营销组合改革策略：通过改变定价、销售渠道及促销方式来扩大销售。例如，采用降价、增加销售网点、调整广告媒体等措施。

4. 衰退期营销策略

产品进入衰退期，销售量下降，利润下降甚至亏损，促销手段开始失效。对大多数企业来说应该当机立断，弃旧图新，及时实现产品的更新换代。此时的营销策略包括如下几种。

（1）集中策略：缩小产品线，缩小经营规模，将人、财、物相对集中在具有较大优势的细分市场上，从该细分市场获取较多的利润。

（2）收割策略：虽然产品的市场销售率和市场占有率都很低，但市场上仍有部分消费者对此产品有需求。此时企业应大力降低销售费用，减少销售人员，增加服务，较好地抑制市场对产品需求的大幅度滑坡现象，从而保证延期收益，同时开始考虑放弃这一产品。

（3）放弃策略：如果产品无法为企业带来收益，就要及时推出新产品，替代老产品，有计划地减少、转产，或将产品转让给别的企业。如果决定放弃某种主产品而退出市场，也必须采取积极措施，慎重做好售后工作，如合理选择放弃的时间和保留一部分维修的零件等。

四、新产品开发策略

新产品开发是指从研究选择适应市场需要的产品开始到产品设计、工艺制造设计,直到投入正常生产的一系列决策过程。新产品开发是企业生存和发展的核心战略之一。

新产品的开发是企业产品策略的重要组成部分。新产品开发的主要策略有如下几种。

1. 领先策略

这种策略就是在激烈的产品竞争中采用新原理、新技术、新结构优先开发出全新产品,从而先入为主,占领市场。这类产品的开发多从属于发明创造范围,采用这种策略,投资数额大,科学研究工作量大,新产品实验时间长,要求开发企业有强大的研发能力和雄厚的资金实力。

2. 超越自我策略

这种策略的着眼点不在于眼前利益而在于长远利益。这种暂时放弃部分眼前利益,最终以更新更优的产品去获取更大利润的经营策略,要求企业有长远的"利润观",要注意培育潜在市场,培养超越自我的气魄和勇气,敢于用自己的新产品否定自己的旧产品。不仅如此,更需要有强大的技术做后盾。

3. 紧跟策略

采用这类策略的企业往往针对市场上已有的产品进行仿造或进行局部的改进和创新,但基本原理和结构是与已有产品相似的。这种企业跟随既定技术的先驱者,以求用较少的投资得到成熟的定型技术,然后利用其特有的市场或价格方面的优势,在竞争中对早期开发者的商业地位进行侵蚀。很多中小电子电器企业尤其喜欢采用这种策略。

4. 补缺策略

每个企业都不可能完全满足市场的任何需求,所以在市场上总存在着未被满足的需求,为企业留下了一定的发展空间。这就要求企业详细地分析市场上现有产品及消费者的需求,从中发现尚未被占领的市场。

思考题

1. 电子电器产品生命周期的各个阶段应采取什么样的营销策略?
2. 新产品开发的策略有哪些?

知识拓展

产品市场寿命、产品使用寿命和产品经济寿命

产品市场寿命是指产品投入市场,到最终退出市场所经历的时间。

产品使用寿命是指产品实体的消耗磨损,即产品从投入使用到损坏为止所经历的时间。它是具体的、有形的变化,受消费过程中使用的时间、强度、维护保养及自然力作用的影响。有的产品使用寿命很短,可能是几个月,甚至只有几个星期,如某些食品和一次性消耗品就属于这种情况。而有些产品,如时装,使用寿命较长,但产品市场寿命却很短,可能是几个月,甚至只有几个星期。

产品经济寿命是指产品的经济价值在市场上的变化过程,它是由市场需求状况、科技因素,以及人们的消费习惯决定的。

营销小故事

模 仿

一个人想做一套家具,就走到树林里砍倒一棵树,并动手把它锯成木板。他锯树的时候,把树干的一头搁在树墩上,自己骑在树干上,还往锯开的缝隙里打了一个楔子,然后再锯,不一会儿又把楔子拔出来,再打进一个新地方。

一只猴子坐在一棵树上看着他干这一切,心想:原来伐木如此简单。这个人干累了,躺下打盹时,猴子爬下来骑到树干上,模仿着人的动作锯起树来,锯起来很轻松。但是,当猴子要拔出楔子时,树干突然合拢,夹住了它的尾巴。

猴子疼得大叫,它极力挣扎,把人给吵醒了,最后被人用绳子捆了起来。

营销启示: 日本企业是靠模仿欧美产品起家的,但可贵的是他们在模仿中有创新,这就促成了日本经济30年的兴旺。我国许多企业生产的产品也是模仿欧美企业的,但是模仿中没有创新,所以如今许多产品的核心技术不在我们手中,这使得我们在经营中很被动。这就像那只猴子的尾巴,一不小心就会被树夹住。由此可见,模仿固然省心,但创新才能持久。

基本技能 3 选择产品商标与品牌策略

活动:案例研讨

活动形式:以小组为单位研讨案例。

活动过程:(1)教师向学生说明本次活动的目的、内容及注意事项。

(2)学生认真预习"基本知识",研读案例并展开讨论、回答问题。

(3)讨论过程中,教师给予必要的引导。

(4)组长负责记录,小组发言人报告研讨结果。

(5)教师对本次活动的开展情况进行评价;对存在争议的一些问题加以澄清;对表现好的小组和个人予以表扬或奖励,尤其要鼓励学生的创造性思维。

活动成果:小组研讨记录表(见表4-3)。

表4-3 _____小组研讨记录表

研 讨 问 题	研 讨 结 果
(1)美的集团为何如此重视品牌的打造	
(2)美的集团采用的是哪种品牌策略	

> 案例 4-3

美的集团的品牌策略

1980年时，美的还只是广东省顺德县一个小镇的作坊。"美的"创业之初，其条件并不是很好。在全国几千家电风扇厂中，论设备和技术，美的是小弟弟；论生产风扇的历史，美的也是较短的。但是，美的人并不因此而裹足不前，相反他们敢于开拓，敢为人先。该公司在全国电风扇大战中，率先采用塑料外壳代替金属外壳，大大降低了成本，使其在激烈的竞争中杀出一条生路，因此，美的人在市场风浪的搏击中逐渐意识到市场需求不断发生变化，电扇不应是公司唯一产品。随着人们生活水平的提高，空调必将是其替代品，应该及早开发和生产自己的空调产品。空调是高科技产品，是高层次享受的象征，美的企业原来的形象显然过于落后，应该树立一个全新的形象。于是，1984年公司开始全面实施品牌战略。

首先，从企业的名称"美的"入手，"美的"美在其真善美，美在巧妙。它作为企业、产品、商标"三位一体"的统一名称。用于表述产品质量优和企业形象美恰如其分，能博得市场大众的认可。美的决策人还充分考虑到这个名称足以涵盖各种产品、各行各业、国内国际市场。它是一种"美的事业"，它的形象给社会公众和消费者以亲切感、优美感、愉悦感，并使人产生无尽的联想。

其次，美的集团在沟通策略上，提高了广告和促销活动的档次，突出品位高、质量高，目标是造就名牌和名流企业形象。它除了在全国主要报刊和中央电视台做广告外，还推出巩俐电视广告片，其核心是推出美的集团的"创造完美"的企业精神和经营理念。美的人把创造美渗透到每一空间，贯穿全员行动，见诸一切媒体，同企业文化水乳交融。该集团的建筑文化、广告文化、销售文化、车间班组文化均有其特色。美的CIS中的标准色为蓝、白二色，犹如蓝天白云。美的工业城的现代建筑群、写字间、品牌、名片、办公用具、事物用品、运输工具、包装、食堂餐具、洗手间等，皆是一体的蓝白相间的色调，同其生产的"美的风扇"、"美的空调"等产品色调相配，给人赏心悦目、清凉优雅的感觉。这样精心的设计让消费者对该企业及其产品油然产生一种好感。

（资料来源：李毅，杨宗佩.市场营销基础理论与实训【M】.武汉大学出版社，2011.）

基本知识

一、产品的商标策略

商标是产品的文字名称、图案记号，或两者相结合的一种设计。根据商标法的规定，向有关部门注册登记后，经批准享有其专用权的标志。商标属于法律范畴，分为注册商标和非注册商标。商标一经注册，商标所有权人在一定期限内享有商标专用权，受法律保护。

商标策略是指企业为实现、实施商标战略，根据商品特点、市场状况、企业自身条件而制订的商标使用和管理方法。商标策略是企业营销策略的重要组成部分。

1. **商标的特征**

（1）合法性。这是指商标的设计与使用要符合法律的有关要求与规定。例如，法律规定禁止将我国或外国的国旗、军旗等标志作为商标图案。厂商及商标设计者不应采用这些图案作为商标。

（2）新颖性。商标设计应具有独特的构思，新商标与原有商标相比较应有明显的区别与差异。新颖性是体现商标说明商品来源这一本质特征的必要条件。

（3）表现性。商标必须通过一定的形式才能得到表现。电子电器企业一般使用实体商标。实体商标包括平面商标与立体商标两种。平面商标即商品的平面区别性商标，在数量上居于首位。立体商标是以一定的立体形状作为商品的标记。

2. **商标策略**

企业在经营过程中可以根据需要采用如下商标策略。

（1）使用商标与不使用商标策略。在市场上，我们所见到的商品大部分都有商标，这是因为使用商标无论是对企业还是对消费者都有很多好处，但是这并不意味着所有的商品都必须使用商标。商标的使用是以一定的费用为代价的，当某些商品受特殊因素的影响不需要或无明显效果时，也可以不使用商标。

（2）统一商标与个别商标策略。统一商标策略是指企业生产经营的商品均使用同一商标。例如，青岛海尔集团的家电类产品，用的都是"海尔"商标。个别商标策略是指企业根据商品的不同情况而采用不同的商标。例如，不同品种、不同档次的商品或者是新开发的商品使用不同的商标。

电子电器类产品使用统一商标策略的比较普遍。但是随着产品种类的增多，很多企业在统一商标之下会设计一些辅助商标，以示区别。

（3）单一商标与多种商标策略。单一商标策略就是企业的所有商品只使用一种商标。它的好处是成本费用低，便于管理。

多种商标策略就是同一种商品使用两种以上的商标。企业采用多种商标策略的目的在于两种商标彼此比较，自我构成一种竞争态势，以吸引消费者注意。例如，宝洁公司在同一类商品洗发水上同时使用海飞丝、飘柔、潘婷等多种商标，这些商标各自分别管理，相互竞争。

（4）保留与更换商标策略。一般来说只要商标在市场上还有一定声誉，还能使商品销售获得满意的经济效益，就应保留继续使用，采用保留商标策略。

当某个商标由于管理上的原因，或由于消费者爱好转移等原因在消费者心目中形象不佳、声誉受损，商品销路受到严重影响时，可考虑采用更换商标策略。

（5）商标注册与不注册策略。对于一个企业来说，是采取注册商标策略，还是采取不注册商标策略，主要考虑企业规模和商品特点两个因素。

第一，从企业规模来看。因为规模较大的企业生产能力强，设备技术力量雄厚，经营管理组织系统相对健全，能够稳定地生产产品，为提高产品的竞争能力，一般来说应采取注册商标策略。反之，则采用不注册商标策略。

第二，从商品的特点来看。对于较为稳定地生产一种或几种商品，或者商品销货范围较广的企业，应采用注册商标策略；而对于生产一次性商品、临时性商品、季节性商品的厂家，或者生产销售范围较窄的民族特色商品的厂家，则宜采用不注册商标策略。

二、品牌策略

品牌是一种无形资产，它能够为企业和顾客提供超越产品或服务本身利益之外的价值；同时，品牌资产又是与某一特定的品牌紧密联系的，如果所使用的品牌文字、图形等发生改变，附属于品牌之上的财产将会部分或全部丧失。

品牌策略是一系列能够产生品牌积累的企业管理与市场营销方法，主要有如下几种。

1. 品牌化策略

品牌化决策是指企业决定是否给产品起名字、设计标志的活动。历史上，许多产品不用品牌。今天，品牌的商业作用为企业特别看重，品牌化迅猛发展，已经很少有产品不使用品牌了。像水果、蔬菜、大米和肉制品等过去从不使用品牌的商品，现在也被放在有特色的包装袋内，冠以品牌出售，这样做的目的自然是获得品牌化的好处。

电子电器类产品因为技术服务要求较高，消费者普遍需要提供良好的售后服务，所以应采用品牌化策略。

2. 品牌归属策略

一般情况下，品牌是制造商的产品标记，制造商决定产品的设计、质量、特色等。享有盛誉的制造商还将其商标租借给其他中小制造商，收取一定的特许使用费。近年来，经销商的品牌日益增多。有些著名商家（如美国的沃尔玛）经销的90%商品都用自己的品牌。

在制造商具有良好的市场声誉、拥有较大市场份额的条件下，应多使用制造商品牌。相反，当经销商品牌在某一市场领域中拥有良好的品牌信誉及庞大、完善的销售体系时，利用经销商品牌也是有利的。因此进行品牌使用决策时，要结合具体情况，充分考虑制造商与经销商的实力对比，以求客观地做出决策。电子电器类产品一般使用制造商品牌，选择有信誉有实力的经销商进行经销，如国美电器内销售的不是国美牌家电而是各种名牌家电。

3. 品牌统分策略

品牌统分策略是指企业决定所有的产品使用一个或几个品牌，还是不同产品分别使用不同的品牌。

4. 品牌延伸策略

品牌延伸是指将一个现有的品牌名称使用到一个新类别的产品上。品牌延伸并非只借用表面上的品牌名称，而是对整个品牌资产的策略性使用。

5. 多品牌策略

多品牌策略是指企业同时经营两种或两种以上相互竞争的品牌。这种策略是由宝洁公司首创的。宝洁公司认为，单一品牌并非万全之策。因为一种品牌树立之后，容易在消费者当中形成固定的印象，不利于产品的延伸，尤其是像宝洁这种横跨多种行业、拥有多种产品的企业。

6. 品牌重新定位策略

品牌重新定位策略是指一种品牌在市场上最初的定位也许是适宜的、成功的，但是到后来企业可能不得不对之重新定位。原因是多方面的，如竞争者可能继企业品牌之后推出他的品牌，并削减企业的市场份额；顾客偏好也会转移，使对企业品牌的需求减少；或者公司决定进入新的细分市场。

> **思考题**
> 1. 在企业经营过程中常用的品牌策略?
> 2. 品牌和商标有什么区别?

知识拓展

商标的功能

商标之所以被企业广泛采用,并成为竞争的重要手段,是由它的内在功能所决定的,商标一般具有如下功能。

1. 便于消费者选购商品

随着社会生产力水平的提高和科学技术的进步,市场上商品不仅种类日益增加,而且花色品种越来越复杂。琳琅满目的商品一方面为更好地满足消费者需要提供了可能,另一方面在客观上也带来了选购上的困难。怎样才能很快地在众多类似的商品中寻找到所需要的商品呢?商标在此起到了导购作用。商标是商品的脸谱,消费者凭借商标可以区别商品的不同来源和品质,准确地识别与挑选商品,这是商标最本质的、最重要的功能。

2. 表明商品的特征

商标是一个综合概念,它包含着许多影响消费者对商品的情绪和感觉的因素。

第一,商标能够说明商品的质量。对于同一种商品,商品生产者或经营者可以运用不同商标代表不同等级的商品质量,因而赋予了商标说明商品质量的功能。例如,一提到"海尔"家电,消费者马上联想到优质的产品和五星级的服务。因此,商标的这一功能,可以明确企业的责任,监督商品质量,同时帮助消费者正确选购商品。

第二,商标代表一种商品的历史和文化。例如,人们提到"同仁堂",就会联想到它100多年的历史,是中药行业著名的老字号,而对于一个新的中药商标则往往会充满怀疑。商标背后是历史和文化的积淀。

第三,商标代表商品的价格。名牌商品价格高,非名牌商品价格低,这是人们头脑中印象最深的市场现象。由于商标能够给消费者提供较为稳定的价格印象,所以消费者可以根据商标判断商品的定价是否合理,并据此做出购买与否的决策。

第四,商标代表商品的内在特性。例如,南京洗衣粉厂生产的"美佳"洗衣粉,其特点是含有酶的成分,因而它对洗清有机物污渍有特殊的效果,这是"美佳"洗衣粉与其他洗衣粉的个性差别,"美佳"商标就代表着这种商品的内在特性。

3. 装饰美化商品

商标是工艺美术作品,一般由精美的图案、流畅的线条构成,五彩缤纷、各具特色,可以对商品起到很好的装饰作用。一个好的商标设计,可以增强商品的美感,给人以赏心悦目的感受,从而提高商品身价,扩大商品销路。

4. 宣传促销商品

在市场营销过程中,企业可以通过商标独特的名称、优美的图案、鲜明的色彩、生动的形象来表明商品,吸引顾客,刺激购买。例如,在商店广告宣传中,大部分是以宣传商标、突出商标为内容的。这是因为商标有着特定的文字、图案和色彩,能够在人们心目中留下深刻的印象,有利于迅速打开商品销路;由于商标代表着商品的质量与企业信誉,宣传商标容易获得消费者的信任,增加消费者购买的安全感。尤其是使用注册商标的商品,因为受到国家法律保护,又达到一定质量标准,能很快为消费者接受与承认。

5. 维护生产经营者的利益

一些优质名牌商品,由于深受广大消费者欢迎,具有较强的竞争力,往往容易被不法厂商所仿制,鱼目混珠,以假乱真。由于商标注册后,受法律保护,具有排他性,可以有效地防止这种现象的发生,保护企业的正当权益不受侵害。

基本技能 4　选择产品包装策略

活动:案例研讨

活动形式:以小组为单位研讨案例。

活动过程:(1)教师向学生说明本次活动的目的、内容及注意事项。

(2)学生认真预习"基本知识",研读案例并展开讨论、回答问题。

(3)讨论过程中,教师给予必要的引导。

(4)组长负责记录,小组发言人报告研讨结果。

(5)教师对本次活动的开展情况进行评价;对存在争议的一些问题加以澄清;对表现好的小组和个人予以表扬或奖励,尤其要鼓励学生的创造性思维。

活动成果:小组研讨记录表(见表4-4)。

表4-4　　　　　小组研讨记录表

研 讨 问 题	研 讨 结 果
(1)该公司的产品在第11年到第13年出现了怎样的情况?这种情况说明了什么	
(2)产品的市场寿命是有限的,企业如果想持续经营下去应该怎么办呢	

案例 4-4

将开口扩大 1mm

美国有一家生产牙膏的公司,产品优良,包装精美,深受广大消费者的喜爱,每年营业额蒸蒸日上。

记录显示,前10年每年的营业增长率为10%~20%,这令董事会雀跃万分。不过,业绩进入第11年、第12年及第13年时,则停滞不前,每个月维持同样的数字。董事会对这3年业绩表现感到不满,便召开全国经理级高层会议,以商讨对策。

会议中,有名年轻经理站起来,对董事部说:"我手中有张纸,纸里有个建议,若您要采用我的建议,必须另付我 5 万元!"

总裁听了很生气说:"我每个月都支付你薪水,另有红包、奖励。现在叫你来开会讨论,你还要另外要求 5 万元,是否过分?"

"总裁先生,请别误会。若我的建议行不通,您可以将它丢弃,一分钱也不必付。"年轻的经理解释说。

"好!"总裁接过那张纸后,阅毕,马上签了一张 5 万元支票给那位年轻经理。

那张纸上只写了一句话:"将现有的牙膏开口扩大 1mm。"

总裁马上下令更换新的包装。

试想,每天早上,每个消费者多用 1mm 的牙膏,每天牙膏的消费量将多出多少倍呢?这个决定,使该公司第 14 年的营业额增加了 32%。

一个小小的改变,往往会获得意料不到的效果。

基本知识

一、包装的概念

包装是指为在流通过程中保护产品、方便储运、促进销售,按一定技术方法而采用的容器、材料及辅助物等的总体名称。它也指为了达到上述目的而采用容器、材料和辅助物的过程中施加一定技术方法等的操作活动。

按照包装的功能可以将包装分为如下几种。

(1)周转包装:介于器具和运输包装之间的一类容器,实质上是一类反复使用的转运器具。

(2)运输包装:以保护物品安全流通、方便储运为主要功能目的的包装。

(3)销售包装:直接进入商店陈列销售,与产品一起到达消费者手中。

(4)礼品包装:以馈赠亲友礼物表达情意为主要目的配备的实用礼品包装。

(5)集装化包装:也称为集合包装,是适应现代机械自动化装运,将若干包装件或物品集中装在一起形成一个大型搬运单位的巨型包装。

二、包装的意义

目前,包装已成为强有力的营销手段。设计良好的包装能为消费者创造方便价值,为生产者创造促销价值。包装具有多方面的意义。

(1)保护商品,便于储运。产品包装最基本的功能便是保护商品,便于储运。有效的产品包装可以起到防潮、防热、防冷、防挥发、防污染、保鲜、防易碎、防变形等系列保护产品的作用。因此,在产品包装时,要注意对产品包装材料的选择及包装的技术控制。

(2)包装能促进销售。好的包装能吸引注意力,说明产品的特色,给消费者以信心,形成一个有利的总体印象。消费者的财富日益增长意味着消费者愿意为良好包装带来的方便、外观、可靠性和声望等提供额外支付。公司和品牌形象公司已经意识到设计良好的包装的巨大作用,它有助于消费者进行品牌识别。

（3）包装还能提供创新的机会。包装化的创新能够给消费者带来巨大的好处，也给生产者带来了利润。

三、产品包装策略

（1）类似包装策略：企业对其生产的产品采用相同的图案、近似的色彩、相同的包装材料和相同的造型进行包装，便于顾客识别出本企业产品。对于忠实于本企业的顾客，类似包装无疑具有促销的作用，企业还可以因此而节省包装的设计、制作费用。但类似包装策略只适用于质量相同的产品，对于品种差异大、质量水平悬殊的产品则不宜采用。

（2）配套包装策略：按各国消费者的消费习惯，将数种有关联的产品配套包装在一起成套供应，便于消费者购买、使用、和携带，同时还可以扩大产品的销售。在配套产品中如果加进某种新产品，可以使消费者不知不觉地习惯使用新产品，有利于新产品上市和普及。例如，将手机、手机充电器、耳麦包装在一起。

（3）再使用包装策略：是指包装内的产品使用完后，包装物还有其他的用途。例如，各种形状的香水瓶可作为装饰物，精美的食品盒也可被再利用等。这种包装策略可使消费者感到一物多用而引起其购买欲望，而且包装物的重复使用也起到了对产品的广告宣传作用。

（4）附赠包装策略：是指在商品包装物中附赠奖券或实物，或者包装本身可以换取礼品，吸引顾客的惠顾效应，导致重复购买。

（5）改变包装策略：是指改变和放弃原有的产品包装，改用新的包装。由于包装技术、包装材料的不断更新，消费者的偏好不断变化，采用新的包装可以弥补原包装的不足，企业在改变包装的同时必须配合好宣传工作，以避免消费者以为产品质量下降或其他的误解。

知识拓展

产品的包装说明

产品的包装说明是包装的重要组成部分，它在宣传产品功效、争取消费者了解、指导人们正确消费方面具有重大作用。

1. 包装标签

包装标签是指附着或系挂在产品销售包装上的文字、图形、雕刻及印制的说明。标签可以是附着在产品上的简易签条，也可以是精心设计的作为包装的一部分的图案。标签可能仅标有品名，也可能载有许多信息，能用来识别、检验内装产品，同时也可以起到促销作用。

通常，产品标签主要包括：制造者或销售者的名称和地址、产品名称、商标、成分、品质特点、包装内产品数量、使用方法及用量、编号、储藏应注意的事项、质检号、生产日期和有效期等内容。值得提及的是，印有彩色图案或实物照片的标签有明显的促销功效。

2. 包装标志

包装标志是在运输包装的外部印制的图形、文字和数字以及它们的组合。包装标志主要具有运输标志、指示性标志、警告性标志三种。

运输标志通常是由一个简单的几何图形和一些英文字母、数字及简单的文字组成的，其作用在于使货物在装卸、运输、保管过程中容易被有关人员识别，以防错发错运。

指示性标志是根据产品的特性，对一些容易破碎、残损、变质的产品，用醒目的图形和简单的文字做出的标志。指示性标志指示有关人员在装卸、搬运、储存、作业中引起注意，常见的有"此端向上""易碎""小心轻放""由此吊起"等。

警告性标志是指在易燃品、易爆品、腐蚀性物品和放射性物品等危险品的运输包装上印制特殊的文字，以示警告。常见的有"爆炸品"、"易燃品"、"有毒品"等。

营销小故事

榨菜的"旅行"

四川人在销售其"拳头"产品——榨菜时，一开始用大坛子、大篓子将其商品卖给上海人。精明的上海人将榨菜倒装在小坛子后，出口到日本。在销路不好的情况下，日本商人又将从上海进口的榨菜原封不动地卖给了中国香港商人。而爱动脑子、富于创新精神的中国香港商人，以块、片、丝的形式把榨菜分成真空小袋包装后，再返销日本。

营销启示：从榨菜的"旅行"过程中，不难看出各方商人都赚了钱，都是靠"包装"赚了大钱。

模块技能训练

一、讨论并回答下列问题

1. 电子电器产品经营企业在经营过程中应该如何制订自己的商标策略？
2. 电子电器产品经营企业应如何开展新产品开发？
3. 有些企业能历经百年而不衰，电子电器企业应如何延长自己的成熟期？

二、案例分析

案例 4-5

表 4-5 海尔集团产品组合

冰箱冷柜	洗衣机	空调	电视	热水器
对开门冰箱（13 种规格）	滚筒洗衣机(68 种)	壁挂式空调(13 种)	3D 电视（6 种）	燃气热水器(73 种)
多门冰箱（2 种）	波轮洗衣机（190 种）	柜式空调（11 种）	LED 电视（45 种）	电热水器（138 种）
三门冰箱（38 种）	干衣机（2 种）		LCD 电视（55 种）	太阳能热水器（110 种）
两门冰箱（61 种）				
单门冰箱（2 种）				
冰吧酒柜（15 种）				
冷柜（92 种）				

（摘编自海尔官网）

问题：分析海尔集团的产品组合的广度、长度、深度及其关联度。

三、技能实训

电子电器类新产品开发调查

以小组为单位考察手机、空调、彩电等电子电器类产品新产品开发的主要方向和趋势，讨论分析电子电器类产品新产品开发的影响因素。

活动形式：社会实践。以小组为单位，通过实地调研和查阅资料，调查电子电器类产品新产品开发的主要趋势和发展方向。

活动过程：（1）确定市场调查任务。

（2）制订市场调查计划。

（3）执行市场调查计划。

（4）撰写市场调查报告。

活动成果：

（1）市场调查行动方案。

（2）简要的市场调查报告。

模块学习测验与总结

一、选择题

1. 企业在考虑营销组合策略时，先要确定生产经营什么产品来满足（   ）的需要。
   - A．消费者
   - B．顾客
   - C．社会
   - D．目标市场

2. 每种产品实质上是为满足市场需要而提供的（   ）。
   - A．服务
   - B．质量
   - C．效用
   - D．功能

3. 产品组合的宽度是指产品组合中所拥有（   ）的数目。
   - A．产品项目
   - B．产品线
   - C．产品种类
   - D．产品品牌

4. 产品组合的长度是指（   ）的总数。
   - A．产品项目
   - B．产品品种
   - C．产品规格
   - D．产品品牌

5. 产品组合的（   ）是指一个产品线中所含产品项目的多少。
   - A．宽度
   - B．长度
   - C．关联度
   - D．深度

6. 产品生命周期由（   ）的生命周期决定。
   - A．企业与市场
   - B．需求与技术
   - C．质量与价格
   - D．促销与服务

7. 导入期选择快速-掠取策略是针对目标顾客的（   ）。
   - A．求名心理
   - B．求实心理
   - C．求新心理
   - D．求美心理

8. 成长期营销人员的促销策略主要目标是在消费者心目中建立（　　），争取新的顾客。
   A. 产品外观　　　　　　　　B. 产品质量
   C. 产品信誉　　　　　　　　D. 品牌偏好
9. 处于市场不景气或原料、能源供应紧张时期，（　　）产品线反而能使总利润上升。
   A. 增加　　　　　　　　　　B. 扩充
   C. 延伸　　　　　　　　　　D. 缩减
10. 品牌资产是一种特殊的（　　）。
    A. 有形资产　　　　　　　　B. 无形资产
    C. 附加资产　　　　　　　　D. 潜在资产

二、判断题

1. 产品项目是指产品线中不同的品种、规格、品牌、价格的特定产品。（　　）
2. 实行多角化经营的企业，其产品组合中各条产品线在最终用途、生产条件、分配渠道或其他方面相互关联的程度高。（　　）
3. 产品品牌的生命周期比产品种类的生命周期长。（　　）
4. 新产品处于导入期时，竞争形势并不严峻，而企业承担的市场风险却最大。（　　）
5. 品牌资产是一种特殊的资产，在企业实际运营中会有增有减。（　　）

三、案例分析

>>> **案例 4-6**

不发明，之改进的松下策略

和索尼公司的强调发明相反，世界著名的日本松下电器公司把"不发明，只改进"定为公司战略。就是广泛地选用国内外发明，买进专利，再努力地进行仿制、改良与改进。松下电器公司建立了 23 个拥有最新技术的生产研究室，专门分析竞争对手的新产品，发现不足之处，找出如何改进的方法，设法做得更好，是产品的质量和特性日益完善。例如，录像机技术本是索尼公司首先发明的，但松下电器公司经过市场调查，了解到消费者最喜欢的是能放映更长时间的录像机。于是，松下电器公司就设计出一种能满足需要的容量大、体积更小巧的录像机。不仅性能更可靠，而且价格也比较索尼低了 15%。结果，松下的"乐声"和 RCA 两个牌子的录像机压倒了竞争对手，占领了大部分的录像机市场份额。

（资料来源：王春兰.市场营销原理分析与能力训练【M】.上海：上海交大出版社，2010）

问题：松下开发新产品的策略有什么好处？

四、个人学习总结(表 4-6)

表 4-6 个人学习总结

我学到了哪些知识	
我学会了哪些技能	
我哪里学得不够好?原因及措施怎样	

模块学习评价(表 4-7)

表 4-7 模块学习评价表

小组:		姓名:	评价总分:		
评价项目		评价依据	优秀 8~10 分	良好 6~8 分	继续努力 0~6 分
自我评价 20 分	学习态度	遵守纪律;学习主动;积极参与小组活动和讨论;尊重同学和老师;具有较强的团队精神、合作意识;能客观有效地评价同学的学习			
	目标达成	达到学习目标;按要求完成各项学习任务			
	自评合计分				
	其他组员	评价依据	优秀 20~30 分	良好 10~20 分	继续努力 0~10 分
小组互评 30 分		(1)积极参与小组活动和讨论;具有较强的团队精神、合作意识;服从角色安排 (2)对小组活动贡献大小 (3)知识目标达成情况 (4)技能目标达成情况			
	……				
	小组平均分				
教师评价 50 分		评价依据	优秀 8~10 分	良好 6~8 分	继续努力 0~6 分
	学习态度	综合表现			
	个人评价	自评结果			
	小组评价	互评结果			
	小组活动	活动成果			
	测验	测验结果			
	教评合计分				

模块五

电子电器产品的价格策略

模块教学目标

学习目标	了解产品定价的影响因素；掌握需求价格弹性和需求收入弹性；熟练掌握和应用常用的定价方法和定价策略
技能目标	能根据企业的实际情况，应用所学的定价方法给不同的产品制定合理的价格；能应用价格策略配合其他市场营销组合策略
教学方式	学生自主学习；教师授导；案例研讨
参考学时	4 学时

模块基本技能

基本技能 1　熟悉产品定价方法

活动：案例研讨

活动形式：以小组为单位研讨案例。

活动过程：（1）教师向学生说明本次活动的目的、内容及注意事项。

（2）学生认真预习"基本知识"，研读案例并展开讨论、回答问题。

（3）讨论过程中，教师给予必要的引导。

（4）组长负责记录，小组发言人报告研讨结果。

（5）教师对本次活动的开展情况进行评价；对存在争议的一些问题加以澄清；对表现好的

小组和个人予以表扬或奖励，尤其要鼓励学生的创造性思维。

活动成果：小组研讨记录表（见表5-1）。

表5-1 　　　　　小组研讨记录表

研 讨 问 题	研 讨 结 果
（1）分析吉列安全剃须刀使用的定价策略	
（2）这种定价策略还可以在哪些产品上使用	

案例 5-1

吉列按刮脸次数卖剃须刀

在19世纪末期，美国有关安全剃须刀方面的专利起码有几十个，吉列只不过是其中之一。使用安全剃须刀不像先前的折叠式剃须刀那样易刮伤脸，又可免去光顾理发店的时间和金钱，但是这种看似很有市场的商品却卖不出去，原因是它太贵了。去理发店只要花10美分，而最便宜的安全剃须刀却要花5美元，这在当时可不是一个小数目，因为这相当于一个高级技工一星期的薪水。

吉列的安全剃须刀并不比其他剃须刀好，而且生产成本也更高，但别人的剃须刀卖不出去，吉列的剃须刀却供不应求，原因就在于吉列实际上赔本把剃须刀的零售价定为55美分，批发价25美分，这甚至不到其生产成本的1/5。同时，吉列以5美分一个的价格出售刀片，而每个刀片的制造成本不到1美分，这实际上是以刀片的盈利来补贴剃须刀的亏损。当然吉列剃须刀只能使用其专利刀片。由于每个刀片可以使用6～7次，每刮一次脸所花的钱不足1美分，只相当于去理发店花费的1/10，所以有越来越多的消费者选择使用吉列剃须刀。

吉列的成功在于他采取了一种合适的定价方法，这里面包含着一个简单的道理：消费者购买一种产品或服务并不形成最终的经济行为，而是一个中间行为，消费者用这种行为来"生产"最后的"满足"或"福利"。顾客要购买的并不是剃须刀，而是刮脸，刮脸的最终目的是使他看起来形象更好、更体面，为了达到这个目的，他有去理发店、买折叠式剃须刀或安全剃须刀三种选择，而吉列的定价方法使顾客选择购买吉列剃须刀最为合算。在竞争对手们想方设法降低生产成本时，吉列独辟蹊径，其定价方法反映了消费者购买的真正"价值"，而不是生产商的"成本"，这是吉列成功的最大原因。

吉列的定价方法成为很多企业模仿的楷模。当然这种做法是需要具备一些条件的：一是亏本的产品与盈利的产品一定要配套。假如消费者买了55美分的吉列剃须刀，又可以从别的厂商那里买1美分的刀片，那么等待他的结果只有一个——破产。二是对消费者的消费情况一定要有一个准确的判断。吉列每销售一个剃须刀亏本1美元，相当25个刀片的盈利，所以必须对消费者的平均刮脸次数有一个较准确的估计，假如平均每个消费者每年只用2～3个刀片，也就亏定了。三是竞争对手不会或无力进行恶性竞争。假如有人大量收购吉列剃须刀而又不买刀片，吉列也只有破产一条路可走。四是别人的模仿不会对其形成重大威胁。

灵活的定价和销售方法可以使顾客愿意为他们所买的东西付钱，而不是为厂商所生产的东西付钱,不管是吉列的定价方法还是分期付款或租赁,价格的处理安排一定要符合消费者实际购买的事物。

(原载《中外企业文化》,杨育谋,2002年第3期)

基本知识

价格是市场营销组合因素中十分敏感而又难以控制的因素,它直接关系到市场对产品的接受程度,影响着市场需求和企业利润的多少,涉及生产者、经营者、消费者等各方面的利益。因此定价策略是企业市场营销组合策略中一个极其重要的组成部分。

一、价格的含义

价格是商品价值的货币表现,一般指进行交易时,买方所需要付出的代价或付款。企业产品的价格是影响市场需求和购买行为的主要因素之一,是市场营销中最灵活、最易变的因素,也是营销组合中唯一能产生收入的因素,价格的制定直接影响产品的销量和销售收入,受到企业的普遍重视。

价格是决定一种产品对买者是否具有吸引力的重要因素,是卖者营销的重要手段。因而,价格的制定和调整要有一定的依据,并实施必要的策略。

二、影响电子电器产品定价的因素

影响电子产品定价的因素很多,主要有以下几个方面。

1. 产品成本因素

成本是产品价格最主要的组成部分。主要分为固定成本和变动成本两种类型。固定成本是指不管生产或销售多少产品,其成本总额基本保持不变的成本。变动成本是指那些随着产品生产或销售量变动而变动的成本。

通常情况下,成本是企业制定价格的最低界限。能收回成本的价格是企业能够接受的最低价格。虽然不排除企业由于特殊原因在短期内将某些商品以低于成本的价格出售,但从长远来看,价格必须能够补偿产品生产及市场营销的所有支出,并补偿商品的经营者为其所承担的风险支出。这样,企业的再生产才能得以正常进行,企业才能得以维持生存。

2. 市场供应状况

价格与供求是一对互为因果又互相影响的因素。企业在进行产品定价时,应对市场的供求状况进行认真的判断和分析,充分考虑供求状况对定价的影响。总的来说,产品供不应求,价格可以定得较高;产品供过于求时则相反。市场供求状况有时甚至会成为左右市场价格的强制力量。

在分析供求状况对价格的影响时,还应考虑到不同产品的价格弹性。在正常情况下,市场需求会按照与价格相反的方向变动,即价格升高,需求量下降;价格下降,需求量上升。

3. 市场竞争的特点

市场价格是在市场竞争中形成的。企业必须研究竞争对手的产品质量和价格,然后根据自身的市场定位确定自己应该制定什么样的价格来参与市场竞争。

4. 消费者的收入水平因素

市场需求是消费者有购买能力的需求，而购买力来自消费者的收入，收入水平高的消费者购买力强，反之则购买力弱。市场营销者应通过对消费者的收入水平进行调查研究，以确定适合消费者财力的价格。例如，发展我国家庭用中央空调，就应当考虑我国家庭的收入水平，制造出既符合家庭需求，又符合家庭消费水平的中央空调。

三、电子电器产品定价方法

定价方法是指企业在特定的定价目标指导下，根据对成本、需求及竞争等状况的研究，运用价格决策理论，对产品价格进行计算的具体方法。它主要包括成本导向定价法、竞争导向定价法和需求导向定价法三种类型。

1. 成本导向定价法

成本导向定价法是以产品单位成本为基本依据，再加上预期利润来确定价格的定价法，是中外企业最常用、最基本的定价方法。包括成本加成定价法、目标收益定价法、盈亏平衡定价法等几种具体的定价方法。

（1）成本加成定价法。成本加成定价法是按产品单位成本加上一定比例的利润制定产品价格的方法。大多数企业是按成本利润率来确定所加利润的大小的。即：

$$价格＝单位成本＋单位成本×成本利润率＝单位成本（1＋成本利润率）$$

（2）目标收益定价法。它是在成本的基础上，按照目标收益率的高低计算价格的方法。

$$售价＝（总成本＋目标利润）/预计销售量$$

（3）盈亏平衡定价法。在销量既定的条件下，企业产品的价格必须达到一定的水平才能做到盈亏平衡、收支相抵。既定的销量就称为盈亏平衡点，这种制定价格的方法就称为盈亏平衡定价法。科学地预测销量和已知固定成本、变动成本是盈亏平衡定价的前提。

2. 竞争导向定价法

竞争导向定价法是以市场上相互竞争的同类产品价格为定价依据的定价方法。竞争导向定价法主要包括以下几种。

（1）随行就市定价法。是指按行业现行平均价格水平来定价。

（2）产品差别定价法。是指企业通过营销努力，使同种同质的产品在消费者心目中树立起不同的产品形象，进而根据自身特点，选取低于或高于竞争者的价格作为本企业产品价格。

（3）投标竞争定价法，是指在招标竞标的情况下，企业在对竞争对手了解的基础上定价。例如，2008年，海尔中央空调中标北京奥运会主会场"鸟巢"工程、奥运垒球馆、等23个奥运项目，成为中标奥运场馆最大的品牌。在参与竞标过程中采取的就是投标竞争定价法。

3. 需求导向定价法

需求导向定价法是指以消费者对产品价值的认知和需求强度为定价依据的方法。主要包括以下几种。

（1）理解价值定价法。是指企业以消费者对商品价值的理解度亦即消费者认为该产品值多少钱为定价依据。

（2）需求差异定价法。是指产品价格的确定以需求为依据，首先强调适应消费者需求的不同特性，而将成本补偿放在次要的地位。

（3）逆向定价法。这种定价方法主要不是考虑产品成本，而重点考虑需求状况。依据消费者能够接受的最终销售价格,逆向推算出中间商的批发价和生产企业的出厂价格。

价格是企业竞争的主要手段之一,企业除了根据不同的定价目标,选择不同的定价方法外,还要根据复杂的市场情况,采用灵活多变的方式确定产品的价格。

思考题

1. 影响电子电器产品定价的因素有哪些?
2. 需求导向定价法的基本内容是什么?

营销小故事

定价出奇招

美国有个叫罗西的人,经营了一家家庭餐馆。餐馆菜单上的菜单无标价,广告牌上有五个字:"随你给多少。"他规定:让顾客根据饭菜和服务的满意程度自定价格,给多给少,悉听尊便。若不满意,也可分文不付。罗西这一绝招,使好奇的食客们闻风而至,罗西餐馆顿时顾客爆满,应接不暇,收入大增。许多食客心甘情愿地付出比实际价格高许多的价款。虽然难免有个别人不付账,但对餐厅的整体经营不伤筋骨,最终罗西腰缠万贯。

营销启示:罗西显然是把食客对饭菜的认可程度作为饭菜定价的依据,采用了理解价值定价法。

知识拓展

市场竞争的四种类型

1. 完全竞争

一般来说,如果市场中的买者和卖者规模足够大,并且每个个人(包括买者和卖者)都是价格接受者,而且不能单独影响市场价格时,这样的竞争性状态就称为完全竞争。同时,这样的市场也称为完全竞争市场。

完全竞争的市场必须具备以下条件。

(1)市场上有许多买主和卖主。
(2)他们都只是价格的接受者,竞争地位平等。
(3)生产者提供的产品是同质的(无区别的)。
(4)资源在各行各业之间可以自由流动。
(5)市场信息畅通,卖主和买主对市场信息特别是价格变动信息完全了解。
(6)生产者可以自由地进出这个市场。

完全竞争市场只是一种理论上的假设,现实中并不存在。

2. 垄断竞争

垄断竞争是一种介于完全竞争和纯粹垄断之间的市场形式，既有垄断倾向，同时又有竞争成分，所以是一种不完全竞争。垄断竞争市场应具备以下条件。

（1）市场中具有众多的生产者和消费者。

（2）消费者具有明确的偏好，商品和服务是"非同质的"。

（3）自由进入。

进行垄断性竞争的企业在短期具有垄断性质，而在长期则是零利润和生产能力过剩的。

3. 寡头竞争

寡头竞争是竞争和垄断的混合物，也是一种不完全竞争。在寡头竞争的条件下，一个行业中只有少数几家大公司（大卖主），他们所生产和销售的某种产品占这种产品的总产量和市场销售总量的绝大部分比重，他们之间的竞争就是寡头竞争。显然，在这种情况下，他们有能力影响和控制市场价格。在寡头竞争的条件下，各个寡头企业是相互依存、相互影响的。各个寡头企业调整价格都会马上影响其他竞争对手的定价政策，所以，任何一个寡头企业做出决策时都必须密切注意其他寡头企业的反应和决策。

4. 纯粹垄断

纯粹垄断（或完全垄断）又称为独家垄断，是整个行业的市场供给完全为独家企业所控制的状态，可分为完全政府垄断和完全私人垄断。一般说来，在完全垄断情形下，企业的供给增加，价格下落，需求增加。反之，企业供给减少，价格上升，产品需求减少。供给影响价格，价格与需求呈反方向变动。

基本技能 2　选择产品价格策略

活动：案例研讨

活动形式：以小组为单位研讨案例。

活动过程：（1）教师向学生说明本次活动的目的、内容及注意事项。

（2）学生认真预习"基本知识"，研读案例并展开讨论、回答问题。

（3）讨论过程中，教师给予必要的引导。

（4）组长负责记录，小组发言人报告研讨结果。

（5）教师对本次活动的开展情况进行评价；对存在争议的一些问题加以澄清；对表现好的小组和个人予以表扬或奖励，尤其要鼓励学生的创造性思维。

活动成果：小组研讨记录表（见表 5-2）。

表 5-2　_____小组研讨记录表

研 讨 问 题	研 讨 结 果
（1）格兰仕采取了怎样的价格策略而获得成功？为什么这种价格策略能取得成功	
（2）你认为格兰仕以大规模和低成本为支撑的"价格战"，能够支撑它的长期持续发展吗？为什么	

>>> 案例 5-2

格兰仕微波炉：价格策略的成功

在微波炉市场的发展过程中，格兰仕成功地运用价格因素，经历"三大战役"，在市场中确立起霸主地位。

（1）1996年8月，格兰仕集团在全国范围内打响微波炉的价格战，降价幅度平均达40%，带动中国微波炉市场从1995年的不过100万台增至200多万台。格兰仕集团以全年产销量65万台的规模，确立市场领先者的地位。

（2）1997年格兰仕抓住时机，发起了微波炉市场的"第二大战役"——阵地巩固战。它采用"买一送一"的促销活动，发动新一轮的让利促销攻势。后来又在全国许多大中城市实施"买一赠三"，甚至"买一赠四"的促销大行动，使得格兰仕的产销规模迅速扩大，格兰仕也因此成为全球最具规模的微波炉生产企业之一。

（3）在取得市场的绝对优势后，格兰仕乘胜追击，发动了微波炉市场的"第三大战——品牌歼灭战。它再度将12个品种的微波炉降价40%，又一次实施"组合大促销"：除了购买微波炉可获得高档豪华电饭煲、电风扇、微波炉饭煲等赠品外，还有98世界杯世界顶级球星签名的足球赠品和千万元名牌空调大抽奖。这种以同步组合重拳打向市场、被同行业称为毁灭性的市场营销策略，再度在全国市场引起巨大震动。

目前，格兰仕垄断了国内60%、全球35%的市场份额，成为中国乃至全世界的"微波炉大王"。

基本知识

一、新产品定价策略

1. 有专利保护的新产品的定价可采用撇脂定价法和渗透定价法

（1）撇脂定价法。新产品上市之初，将价格定得较高，尽可能在产品寿命初期，在竞争者研制出相似的产品以前，尽快收回投资，并且取得相当的利润。就像从牛奶中撇取所含的奶油一样，取其精华，称为撇脂定价法。满足以下条件就可以采用撇脂定价法。

① 市场上存在一批购买力很强、并且对价格不敏感消费者，消费者的数量足够多。
② 暂时没有竞争对手推出同样的产品，本企业的产品具有明显的差别化优势。
③ 当有竞争对手加入时，本企业有能力转换定价方法，通过提高性价比来提高竞争力。
④ 本企业的品牌在市场上有传统的影响力。

（2）渗透定价法。在新产品投放市场时，价格定得尽可能低一些，其目的是获得最高销售量和最大市场占有率。

当新产品没有显著特色、竞争激烈、需求弹性较大时宜采用渗透定价法。其优点如下。

① 产品能迅速为市场所接受，打开销路，增加产量，使成本随生产发展而下降。
② 低价薄利，使竞争者望而却步、减缓竞争，获得一定市场优势。

2. 仿制品的定价

仿制品是企业模仿国内外市场上的畅销产品而生产出的新产品。仿制品面临着产品定位问题，就新产品质量和价格而言，有9种战略可供选择：优质优价、优质中价、优质低价、中质高价、中质中价、中质低价、低质高价、低质中价、低质低价。

二、心理定价策略

心理定价是根据消费者的消费心理定价，有如下几种。

1. 尾数定价

许多商品的价格，宁可定为9.8元或9.9元，而不定为10元，是适应消费者购买心理的一种取舍，尾数定价使消费者产生一种"价廉"的错觉，比定为10元反应积极，促进销售。

2. 声望性定价

这是指企业利用消费者仰慕名牌商品或名店的声望所产生的某种心理来制定商品的价格，故意定高价。这种定价法有两个目的：一是提高产品的形象，以价格说明其地位和品质；二是满足购买者的地位欲望，适应购买者的消费心理。

3. 习惯性定价

某种商品，由于同类产品多，在市场上形成了一种习惯价格，个别生产者难以改变。降价容易引起消费者对品质的怀疑，涨价则可能受到消费者的抵制。

4. 招徕定价

所谓招徕定价，是指零售商利用部分顾客追求廉价的心理，特意将某一种或某几种商品的价格定得较低以吸引顾客进店购物。这是很多零售企业惯用的定价策略，常常通过推出降价商品增加人气，吸引顾客在采购廉价商品的同时也选购其他正常价格的商品。例如，电器经销商经常在报纸等媒体刊登广告，某某款空调售价1元，就是采用了招徕定价策略。

三、折扣定价策略

大多数企业通常都会酌情调整其基本价格，以鼓励顾客及早付清货款、大量购买或增加淡季购买。这种价格调整称为价格折扣和折让。价格折扣主要有如下几种类型。

1. 现金折扣

现金折扣是对及时付清账款的购买者的一种价格折扣。例如，"3/10，N/25"，表示付款期是25天，如果在成交后10天内付款，给予3%的现金折扣。许多行业习惯采用此方法以加速资金周转，减少收账费用和坏账。

2. 数量折扣

数量折扣是企业给那些大量购买某种产品的顾客的一种折扣，以鼓励顾客购买更多的货物。大量购买能使企业降低生产、销售等环节的成本费用。例如，顾客购买某种商品50单位以下，每单位20元；购买50单位以上，每单位15元。

3. 职能折扣

职能折扣也叫贸易折扣，是制造商给予中间商的一种额外折扣，使中间商可以获得低于目录价格的价格。

4. 季节折扣

季节折扣是企业鼓励顾客淡季购买的一种减让，使企业的生产和销售一年四季能保持相对稳定。

5. 推广津贴

推广津贴是指为扩大产品销路，生产企业向中间商提供促销津贴。例如，零售商为企业产品刊登广告或设立橱窗，生产企业除负担部分广告费外，还在产品价格上给予一定优惠。

四、歧视定价策略

歧视定价策略又叫差别定价策略。企业往往会根据不同顾客、不同时间和场所来调整产品价格，实行差别定价，即对同一产品或劳务定出两种或多种价格，但这种差别并不反映成本的变化。它主要有以下几种形式。

1. 顾客差别定价

顾客差别定价是指对不同顾客群定不同的价格。例如，同一款手机卖给顾客 A 一个价，卖给顾客 B 一个价。这种价格歧视主要原因在于顾客的需求强度和商品知识有所不同。

2. 产品形式差别定价

产品形式差别定价是指对不同的花色品种、式样定不同的价格。

3. 产品部位差别定价

产品部位差别定价是指即不同的部位定不同的价格。例如，歌星的演唱会门票、体育比赛的门票，位置不同价格就不同。电子电器产品因自身的产品特性，一般不会采取产品部位差别定价策略。

4. 销售时间差别定价

销售时间差别定价是指不同时间定不同的价格。例如，对不同季节、不同时间点的产品和服务分别制定不同的价格。又如，固定电话长途通话费，在一天的不同时间段收费标准有所不同。

五、产品组合定价策略

产品组合定价策略是指对不同组合产品之间的关系和市场表现进行灵活定价的策略。常用的产品组合定价形式有以下几种。

1. 产品线定价

产品线定价是根据购买者对同样产品线不同档次产品的需求，精选设计几种不同档次的产品和价格点。例如，松下公司设计出五种不同的彩色立体声摄像机，简单型的只有 4.6 磅，复杂型的有 12.3 磅，包括自动聚焦、明暗控制、双速移动目标镜头等。产品线上的摄像机依次增加新功能，并依次根据成本差距和市场情况制定一系列有明显差别的价格，以供有不同偏好的顾客进行选择。

2. 任选产品定价

任选产品定价是指在提供主要产品的同时，还附带提供任选品或附件与之搭配。例如，在销售微波炉时，还可以附带以优惠价格销售电磁炉等鼓励消费者多购买。

3. 附属产品定价法

附属产品定价法是指以较低价销售主产品吸引顾客，以较高价销售备选和附属产品来增加利润。例如，柯达公司推出一种与柯达胶卷配套使用的专用照相机，价廉物美，销路甚佳，结果带动柯达胶卷销量大大增加，尽管其胶卷价格较其他牌号的胶卷昂贵。

4. 副产品定价法

在许多行业中，在生产主产品的过程中，常常有副产品。如果这些副产品对某些客户群具有相应价值，必须根据其价值定价。副产品的收入多，将使公司更易于为其主要产品制定较低价格，以便在市场上增加竞争力。因此制造商要寻找一个需要这些副产品的市场，并接受任何足以弥补存储和运输副产品成本的价格。

5. 捆绑定价

捆绑定价是指将数种产品组合在一起以低于分别销售时支付总额的价格销售。例如，家庭影院是大屏幕电视、影碟机、音响的捆绑定价；整体厨卫产品等可以进行捆绑制定相对较低总价，以扩大销售。

此外，企业要充分研究市场、顾客、竞争对手等的基本情况，结合自身实际采取上述一种或几种定价策略进行定价工作。

六、地理定价策略

地理定价策略是一种根据商品销售地理位置不同而制定差别价格的策略。

地理定价策略主要形式有如下几种。

1. 产地交货价格

产地交货价格是卖方按出厂价格交货或将货物送到买方指定的某种运输工具上交货的价格。在国际贸易术语中，这种价格称为离岸价格或船上交货价格。交货后的产品所有权归买方所有，运输过程中的一切费用和保险费均由买方承担。

2. 目的地交货价格

目的地交货价格是由卖方承担从产地到目的地的运费及保险费的价格。在国际贸易术语中，这种价格称为到岸价格或成本加运费和保险费价格。目的地交货价格由出厂价格加上产地至目的地的手续费、运费和保险费等构成，虽然手续较烦琐，卖方承担的费用和风险较大，但有利于扩大产品销售。

3. 统一交货价格

统一交货价格即卖方将产品送到买方所在地，不分路途远近，统一制定同样的价格。这样可减轻较远地区顾客的价格负担，使买方认为运送产品是一项免费的附加服务，从而乐意购买，有利于扩大市场占有率。该策略适用于体积小、质量轻、运费低或运费占成本比例较小的产品。

4. 区域价格

区域价格是指卖方根据顾客所在地区距离的远近，将产品覆盖的整个市场分成若干个区域，在每个区域内实行统一价格。实行这种办法，处于同一价格区域内的顾客就得不到来自卖方的价格优惠；而处于两个价格区域交界地的顾客之间就得承受不同的价格负担。

5. 运费津贴价格

运费津贴价格是指为弥补产地交货价格策略的不足，减轻买方的运杂费、保险费等负担，由卖方补贴其部分或全部运费。该策略有利于减轻边远地区顾客的运费负担，使企业保持市场占有率，并不断开拓新市场。

思考题

1. 企业如何为新产品制定合适的价格？
2. 企业如何为产品组合定价？

知识拓展

企业的价格调整

企业在产品价格确定后，由于环境和市场情况的变化，往往会对价格进行修改和调整。

1. 主动调整价格

（1）降价。企业存在以下情况时须考虑降价。

① 生产能力过剩、产量过多，库存积压严重，市场供过于求等，企业需要以降价来刺激市场需求。

② 面对竞争者的"价格战"，企业若不降价将会失去顾客或减少市场份额。

③ 生产成本下降，科技进步，劳动生产率不断提高，生产成本逐步下降，其市场价格也应下降。

（2）提价。提价一般会遭到消费者和经销商反对，但在许多情况下不得不提高价格。

① 通货膨胀。物价普遍上涨，企业生产成本必然增加，为保证利润，不得不提价。

② 产品供不应求。一方面买方之间展开激烈竞争，争夺货源，为企业创造有利条件；另一方面也可以抑制需求过快增长，保持供求平衡。

2. 被动调整价格

在同质产品市场，如果竞争者降价，企业必定随之降价，否则会失去顾客。某一企业提价，其他企业也将随之提价（如果提价对整个行业有利），但如有一个企业不提价，最先提价的企业和其他企业将不得不取消提价。

在异质产品市场，购买者不仅考虑产品价格高低，而且考虑质量、服务、可靠性等因素，因此购买者对较小价格差额无反应或不敏感，则企业对竞争者价格调整的反应有较多自由。

企业在做出反应时，必须先进行调研分析：竞争者调价的目的是什么？调价是暂时的，还是长期的？能否持久？企业面临竞争者调价应权衡得失：是否应做出反应？如何反应？另外还必须分析价格的需求弹性、产品成本和销售量之间的关系等复杂问题。

营销小故事

> **两辆中巴**
>
> 家门口有一条汽车线路，是从小巷口开往火车站的。不知道是因为线路短，还是沿途人少的缘故，客运公司仅安排两辆中巴车来回对开。
>
> 开101的是一对夫妇，开102的也是一对夫妇。
>
> 坐车的大多是一些船民，由于他们长期在水上生活，所以一进城往往是一家老小一起出发。
>
> 101路的女主人很少让孩子买票，即使是一对夫妇带几个孩子，她也是熟视无睹似的，只要求船民买两张成人票。有的船民过意不去，执意要给大点的孩子买票，她就笑着对船民的孩子说："下次给带个小河蚌来，好吗？这次让你免费坐车。"
>
> 102路的女主人恰恰相反，只要有带孩子的，大一点的要全票，小一点的也得买半票。她总是说，这车是承包的，每月要向客运公司交各种费用，哪个月不交足，马上就干不下去了。
>
> 船民们也理解，有几个人就掏几张票的钱，因此，每次也都相安无事。

不过，三个月后，门口的102路中巴就停开了。它应验了102路女主人的话：马上就干不下去了，因为搭乘102路的人很少。

营销启示：忠诚顾客是靠感情培养的，也同样是靠点点滴滴的优惠赢得顾客的忠诚的。当我们固执地执行我们的销售政策的时候，我们放走了多少忠诚顾客呢？要知道，价格策略也是企业营销理念的重要体现。

模块技能训练

一、请讨论并回答下列问题

1. 下列商品定价属于哪种定价策略？
（1）到批发市场购洗衣粉，10袋起卖，10袋至20袋每袋5元，21袋至50袋每袋3元。
（2）LV包2万元一个。
（3）网上商城做的1元秒杀活动。
（4）宝马7系中国60周年庆典版2010款报价288万。
（5）某品牌数码相机系列报价：2888元、5888元、8888元。

2. 某款商品公司决定从今天开始要做促销，5折销售，价格标签还没来得及更换，A顾客不知道这个信息，售货员以原价将此商品卖给了A顾客，B顾客看到报纸的促销广告过来购买，售货员以5折的价格卖给B顾客。你认为这属于什么价格策略？售货员这样做合适吗？如果顾客发现了这张登有促销信息的报纸，要求退款，应该怎么办？

二、案例分析

案例5-3

英特尔的定价策略

一个分析师曾这样形容英特尔公司的定价政策："这个集成电路巨人每12个月就要推出一种新的、具有更高利润率的微处理器，并把旧的微处理器的价格定在更低的价位上以满足需求。"当英特尔公司推出一种新的计算机集成电路时，它的定价是1000美元，这个价格使它刚好能占有一定的市场份额。这些新的集成电路能够增加高级个人电脑和服务器的性能。如果顾客等不及，他们就会在价格较高时购买。随着销售额的下降及竞争对手推出相似的集成电路对其构成威胁时，英特尔公司就会降低其产品的价格来吸引下一层次对价格敏感的顾客。最终价格跌落到最低水平，每个集成电路仅售200美元多一点，使该集成电路成为一个热销大众市场的处理器。通过这种方式，英特尔公司从各个不同的市场中获取了最大量的收入。

问题：英特尔公司采取的是什么定价策略？讨论一下英特尔公司采取这种定价策略成功的原因是什么？

三、技能实训

以小组为单位到附近商场进行实地调研，看看各类商品都应用了什么样的定价策略和方法，并将其归类填入考察表（表5-3）。

表 5-3 _____小组实地考察表　　　　　　　组长：

产品名称	定价策略和定价方法	小组成员

模块学习测验与总结

一、选择题

1．为鼓励顾客购买更多物品，企业给大量购买产品的顾客一种减价称为（　　）。
　　A．功能折扣　　B．数量折扣　　C．季节折扣　　D．现金折扣

2．如果企业按离岸价格出售产品，那么产品从产地到目的地发生的一切短损都将由（　　）承担。
　　A．企业　　B．顾客　　C．承运人　　D．保险公司

3．企业利用消费者具有仰慕名牌商品或名店声望所产生的某种心理，对质量不易鉴别的商品的定价最适宜用（　　）法。
　　A．尾数定价　　B．招徕定价　　C．声望定价　　D．反向定价

4．当产品市场需求富有弹性且生产成本和经营费用随着生产经营经验的增加而下降时，企业便具备了（　　）的可能性。
　　A．渗透定价　　　　　　　B．撇脂定价
　　C．尾数定价　　　　　　　D．招徕定价

5．按照单位成本加上一定百分比的加成来制定产品销售价格的定价方法称为（　　）定价法。
　　A．成本加成　　　　　　　B．目标
　　C．认知价值　　　　　　　D．诊断

6．投标过程中，投标商对其价格的确定主要是根据（　　）制定的。
　　A．对竞争者的报价估计　　B．企业自身的成本费用
　　C．市场需求　　　　　　　D．边际成本

7．在商业企业，很多商品的定价都不进位成整数，而保留零头，这种心理定价策略称为（　　）策略。
　　A．尾数定价　　　　　　　B．招徕定价
　　C．声望定价　　　　　　　D．习惯定价

8. 在（　　）条件下，个别企业无力影响整个市场的产品价格，因而不存在企业制定最优价格的问题。

  A. 完全竞争   B. 寡头竞争

  C. 垄断竞争   D. 不完全竞争

9. 某种商品，由于同类产品多，在市场上形成了一种习惯价格，个别生产者难以改变。降价易引起消费者对品质的怀疑，涨价则可能受到消费者的抵制。这种定价策略是（　　）。

  A. 习惯定价   B. 逆向定价

  C. 产品大类定价   D. 分部定价

10. 当企业有意愿和同行和平共处并按照行业的平均现行价格水平来定价，以期利用这样的价格来获得平均报酬的定价方法是（　　）。

  A. 反向定价法   B. 投标定价法

  C. 诊断定价法   D. 随行就市定价法

二、判断正误

1. 从市场营销的实践看，当市场有足够的购买者，且对商品的需求缺乏弹性时，企业往往能成功地实施撇脂定价。（　　）

2. 在市场营销实践中，有实力的企业率先降价往往能给弱小的竞争对手以致命的打击。（　　）

3. 产品形式差别定价是指企业对不同型号或形式的产品制定不同的价格，但它们的价格与成本费用之比却相同。（　　）

4. 在产品组合定价策略中，根据补充产品定价原理，制造商经常为主要产品制定较低的价格，而对附属产品制定较高的加成。（　　）

5. 面对激烈的竞争，企业为了生存和发展，在任何时候都应始终坚持只降价不提价的原则。（　　）

三、计算题

1. 某厂生产某种商品 10000 件，固定总成本 400000 元，变动总成本 600000 元，预期利润率 20%，如果按照成本加成定价法来制定价格，则该商品应定价为多少？

2. 某烤箱厂投资 100 万元人民币，期望取得 20%的投资收益率。如果生产烤箱的固定成本为 30 万元，总变动成本为 50 万元，建成投产后预计年销售量 50000 台，则按目标收益定价法确定的烤箱价格是多少？

四、个人学习总结（表 5-4）

表 5-4　个人学习总结

我学到了哪些知识	
我学会了哪些技能	
我哪里学得不够好？原因及措施怎样	

模块学习评价（表 5-5）

表 5-5 模块学习评价表

小组：		姓名：		评价总分：	
评价项目		评价依据	优秀 8~10 分	良好 6~8 分	继续努力 0~6 分
自我评价 20 分	学习态度	遵守纪律；学习主动；积极参与小组活动和讨论；尊重同学和老师；具有较强的团队精神、合作意识；能客观有效地评价同学的学习			
	目标达成	达到学习目标；按要求完成各项学习任务			
	自评合计分				
	其他组员	评价依据	优秀 20~30 分	良好 10~20 分	继续努力 0~10 分
小组互评 30 分		（1）积极参与小组活动和讨论；具有较强的团队精神、合作意识；服从角色安排 （2）对小组活动贡献大小 （3）知识目标达成情况 （4）技能目标达成情况			
	……				
	小组平均分				
		评价依据	优秀 8~10 分	良好 6~8 分	继续努力 0~6 分
教师评价 50 分	学习态度	综合表现			
	个人评价	自评结果			
	小组评价	互评结果			
	小组活动	活动成果			
	测验	测验结果			
	教评合计分				

模块六

电子电器产品的分销渠道策略

模块教学目标

知识目标	掌握分销渠道的概念和类型，掌握批发商和零售商的相关知识，熟悉并掌握电子电器产品连锁经营相关知识
技能目标	能根据产品特性和企业实际情况进行渠道设计和管理
教学方式	理论讲授、案例讨论和分析、小组调研
参考学时	4学时

模块基本技能

基本技能1 设计分销渠道

活动：案例研讨

活动形式：以小组为单位研讨案例。

活动过程：（1）教师向学生说明本次活动的目的、内容及注意事项。

（2）学生认真预习"基本知识"，研读案例并展开讨论、回答问题。

（3）讨论过程中，教师给予必要的引导。

（4）组长负责记录，小组发言人报告研讨结果。

（5）教师对本次活动的开展情况进行评价；对存在争议的一些问题加以澄清；对表现好的小组和个人予以表扬或奖励，尤其要鼓励学生的创造性思维。

活动成果：小组研讨记录表（见表6-1）。

表6-1　　　　　小组研讨记录表

研 讨 问 题	研 讨 结 果
（1）格力公司选择了怎样的分销渠道	
（2）格力公司如何对渠道商实施有效的管理	

>>> 案例6-1

格力空调的分销渠道模式

凭借着渠道优势，格力连续十年蝉联空调销售冠军宝座。1997年以来，格力独创了"以经销商大户为中心"的核心销售体制，并在此基础上在各地推出了"股份制区域销售公司"模式。此模式被推崇者称为"21世纪全新营销模式"。其具体做法是：联合某地区内几家经销大户，由格力公司控股，合资组建联合销售公司，代理某区域全部的格力空调销售，即把当地原来各自分散的格力销售和服务网络集中在一起，统一价格对外供货。目前，格力已经先后在30多个省、市、自治区成立了股份制区域销售公司，并通过进一步增持股份，达到更加有效地控制。各省的销售公司并不是格力的派出机构（分公司或办事处），而是由格力电器和该省最有实力的家电经销商出资组建的厂商联合体。实际上，销售公司相当于格力电器在该省的总代理商，实行的是独家经销制。在各省的二级市场，格力采取的是选择性分销。在地级区域市场范围内，选择几家实力较强的家电经销商作为批发商（格力称为代售商），再由若干家分销商作为零售终端。销售公司严格划分各代售商的批发区域和批发对象（指定经销商）。即使在同一区域，也可能存在一家以上的批发商，但是该区域内的经销商被指定在某批发商处提货，各经销商隶属于不同的批发商，因此被称为指定经销商。格力总部相当于制造商及全国性总批发商，销售公司相当于各省级市场的总代理商。格力和销售公司是资本纽带关系，都是销售公司的股东。格力以品牌等无形资产入股，其他股东以货币资产入股。格力对销售公司具有控股权，主要体现在：格力对各销售公司实行现款现货，不赊货；销售公司的董事长由格力方出任，格力方对各销售公司的总经理有任免权；格力公司可以通过品牌和产品控制销售公司，可以根据需要扶持新的销售合作伙伴（更换股东或代售商）。销售公司是该省的一级批发商，代售商相当于二级批发商。销售公司在二级市场没有中转仓，各代售商承担了中转仓的功能。代售商是名义上的批发商——因为代售商不赚取任何批发利润，只赚取2.5%的代理费和3%的运费补贴。代售商是该区域内各指定经销商的提货点，各指定经销商的提货量算作该代售商的批发量。各指定经销商在指定的代售商处提货。各代售商也只能给指定的经销商发货。指定经销商的货款直接打到销售公司，销售公司向某代售商发出提货通知，指定经销商持提货通知只能到指定的代售商处提货。指定经销商直接打款给销售公司，销售公司为指定经销商核算有关往来账目。所有渠道政策都是由销售公司直接针对指定经销商出台的，销售公司根据指定经销商的打款金

额、时间和提货量兑现有关政策。指定经销商网络更多地掌握在销售公司手中而不是代售商手中。销售公司、代销商、指定经销商之间通过签订三方协议，明确各自在市场中的责任和利益。

通过这种方式给不同渠道商设计了不同的定位和功能，格力销售公司削弱了二级批发商对分销商网络（零售商网络）的控制，加强了自己对分销商网络的控制。代售商功能的弱化，减少了销售公司对渠道成员特别是对批发商的依赖性。充分利用和整合指定经销商的资源，降低了自己的渠道成本（主要是建设中转仓的费用和仓储管理费），提高了渠道资源的使用效率。

基本知识

在现代市场经济条件下，生产者与消费者之间在时间、地点、数量、品种、产品估价和所有权等多方面存在着差异和矛盾。企业生产出来的产品，只有通过一定的市场营销渠道，才能在适当的时间、地点，以适当的价格供应给广大消费者或用户，从而克服生产者与消费者之间的差异和矛盾，满足市场需要，实现企业的市场营销目标。

一、分销渠道的含义及类型

1. 分销渠道的含义

分销渠道是指产品所有权从生产者向消费者转移过程中所经过的由各中间商连接起来形成的通道。分销渠道的起点是生产者，终点是消费者或用户。中间商包括各种批发商、居间商和零售商。

（1）批发商。

批发商向生产企业购进商品，然后转售给其他批发商、零售商、产业用户和各种非营利组织。批发商具有业务量大、地理位置优势、推销方式特殊等特点。

（2）居间商。

居间商包括三个类别，即代理商、经纪人和信托商。

居间商和批发商的本质区别是它对商品没有所有权，主要功能就是促进买卖，从中获得销售佣金。销售佣金大约占销售额的2%~6%。由于没有独立投资，它在商品分销过程中不承担风险。

（3）零售商。

零售商是指将商品直接销售给最终消费者的中间商，处于商品流通的最终阶段。他最基本的任务是直接为消费者服务。

2. 分销渠道的类型

按分销渠道的长度，分销渠道分为四种类型。

（1）直接渠道。

制造商——消费者。

（2）一级渠道。

制造商——零售商——消费者。

（3）二级渠道。

制造商——批发商——零售商——消费者。

或者是制造商——代理商——零售商——消费者。

（4）三级渠道。

制造商——代理商——批发商——零售商——消费者。

按分销渠道的宽窄，分销渠道可分为两种类型。

（1）宽渠道。

渠道宽窄指的是渠道的每个环节中使用同类型中间商数目的多少。企业使用的同类中间商多，产品在市场上的分销面广，称为宽渠道。如电池等一般的日用消费品。

（2）窄渠道。

由多家批发商经销，又转卖给更多的零售商，能大量接触消费者，大批量地销售产品。企业使用的同类中间商少，分销渠道窄，称为窄渠道。它一般适用于专业性强的产品，或贵重耐用消费品，如数码摄像机、空调等电子产品。

二、分销渠道设计

企业在设计其分销渠道时，需要在理想渠道与可用渠道之间进行抉择。一般来讲，新企业在刚刚开始经营时，总是先采取在有限市场上进行销售的策略，以当地市场或某一地区的市场为销售对象。因其资本有限，只得选用现有中间商。而在某一地区市场内，中间商的数目通常是很有限的，所以，到达市场的最佳方式也是可以预知的。

一般来讲，要设计一个有效的渠道系统，必须确定渠道模式、中间商的类型和密度，规定渠道成员的权利与责任。

1. 确定渠道模式

渠道设计问题的中心环节，是确定到达目标市场的最佳途径。每一个生产者都必须在顾客、产品、中间商、竞争者、企业政策和环境等所形成的限制条件下，确定其渠道模式，即渠道长度。

2. 确定中间商数目

对于同一渠道层次的中间商数量的选择，根据企业产品的特点和企业追求的产品展露度，有如下策略可供选用。

（1）密集分销。这是指尽可能选择多个中间商分销，使营销渠道尽可能加宽。消费品中的便利品和工业品中的标准件、通用小工具多采用这种策略，为顾客提供购买上的方便。

（2）独家分销。这是指在一个地区只选定一家中间商或代理商，实行独家分销。独家分销可以使生产企业提高对销售渠道的控制力，刺激中间商努力为本企业服务。但这种策略对企业来说风险极大，如果中间商选择不当，则有可能失去这一地区的市场份额。

（3）选择性分销。它介于密集分销和独家分销两种形式之间，即有条件地选择几家中间商进行经营。它适用于各类商品，尤其是消费品中的选购品、特殊品，以及工业品中的标准产品和原材料多采用这种策略。

3. 规定渠道成员的权利和责任

对不同地区、不同类型的中间商和不同的购买量给予不同的价格折扣，提供质量保证和跌价保证，以促使中间商积极进货。还要规定交货和结算条件，以及规定彼此为对方提供哪些服务，如产方提供零配件，代培技术人员，协助促销；销方提供市场信息和各种业务统计资料。

三、分销渠道管理

企业管理人员在进行渠道设计之后，还必须对个别中间商进行选择、激励与定期评估。

1. 选择渠道成员

要明确选择的条件和标准。这些标准包括：中间商经营时间的长短及其成长记录、地理区位优势、综合服务能力、财务状况及管理水平、促销政策和技术、合作态度、声望等。当中间商是销售代理商时，生产者还要评估其经销的其他产品大类的数量与性质、推销人员的素质与数量。当中间商打算授予某家百货公司独家分销时，生产者要评估商店的位置、未来发展潜力，以及经常光顾的顾客类型。

2. 激励渠道成员

对渠道成员的激励可以分为三个阶段：了解渠道成员的需要、满足他们的需要和提供持续指导。这意味着生产者所采取的激励措施必须恰好满足渠道成员的急需。越是如此，激励效果越明显，反之则低效或无效。

3. 评估渠道成员

生产者除了选择和激励渠道成员外，还必须定期评估他们的绩效，如销售定额完成、平均库存、综合服务能力、双方合作情况等。据此决定是否对现有渠道成员进行调整或奖励。特别是当市场状况发生变化、产品进入生命周期的不同阶段等情况出现时，更应该及时调整分销渠道。

思考题

1. 分销渠道的类型有哪几种？
2. 如何进行分销渠道管理？

知识拓展

电子商务模式

电子商务模式是指在网络环境中基于一定技术基础的商务运作方式和赢利模式。研究和分析电子商务模式的分类体系，有助于挖掘新的电子商务模式，为电子商务模式创新提供途径，也有助于企业制定特定的电子商务策略和实施步骤。

电子商务模式可以分为以下 6 种类型。

（1）企业与消费者之间的电子商务（B2C）。
（2）企业与企业之间的电子商务（B2B）。
（3）消费者与消费者之间的电子商务（C2C）。
（4）消费者与企业之间的电子商务（C2B）。
（5）企业与政府之间的电子商务（B2G）。
（6）企业、中间监管与消费者之间的电子商务（BMC）。

基本技能 2　熟悉电子电器产品连锁经营方式

活动：案例研讨

活动形式：以小组为单位研讨案例。

活动过程：（1）教师向学生说明本次活动的目的、内容及注意事项。

（2）学生认真预习"基本知识"，研读案例并展开讨论、回答问题。

（3）讨论过程中，教师给予必要的引导。

（4）组长负责记录，小组发言人报告研讨结果。

（5）教师对本次活动的开展情况进行评价；对存在争议的一些问题加以澄清；对表现好的小组和个人予以表扬或奖励，尤其要鼓励学生的创造性思维。

活动成果：小组研讨记录表（见表6-2）。

表6-2　　　　小组研讨记录表

研 讨 问 题	研 讨 结 果
（1）国美采用了哪种连锁经营的形式	
（2）为什么各大家电企业把国美作为首选合作伙伴	

》》 案例 6-2

国美成功的连锁经营模式

国美在北京、天津、上海、成都、青岛等拥有70余家商城，年销售能力超过100亿元。

国美每个地区、每个门店在经营管理上保留自己的特色，真正形成连锁模式。国美现有的连锁店，均采用了"正规连锁"或"加盟连锁"的经营形态，它们都由国美总部或分部全资经营，国美电器连锁系统组织结构纵向设立，分为三个层次：

总部：负责统一管理，实行经营方针、经营规划、工作计划、人事、培训、采购、财务、保险、法律事务、店铺的选择、设计及装修、商品配置与陈列等工作的规划、服务、调控和发展等各项管理职能。

地区分部：依照总部制订的各项经营管理制度和规定，负责对该地区的各门店实行二级业务经营及行政管理，并实施对所属门店的监督、指导、服务、沟通等功能，同时接受并服从总部各职能部门的职能管理。

门店：接受并服从总部及地区分部的领导和职能管理，依照总部制订的各项经营管理制度和规定，负责对本门店实施日常经营管理。基本职能是商品销售、进货及存货管理、绩效评估。

连锁经营是一种新兴的业态，具有规模效应。规模经济几乎可以表现在一个企业经营的每一职能环节中，如制造、采购、研究与开发、市场营销、售后服务网、销售能力的利用以及分销等，对于家电销售业而言，它的规模经济主要表现在采购上。国美因其巨大的销售能力成为各个家电企业合作的首选对象，这样，国美因为巨大的规模而拥有了单个百货店不具有的规模优势。

基本知识

一、连锁经营的概念和优点

连锁经营是一种商业组织形式和经营制度，是指经营同类商品或服务的若干个企业，以一定的形式组成一个联合体，在整体规划下进行专业化分工，并在分工基础上实施集中化管理，把独立的经营活动组合成整体的规模经营，从而实现规模效益。

连锁经营的特点即6个统一：统一采购、统一配送、统一标识、统一营销策略、统一价格、统一核算。

连锁经营模式的主要优点在于：

（1）授权人只以品牌、经营管理经验等投入，便可达到规模经营的目的，不仅能在短期内得到回报，而且使无形资产迅速提升。

（2）被授权人由于购买的是已获成功的运营系统，可以省去自创业不得不经历的一条"学习曲线"，包括选择赢利点、开市场等必要的摸索过程，降低了经营风险。

（3）被授权人可以拥有自己的公司，掌握自己的收支。被授权人的经营启动成本低于其他经营方式，因此可在较短的时间内收回投入并赢利。被授权人可以在选址、设计、员工培训、市场等方面，得到经验丰富的授权人的帮助和支持，使其运营迅速走向良性循环。

（4）授权人与被授权人之间不是一种竞争关系，有利于共同扩大市场份额。

连锁经营这一经营模式的实质，是企业运用无形资产进行资本运营，实现低风险资本扩张和规模经营的有效方法和途径。这也是连锁经营能得以迅速发展的根本原因所在。

二、连锁经营的形式

连锁经营包括三种形式：直营连锁、特许经营和自由连锁。

1. 特许经营

特许经营就是由拥有技术和管理经验的总部，指导传授加盟店各项经营的技术经验，并收取一定比例的权利金及指导费，这种契约关系就是特许加盟。特许加盟总部必须拥有完整有效的运作技术优势，从而转移指导，让加盟店能很快地运作，同时从中获取利益，加盟网络才能日益壮大。因此，经营技术如何传承就是特许经营的关键所在。

2. 直营连锁

直营连锁就是指总公司直接经营的连锁店，即由公司本部直接经营投资管理各个零售点的经营形态，此连锁形态并无加盟店的存在。总部采取纵深似的管理方式，直接下令掌管所有的零售点，零售点也必须完全接受总部的指挥。直接连锁的主要任务是"渠道经营"，是指通过经营渠道的拓展从消费者手中获取利润。因此直营连锁实际上是一种"管理产业"。

3. 自由连锁

自由连锁就是自愿加入连锁体系的商店。这种商店由于是原已存在，而非加盟店那样开店伊始就由连锁总公司辅导创立，所以在名称上有别于加盟店。自愿加盟体系中，商品所有权是属于加盟主所有，而运作技术及商店品牌则归总部持有。所以自愿加盟体系的运作虽维系在各个加盟店对"命运共同体"认同所产生的团结力量上，但同时也兼顾"生命共同体"合作发展的前提，还要保持对加盟店自主性的运作，所以自愿加盟实际可称为"思想的产业"。其意义即着重于二者间的沟通，以达到观念一致为首要合作目标。

三、家电专营连锁企业

家电专营连锁企业一般是指专门经营家电商品零售的企业。一般由四家以上的零售商店组织在一起，同受一个中心组织管理，统筹进货，商店内外装潢、商品种类，以及服务方式具有统一风格的经营组织。采取节约销售费用，薄利多销的政策，以便争取顾客占领市场，这是连锁商店的重要特点。

连锁经营主要是总部负责采购、配送，店铺负责销售，并通过企业形象的标准化、经营活动的专业化、管理方式的规范化及管理手段的现代化，使复杂的商业活动在职能分工的基础上变得相对简单，从而实现规模效益。其特征主要反映在如下几个方面。

（1）统一经营管理。同其他的连锁经营一样，家电专营的连锁企业建立有一整套以管理制度、管理标准和管理方法为中心内容的管理系统，形成标准化的管理模式。对各门店统一管理的内容包括人员管理、购销管理、账务管理、库存管理、安全管理等，依靠严格的管理实施统一的规模化经营达到目标效益。各门店按统一的管理标准开展各项工作，强化考核与培训，提高门店的管理及服务水平，各运作步骤协调配合，改变单店操作模式。

（2）统一采购。连锁经营的实质是通过规模经营来达到追求规模效益的目的，作为商品经营，其消费的特殊性使货源的质量显得更为重要。连锁经营的核心内容之一就是对经营商品实行统一采购，企业的各分店根据经营情况向总部的商品配送中心提供本店的进货计划，由总部所辖的配送中心在货源组织上实行集中统一采购，再根据计划和临时需求统一配送到各门店，从批量上降低了分散采购的进货成本，从科学合理安排的进货批次上降低运营成本，集中采购时优选商品和供应商，以确保商品质量。

（3）统一标识。标识是企业的识别系统，包括企业字号、企业标志、色彩运用、表现形式等内容，其作用能使企业之间互相区别，便于消费者识别。由于连锁企业店多面广，统一分店的标志、徽号等企业识别系统，是连锁店最直接、最醒目的表现形式，也是连锁店最基本的统一内容，它有助于消费者辨认和识别连锁店所属的分散在不同地区的各个门店。各分店使用统一的标语、口号、商品陈列方式与风格、员工服饰等。统一的标识系统能树立企业品牌形象，使消费者产生信任感，增强对企业品牌的忠诚度。

（4）统一商品服务。统一商品服务是连锁经营中十分重要的内容，只在进货、配送、管理方面统一，而缺少服务的统一，那么连锁店的品牌作用就无法体现，也就失去了连锁的目的。也就是说，服务的统一除一般意义上的服务外，还包括品牌意义。在经营过程中服务实行比较严格的统一规范和流程，统一服务规范包括服务环境要求、服务人员基本素质、服务工作标准、购物服务规定、服务措施和宣传等内容。员工经统一培训后上岗，执行统一的岗位规范，按统一标准进行奖惩，各分店按照总部统一的服务规范要求，达到统一的服务水平。无论消费者到哪一家分店，都能享受到同样产品服务。

（5）统一配送。配送是连锁经营的集中体现，是统一采购货源的物流表现形式，体现商品经营集约化和企业管理水平。总部的配送中心对各分店销售的商品实行统一配送，并负责商品数量管理和商品质量管理，处理配送与各门店的关系。配送中心通过内部计算机网络管理系统对进货、验收、存储、出库复核、运输、送货等进行职能监控，科学控制库存品种、数量，同时负责商品的退换货处理。统一的商品配送及时有效地保证门店开展优质服务，根据各分店的位置、需要的商品情况合理制订配送路线，节约人工、运输成本及降低库存等，并保证配送服务水平以及分店的商品供应。

（6）统一价格。连锁店的统一进货和配送为价格的统一创造了条件，各门店对相同商品实行统一的售价，包括各种优惠促销活动都执行统一的价格政策。总部设立专门的物价人员，负责物价管理工作，并把它作为价格统一的重要内容。物价人员对进价审核定价并根据市场情况负责商品调价，同时对各门店价格执行、物价标签明示等情况进行监督检查，贯彻有关物价政策。对于商品调价等价格变动情况实行统一部署，各门店根据要求按规定的时间统一变价。统一的商品价格，有利于连锁管理，同时也便于发挥连锁这种组织形态的竞争优势。

思考题

1. 连锁经营有哪几种形式？
2. 家电专营连锁企业的特征是什么？

知识拓展

网上商店

网上商店又称"虚拟商店""网上商场""电子空间商店"或"电子商场"，是电子零售商业的典型组织形式，是建立在互联网上的商场。

它是开设在互联网上的店面，可以让顾客通过家里的计算机购物、商人可以通过计算机贩卖产品服务，又可以缩减维护实际店面营销成本。只要在浏览器中输入网址，便可以进入虚拟商店。虚拟商店的典型有京东商城、八点优购商城、礼物客、凡客、第九大道等。

营销小故事

三个旅行者

三个旅行者同时住进一家旅馆。早上出门时，一个旅行者带了一把雨伞，一个拿了一根拐杖，第三个则两手空空。

晚上归来时，拿着雨伞的人淋湿了衣服，拿着拐杖的人跌的全身是泥，而空手的人却什么事情都没有。前两个人都很奇怪，问第三个人这是为什么。

第三个旅行者没有回答，而是问那个拿伞的人："你为什么淋湿而没有摔跤呢？"

"下雨的时候,我很高兴自己有先见之明,撑着雨伞大胆地在雨中走,衣服还是淋湿了不少。在泥泞难行的地方,因为没有拐杖,走起来小心翼翼,就没有摔跤。"

再问拿着拐杖者,他说:"下雨时,没有伞我就拣能躲雨的地方走或者是停下来休息。泥泞难行的地方我便用拐杖拄着放心走,却反而跌了跤。"

空手的旅行者哈哈大笑,说:"下雨时我拣能躲雨的地方走,路不好走时我细心走,所以我没有淋着也没有摔着。你们有凭借的优势,就不够仔细小心,以为有优势就没有问题,所以反而有伞的淋湿了,有拐杖的摔了跤。"

营销启示:在营销过程中,优势是相对的,只有审时度势不断创造竞争优势才能够取胜市场。

模块技能训练

一、请讨论以下电子电器产品所选择的渠道是否合适?为什么?

1. 在大型超市销售笔记本电脑。
2. 在夜市上销售电扇。
3. 在国美商城销售商用空调。

二、案例分析

>>> **案例6-3**

网购遭遇快递"春运":5千米走4天不如自取

5千米的路走了4天,两站地用了一个礼拜,伴随着网上购物的迅速发展,投诉快递公司"蜗牛速度"的市民越来越多。记者调查发现,由于目前北京的同城快递业务时效性差,"同城"的意义已名不副实。快递公司对此回应称,年节临近递送礼品的客户量大增,再加上汽油、柴油涨价甚至短缺,多地业务出现爆仓情况,员工满负荷加班仍忙不过来。

"很怀念同城快递业务以前的速度,上午发,下午到。"市民李先生表示,2010年12月7日,他在西城区一家公司网购了一款智能手机作为礼物送给朋友。"朋友在王府井上班,12月9日生日,我以为这礼物准能提前送到。"但是,在李先生的反复催促下,礼物才在10日晚上6点送达朋友手中。"总共5千米,快递却走了4天。"李先生无奈地说。

问题:快递速度慢如蜗牛的原因在哪里呢?随着网购业务量的攀升,网购公司该如何加强和物流公司的合作?

三、技能实训

以小组为单位利用课余时间到校外进行实地考察,比较某一时间段国美和苏宁的客流量。

填写考察表（见表 6-3）。

表 6-3 _____小组实地考察表　　　　　　　　组长：

店铺	记录时间	入店人数	小组成员

模块学习测验与总结

一、选择题（1～5 是单选，6～10 是多选）

1. 向最终消费者直接销售产品或服务，用于个人及非商业性用途的活动属于（　　）。
   A. 零售　　　　　　　　　　B. 批发
   C. 代理　　　　　　　　　　D. 直销

2. 分销渠道的每个层次使用同种类型中间商数目的多少，被称为分销渠道的（　　）。
   A. 宽度　　　　　　　　　　B. 长度
   C. 深度　　　　　　　　　　D. 关联度

3. 生产消费品中的便利品的企业通常采取（　　）的策略。
   A. 密集分销　　　　　　　　B. 独家分销
   C. 地点效用　　　　　　　　D. 占有效用

4. 当目标顾客人数众多时，生产者倾向于利用（　　）。
   A. 长而宽的渠道　　　　　　B. 短渠道
   C. 窄渠道　　　　　　　　　D. 直接渠道

5. 非标准化产品或单位价值高的产品一般采取（　　）。
   A. 直销　　　　　　　　　　B. 广泛分配路线
   C. 密集分销　　　　　　　　D. 自动售货

6. 批发商的主要类型有（　　）。
   A. 商人批发商　　　　　　　B. 经销商
   C. 经纪人或代理商　　　　　D. 制造商销售办事
   E. 仓储商店

7. 商人批发商按职能和提供的服务是否完全来分类，可分为（　　）。
   A. 完全服务批发商　　　　　B. 有限服务批发商
   C. 代理商　　　　　　　　　D. 经纪人
   E. 制造商代表

8. 超级市场的主要竞争对手是（　　）。
   A. 方便食品店　　　　　　　B. 购物中心
   C. 折扣食品店　　　　　　　D. 超级商店
   E. 百货店

9. 无门市零售的主要形式是（　　）。
   A. 直复市场营销　　　　B. 直接销售　　C. 自动售货
   D. 购货服务公司　　　　E. 传销
10. 连锁经营的主要形式是（　　）。
   A. 直营连锁　　B. 特许经营　　C. 自由连锁　　D. 网上商城

二、判断正误

1. 自己进货并取得产品所有权后再批发出售的商业企业是经纪人或代理商。（　　）
2. 通常所说的独立批发商指的就是制造商办事处。（　　）
3. 真正折扣商店以低价销售产品，所以其经营的产品品质一般不会很高。（　　）
4. 自动售货机能向顾客提供24小时服务和无须搬运产品等便利条件。（　　）
5. 新型商店的出现是为了满足顾客对服务项目的各种不同的偏好。（　　）

三、案例分析

>>> **案例6-4**

惨烈的家电江湖

回望家电行业发展，给人印象最深的就是"城头变幻大王旗，各领风骚三五年"。家电协会秘书长徐东生说，多年来大家熟知的民族家电品牌八成以上已消失或转行。"20世纪80年代的北京，拥有牡丹彩电、白菊洗衣机和雪花冰箱的家庭肯定会被羡慕。如今这三个品牌都已消失，只能在旧货市场及家电回收处才能找到。"

20世纪90年代，"北有白菊，南有水仙"，两朵中国洗衣机行业的奇葩深受消费者喜爱。不过如今白菊、水仙均已凋谢。

1983年，牡丹从日本引进了技术领先的生产线并取得了50%以上的惊人市场占有率。但20世纪90年代中后期，长虹、TCL、康佳等新兴彩电厂家的轮番价格战把牡丹逼出了市场。

1994年前，春兰已成为世界空调七强之一，但随后春兰将触角延伸到冰箱、摩托车、卡车、高能电池甚至汽车，从而拉开了中国家电行业"造车"序幕。在经历短暂辉煌后，春兰空调也一蹶不振。

2001年，TCL改制完成，取代长虹成为"彩电大王"，2003年收入达282.5亿元，风光一时。2004年TCL国企并购失败，两年后才走出亏损。2010年外资彩电在中国发动价格战，导致TCL彩电业务亏损8.5亿元。

1996年在香港上市的科龙，本来很有希望成为中国家电业巨头。但由于产权改制失败，科龙高层多次震荡，最后被海信收购。而在洗衣机行业名噪一时的小天鹅、在冰箱行业小有名气的容声也最终被美的收购。

家电行业，是一个竞争惨烈的江湖

问题：家电行业为什么竞争如此惨烈？同学们调查一下，在惨烈的市场竞争下，还有哪些品牌能持续生存20年以上？

四、个人学习总结（表6-4）

表6-4　个人学习总结

我学到了哪些知识	
我学会了哪些技能	
我哪里学得不够好？原因及措施怎样	

模块学习评价（表6-5）

表6-5　模块学习评价表

小组：		姓名：	评价总分：		
评价项目		评价依据	优秀 8～10分	良好 6～8分	继续努力 0～6分
自我 评价 20分	学习态度	遵守纪律；学习主动；积极参与小组活动和讨论；尊重同学和老师；具有较强的团队精神、合作意识；能客观有效地评价同学的学习			
	目标达成	达到学习目标；按要求完成各项学习任务			
	自评合计分				
小组 互评 30分	其他组员	评价依据	优秀 20～30分	良好 10～20分	继续努力 0～10分
		（1）积极参与小组活动和讨论；具有较强的团队精神、合作意识；服从角色安排 （2）对小组活动贡献大小 （3）知识目标达成情况 （4）技能目标达成情况			
	……				
	小组平均分				
教师 评价 50分		评价依据	优秀 8～10分	良好 6～8分	继续努力 0～6分
	学习态度	综合表现			
	个人评价	自评结果			
	小组评价	互评结果			
	小组活动	活动成果			
	测验	测验结果			
	教评合计分				

模块七

电子电器产品的沟通与促销策略

模块教学目标

学习目标	理解并掌握广告、人员推销、营业推广和公共关系等电子电器产品促销策略的相关知识
技能目标	能够运用所学知识制订相应的促销策略，促进产品销售，提升企业和产品形象；熟悉人员推销基本业务
教学方式	学生自主学习；教师授导；案例引导和教师指导；采用探究式学习法实施教学
参考学时	6学时

模块基本技能

基本技能 1　熟悉促销方式

活动：案例研讨

活动形式：以小组为单位研讨案例。

活动过程：（1）教师向学生说明本次活动的目的、内容及注意事项。

（2）学生认真预习"基本知识"，研读案例并展开讨论、回答问题。

（3）讨论过程中，教师给予必要的引导。

（4）组长负责记录，小组发言人报告研讨结果。

（5）教师对本次活动的开展情况进行评价；对存在争议的一些问题加以澄清；对表现好的小组和个人予以表扬或奖励，尤其要鼓励学生的创造性思维。

活动成果：小组研讨记录表（见表7-1）。

表7-1 _____小组研讨记录表

研 讨 问 题	研 讨 结 果
（1）活动中采用了哪些促销方式	
（2）活动传递了哪些促销信息？促销信息是如何传递出去的	
（3）为何免费报销打的车票总价值不高于30元	

>>> 案例7-1

××电器商场家电促销活动方案

活动主题：××家电节

活动时间：2016年7月1日—8月1日

促销活动：（1）送电费：购空调，送电费。

（2）1+1+1＜3：同时购买空调、洗衣机、冰箱的顾客可以享受特别优惠。

（3）送红包：品牌厂家负责人进行现场签售，送出折扣红包（抵值券）。

（4）小小洗衣机促销：购买"小小神童、小小天鹅"小容量洗衣机送洗衣粉。

（5）免费打的买家电：凡在活动期间购买大家电的顾客可以免费报销来回打的车票（总价值不高于30元）。

公关活动：设立10万元的家电消费基金，凡是出现下列情况，不仅可以免费退货或调换，还可以从基金中获得100～1000元不等的赔偿金。

（1）送货到家开箱后出现质量或外观问题；

（2）安装后在××天内出现质量问题；

（3）出现无法维修或维修不到位的情况。

宣传方式：随报纸发行投递宣传单，内容包括促销活动、公关活动。

基本知识

一、促销与促销组合

1. 促销的含义

促销是促进产品销售的简称。从营销的角度看，促销是企业通过人员和非人员的方式，沟通企业与消费者之间的信息，引发、刺激消费者的消费欲望和兴趣，使其产生购买行为的活动。促销具有以下几层含义。

（1）促销的实质。促销的实质是信息沟通。产品促销的过程就是企业与消费者的信息沟通过程。电子电器产品经营企业为了促进销售，需要在企业与中间商和消费者之间建立稳定有效的信息联系，实现有效的信息沟通。

（2）促销的目标。在市场状况瞬息万变、竞争激烈的今天，沟通与促销的作用越来越明显，促销已成为企业营销活动中相当重要的部分。沟通与促销的目标概括起来有如下几个方面。

① 传递产品信息。在现代市场经济条件下，一方面，企业经营产品的花色品种繁多；另一方面，市场的需求千变万化。因此，企业必须及时将有关产品信息传递给目标消费者、用户和中间商，引起他们的注意和好感，为企业产品销售的成功创造前提条件。

② 激发购买欲望。消费者的购买行为往往要受企业促销宣传等外界因素的影响，具有可诱导性。企业应采取适当的促销方式，力求激发顾客的购买欲望，引发他们的购买行为。

③ 建立产品形象。在激烈的竞争环境中，企业可以运用促销手段，宣传自己的产品与竞争对手的差别，帮助顾客认识购买本企业产品所获得的特殊利益，在市场上建立本企业产品的独特形象。

④ 扩大市场份额。一般情况下，一定时期内企业产品的市场份额会出现上下波动，因此，企业可以有选择地开展多种促销活动，使更多顾客了解、熟悉和信任本企业的产品，从而不断扩大市场份额。

2. 促销组合

所谓促销组合，就是企业根据产品的特点和营销目标，综合各种影响因素，对多种促销方式的选择、编配和运用，形成一个整体的促销策略。

企业的促销活动种类繁多，但主要有人员推销、广告、公共关系和营业推广四种方式，这四种方式既可单独使用，又可以组合在一起使用，构成各种促销组合的方式。

由于四种促销方式都有其优、缺点，在促销过程中，企业常常将多种促销方式综合分析比较加以应用，以达到更好的效果，见表7-2。

表7-2 四种促销方式优缺点比较分析表

促销方式	优　点	缺　点
人员推销	方式灵活，直接沟通信息，反馈及时，可促成立即购买	费用较大，推销人才难觅
广告宣传	传播面广，形象生动，节省人力，吸引力强	费用较大，难以短期内促成交易
营业推广	吸引力大，容易激发购买欲望，可促使消费者立即采取购买行动	有时会引起消费者的顾虑，降低对产品和企业的信任感
公共关系	影响面大，信任程度高，可提高企业知名度和声誉	花费力量较大，效果难以控制

二、促销的基本策略

促销策略总体上可分为推式策略和拉式策略两类。

1. 推式策略

推式策略也称为人员推销策略，是指企业运用人员推销的方式，把产品推向市场，即从生产企业推向中间商，再由中间商推荐给消费者。实行推式策略要求推销人员针对不同的商品、不同的对象，采取不同的方式方法。该策略花费在现有产品、新开发的产品、现有用户和潜在用户上的力量不是均等的，而是有针对性的。推式策略一般适用于单位价值较高、性能复杂、需要做示范、根据用户需求特点设计、流通环节较少、流通渠道较短、市场比较集中的电子电器产品。

2. 拉式策略

拉式策略也称为非人员推销策略，是指企业运用非人员推销方式把顾客吸引过来，使其对本企业的产品产生需求，以扩大销售。对单位价值较低、流通环节较多、流通渠道较长、市场范围较广、市场需求较大的电子电器产品，常采用拉式策略。

电子电器产品经营企业在进行产品促销过程中，采用怎样的促销策略，要视具体情况而定。一般来说，应当二者兼顾，各有侧重。例如，人员推销需要借助广告宣传，才能诱导更多的潜在消费者；广告宣传最终也需要通过人的推销活动，才能实现销售产品的目的。企业应有计划地将各种促销方式有机地结合起来，适当选择、编配和运用，使之成为一个有机整体，发挥其整体功能。促销组合的结构模式如图7-1所示。

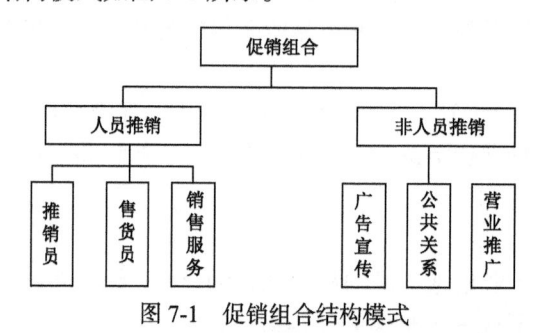

图 7-1 促销组合结构模式

思考题

1. 促销的方式有哪几种？
2. 促销的基本策略有哪些？

知识拓展

促销的基本步骤

1. 确定促销目标

促销目标是目标市场对促销活动所做出的反应。例如，促使消费者获取购物优惠券并进行购物。企业一次的促销活动目标并不一定都是在短期内提高销售量，也可以是通过促销活动积累一定的销售人气，在未来能够实现销售量的提升。例如，企业通过开展新产品试用活动，来达到扩大未来销售量的目的。

2. 确定促销信息

促销信息实质上就是企业在与目标市场沟通时用于吸引目标市场所采用的文字和形象设计。企业在与目标市场进行促销沟通时，必须在促销信息中向潜在客户表明充分的购买理由，然后观察消费者对促销信息做出的反应。企业所提供的产品能够给消费者带来的最大益处是促销信息中最关键的内容。因此，企业在确定促销的信息时，要尽量将一些关键的信息传递给消费者，提升消费者对企业促销活动的关注度。

3. 选择促销方式

促销信息需要靠有效的促销手段来传达。企业常用的促销手段有广告、人员推销、营业推广和公共关系四种方式。如何选择适合的促销或促销组合方式，前面已有介绍，这里不再重复。

4. 确定促销预算

确定促销预算的惯常做法是在估算竞争对手促销预算的基础上来确定自己的促销预算。另一种更为准确的方法是先将企业计划采用的促销方式列出一份清单，暂时不考虑费用问题，然后根据各个项目的收费标准，对清单列出所有促销项目总的预算，并根据实际情况对方案进行调整，直到调整的预算方案对自身的企业而言可以接受为止。

5. 确定促销总体方案

当促销总体方案确定下来以后，必须自始至终协调和整合总体方案中所采用的各种不同的促销方式。这一点对实现企业预期的促销目标来说显得非常重要。制订详细的推行计划，是保证促销方案顺利实施的前提。

6. 评估促销绩效

评估促销绩效就是对促销总体方案做出评估和调整。其目的不仅是为了调整那些效果不佳的促销手段，同时也是为了使以后的促销总体方案能够更有效地为实现促销目标服务。

基本技能 2　选择广告和人员推销策略

活动：案例研讨

活动形式：以小组为单位研讨案例。

活动过程：（1）教师向学生说明本次活动的目的、内容及注意事项。

（2）学生认真预习"基本知识"，研读案例并展开讨论、回答问题。

（3）讨论过程中，教师给予必要的引导。

（4）组长负责记录，小组发言人报告研讨结果。

（5）教师对本次活动的开展情况进行评价；对存在争议的一些问题加以澄清；对表现好的小组和个人予以表扬或奖励，尤其要鼓励学生的创造性思维。

活动成果：小组研讨记录表（见表7-3）。

表7-3　_____小组研讨记录表

研 讨 问 题	研 讨 结 果
（1）是什么原因让这家公司选择了陈乙推销的计算机	
（2）陈乙用了什么方法赢得了陈教授的信任	

案例 7-2

推销的艺术

计算机推销员陈乙，一次向一家规模不小的公司推销计算机。竞争相当激烈，但是由于跑得勤，功夫下得深，深得承办单位的支持，成交希望非常大，到最后，只剩下两家厂牌，等着做最后的选择。承办人将报告呈递总经理决定，总经理却批送该公司的技术顾问——计算机专家陈教授咨询意见。于是，承办人员陪同陈教授再次参观了两家厂牌的机器，详细地听取了两家的示范解说，陈教授私下表示，两种厂牌，各有优缺点，但在语气上，似乎对竞争的那一家颇为欣赏，陈乙一看急了，"煮熟的鸭子居然又飞了？"于是，又找个机会去向陈教授推销。使出浑身解数，口沫横飞地辩解他所代理的产品如何地优秀，设计上如何地特殊，希望借此纠正陈教授的观念。最后，陈教授不耐烦地冒出了一句话："究竟是你比我行，还是我比你懂？"此话一出，这笔生意看样子是要泡汤了。

陈乙垂头丧气，一位推销专家建议："为什么不干脆用以退为进的策略推销呢？"并向他说明了"向师傅推销"的技巧。

"向师傅推销"，切记的是要绝对肯定他是你的师傅，抱着谦虚、尊敬、求教的心情去见他，一切的推销必须无形，伺机而动，不可勉强，不可露出痕迹，方有效果。

于是，陈乙重整旗鼓，到陈教授执教的学校去拜访，见了面，如此这般地说："陈教授，今天，我来拜访您，绝不是来向您推销。过去我读过您的大作。上次跟老师谈过后，回家想想，觉得老师分析很有道理。老师指出在设计上我们所代理的电脑，确实有些特征比不上别人。陈教授，您在××公司担任顾问，这笔生意，我们遵照老师的指示，不做了！不过，陈教授，我希望从这笔生意上学点经验。老师是计算机方面的专家，希望老师能教导我，今后我们代理的这种产品，将来应如何与同行竞争，才能生存？希望能听听老师您的高见。"陈乙说话时一脸的诚恳。

陈教授听了后，心里又是同情又是舒畅，于是带着慈祥的口吻说道："年轻人，振作点。其实，你们的计算机也不错，有些设计就很有特点。唉，我看连你们自己都搞不清楚，譬如说……"于是，陈教授讲了一大通。"此外，服务也非常重要，尤其是软件方面的服务，今后，你们应该在这方面特别加强。"陈教授谆谆教导，陈乙洗耳倾听。

这次谈话没过多久，生意成交了。对这次推销，帮忙最大的，还是陈教授，他对总经理说，这两家公司的产品大同小异，但他相信陈乙公司能提供更好的服务，最后，总经理采纳了陈教授的意见，一笔快泡汤的生意又做成了。

基本知识

一、广告的概念

广告源于拉丁语，有"注意"、"诱导"、"大喊大叫"和"广而告之"之意。美国广告主协会对广告下的定义是：广告是付费的大众传播，其最终目的是传递信息，改变人们对广告商品或事项的态度，诱发其行动而使广告主获得利益。

广告最基本的功能是认识功能。广告能帮助消费者认识和了解各种商品的商标、性能、用途、使用和保养方法等内容。通过广告宣传，能起到诱导购买、扩大销量的作用。同时，广告的艺术形式表现出来，可以让顾客享受到一种文化艺术的感染，从而起到意想不到的宣传作用。

随着市场经济的高度发展，广告已成为传播经济信息和促进商品销售的重要手段。广告策略是企业在广告活动中为取得更好的效果而采取的行动方案和对策，是促销策略的一个重要组成部分。

二、广告媒体种类的选择

广告媒体也称为广告媒介，是广告与广告接受者之间的媒介物质。它是广告宣传必不可少的物质条件。

1. 广告媒体的种类及其特性

广告媒体的种类很多，不同类型的媒体有不同的特性。目前比较常用的广告媒体有如下几种。

（1）报纸。其优越性表现在发行量大、影响广泛、传播迅速、费用较低、便于剪贴存查等。其不足是报纸登载内容庞杂，易分散对广告的注意力；广告时效短，重复性差，只能维持当期的效果。

（2）杂志。其优点是广告宣传对象明确、针对性强，保存期长，发行面广，印刷精美，能较好地反映产品的外观形象。其缺点是发行周期长，灵活性较差，传播不及时；读者较少，传播不广泛。

（3）广播。广播媒体的优越性是传播迅速、及时，制作简单，费用较低，灵活性高，听众广泛。其局限性在于时间短促、转瞬即逝，不便记忆；有声无形，印象不深；不便存查。

（4）电视。电视广告媒体的优点是听视结合，使广告形象、生动、逼真、感染力强，宣传范围广，影响面大，送达率高。其缺点是时间性强，不易存查；制作复杂，费用较高。

以上四种广告媒体是最常用的，被称为四大广告媒体。

（5）因特网。相比于传统媒体，因特网具有速度快、容量大、范围广、可检索、可复制，以及交互性、导航性、丰富性、成本低等优点，发展极为迅速。

此外还有一些其他广告媒体，如橱窗、车船、霓虹灯等。

2. 广告媒体种类的选择

要正确地选择广告媒体，一般要考虑如下影响因素。

（1）产品的特性。广告媒体只有适应产品特性，才能取得较好的广告效果。通常，对高科技产品进行广告宣传，面向专业人员，多选用专业性杂志；而对于大众消费品，则适合选用能直接传播到大众的广告媒体，如报纸、电视等。例如，步步高无绳电话的电视广告小丽篇，就符合无绳电话为大众消费品的特点，采用电视广告，广受好评。

（2）消费者接触媒体的习惯。一般认为，能使广告信息传达到目标市场的媒体是最有效的媒体。企业应该通过市场调研了解目标顾客的媒体习惯。例如，对家用空调器的广告宣传，因其目标顾客是千家万户，宜选电视作为媒体。

（3）媒体的传播范围。媒体传播范围的大小直接影响广告信息传播区域的广窄。在开拓全国市场时，应以全国性发放的报纸、杂志、广播、电视等作为广告媒体；而进军地方市场时，可通过地方性报刊、电台、电视台、霓虹灯等传播信息。

（4）媒体的费用。各广告媒体的收费标准不同，即使同一种媒体，也因为传播范围和影响力的大小而有价格差别。一般电视媒体费用较高，报纸、广播、网络等媒体费用较低。除了考虑媒体绝对费用，在进行媒体比较时也应考虑其相对费用，即考虑广告促销效果。

总之，要根据广告目标的要求，结合各广告媒体的优缺点，综合考虑上述各影响因素，尽可能选择使用效果好、费用低的广告媒体。

三、广告策略的选择

1. 广告媒体选择策略

（1）无差别策略：也称为无选择策略，是指选择所有媒体同时展开立体式广告攻势，即不计时间段、不计成本的地毯式广告。

（2）差别策略：是指有针对性地选择个别媒体进行广告宣传。

（3）动态策略：是指根据广告媒体的传播效果和企业目标市场需达到的需求状态灵活地选择广告媒体。

2. 广告定位策略

（1）抢先定位策略：是指企业在进行广告定位时，力争使企业的产品品牌第一个进入消费者心目中，抢占市场第一的位置。

（2）强化定位策略：是指企业成为市场领导者后，还不断加强产品在消费者心目中的地位，以确保第一的位置。

（3）比附定位策略：是指企业在广告定位时用与竞争对手相比较的方法，设法建立企业产品品牌在消费者心目中的位置。

（4）逆向定位策略：是指企业在进行广告定位时，寻求远离竞争者的"非同类"构想，使企业产品品牌以一种独特的形象进入消费者的心目中。

（5）补隙定位策略：是指企业在进行广告设计时，根据自己产品的特点，寻找消费者心目中的空隙，力求在产品的大小、价位、功能等方面独树一帜。

3. 广告时间策略

（1）集中时间策略。企业集中力量在短期内对目标市场进行突击性的广告攻势。

（2）均衡时间策略。企业有计划地、反复地对目标市场进行广告宣传的策略。

（3）季节时间策略。企业对于季节性强的产品，依据销售季节的特点，在销售旺季到来之前开展广告宣传活动的策略。

（4）节假日时间策略：企业在节假日来临之前或节假日期间加强进行广告宣传的策略。

四、人员推销的形式和特点

人员推销是指通过推销人员深入中间商或消费者进行直接的宣传介绍活动，使中间商或消费者采取购买行为的促销方式。这是最古老的促销方式。在商品经济高度发达的现代社会，人员推销这种古老的形式更焕发了青春，成为现代社会最重要的一种促销形式。

1. 人员推销的基本形式

（1）上门推销。上门推销是最常见的人员推销形式。它是由推销人员携带产品样品、说明书和订单等走访顾客、推销产品。这种推销形式可以针对顾客的需要提供有效的服务，方便顾客。电子电器类产品在接触中间商时，需要进行人员推销。

（2）柜台推销。柜台推销是指企业在适当地点设置固定门市，由营业员接待进入门市的顾客，推销产品。门市的营业员是广义的推销员。柜台推销与上门推销正好相反，它是等客上门式的推销方式。例如，国美电器、迪信通手机连锁等的工作人员就属于柜台推销员。

（3）会议推销。会议推销是指利用各种会议向与会人员宣传和介绍产品，开展推销活动。例如，在订货会、交易会、展览会等会议上推销产品。这种推销形式接触面广、推销集中，可以同时向多个推销对象推销产品，成交额较大，推销效果较好。

2. 人员推销的特点

（1）针对性强。相对于广告来说，能够与顾客面对面直接沟通是人员推销的主要特征。由于是双方直接接触，相互间在态度、气氛、情感等方面都能捕捉和把握，有利于销售人员有针对性地做好沟通工作，解除顾客各种顾虑，引导购买欲望。

（2）销售效果好。人员推销的另一个特点是提供产品实证，销售人员通过展示产品，解答质疑，指导产品使用方法，使目标顾客能当面接触产品，从而确信产品的性能和特点，易于消费者采取实际的购买行为。例如，手机销售人员可以通过让顾客试用手机打电话、拍照片等来展示手机的优点，消费者的切身体会能提高达成交易的概率。

（3）密切买卖双方关系。销售人员与顾客直接打交道，在交往中会逐渐产生信任和理解，加深双方感情，建立起良好的关系，容易培育出忠诚顾客，稳定企业销售业务。

（4）信息传递的双向性。在推销过程中，销售人员一方面把企业信息及时、准确地传递给目标顾客，另一方面把市场信息、顾客（客户）的要求、意见、建议反馈给企业，为企业调整营销方针和政策提供依据。

五、人员推销的工作程序

人员推销是买卖双方互相沟通信息，实现买卖交易的过程。这一过程包括7个步骤，如图7-2所示。在人员推销的不同阶段，推销人员应根据具体情况运用不同的推销策略。

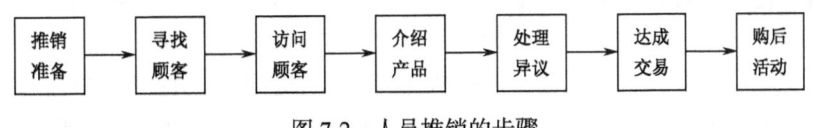

推销准备 → 寻找顾客 → 访问顾客 → 介绍产品 → 处理异议 → 达成交易 → 购后活动

图7-2 人员推销的步骤

（1）推销准备。为顺利完成销售任务，推销人员必须做好知识和思想两方面的准备工作。知识准备工作主要有4个方面，见表7-4。

表7-4 推销的知识准备

名称		内容
知识准备	企业知识	企业的历史、规模、组织、人力、财务及销售政策等
	商品知识	商品的构造原理、制造过程、使用方法、保养维护等
	竞争之势	竞争对手在产品、价格、分销渠道和促销等方面的特点
	市场知识	消费者需求、购买模式、购买能力、潜在顾客以及消费者对本企业的态度

推销是一项极具魅力、极富创造性、极有吸引力的工作。但推销也是一项十分艰苦的工作。因此，推销人员必须做好充分的思想准备。

（2）寻找顾客。寻找有一定购买欲望、购买能力及掌握购买决策权、有接近可能性的潜在消费者作为推销对象，是有效促销活动的基础。

（3）访问顾客。

① 拟定访问计划：包括向顾客推销何种商品、该商品能满足顾客的何种需求；洽谈内容；产品资料、样品、照片等。

② 约会面谈：视情况选择一个约会方法（如电话约会、访问约会），并与顾客约定面谈的时间和地点。

③ 接近方法：推销人员应该知道初次与客户交往时如何向客户问候，使双方的关系有一个良好的开端，这包括推销人员的仪表、开场白和随后谈论的内容。

（4）介绍产品。推销人员可以按照 AIDA 模式——争取注意（Attention）、引起兴趣（Interest）、激发欲望（Desire）和付诸行动（Action）——向购买者介绍该产品的"故事"。在整个过程中推销人员应以产品性能为依据，着重说明产品对客户所带来的利益。

（5）处理异议。客户在产品介绍过程中，几乎都会表现出抵触情绪，对推销的商品提出异议。这时推销人员要保持镇定，表现出真诚、温和的态度。对意见涉及的问题做出诚恳的、实事求是的解释，以消除顾客的疑虑。

（6）达成交易。排除客户的主要异议后，要抓住时机与顾客达成交易。销售员必须懂得如何从客户那里发现可以达成交易的信号，包括客户的动作、语言、评论和提出的问题。

（7）购后活动。交易达成之后，推销人员还需要进行售后服务与一系列的购后活动，如组织包装、发货、运输和安装调试、操作培训、定期了解产品使用情况等。

六、人员推销的策略选择

在人员推销活动中，一般选用以下三种策略。

1. 试探性策略

这种策略是在不了解顾客的情况下，推销人员运用刺激性手段引导顾客产生购买行为的策略。推销人员事先设计好能引起顾客兴趣、能刺激顾客购买欲望的推销语言，通过渗透性交谈进行刺激，在交谈中观察顾客的反应；然后根据其反应采取相应的对策，并选用得体的语言，再对顾客进行刺激，进一步观察顾客的反应，以了解顾客的真实需要，诱发购买动机，引导产生购买行为。

2. 针对性策略

这种策略是推销人员在基本了解顾客某些情况的前提下，有针对性地对顾客进行宣传、介绍，以引起顾客的兴趣和好感，从而达到成交的目的。因为推销人员常常在事前已根据顾客的有关情况设计好推销语言，这与医生对患者诊断后开处方类似，所以又称针对性策略为"配方-成交"策略。

3. 诱导性策略

诱导性策略是指推销人员运用能激起顾客某种需求的说服方法，诱发引导顾客产生购买行为。这种策略是一种创造性推销策略，它对推销人员要求较高，要求推销人员能因势利导，诱发、唤起顾客的需求；并能不失时机地宣传介绍和推荐所推销的产品，以满足顾客对产品的需求。

思考题

1. 选择广告媒体时应考虑哪些因素？
2. 如何评价广告效果？
3. 人员推销策略有哪些？

营销小故事

喜欢白色还是浅灰色

推销员小王所推销的主要是办公用品，包括打印机、扫描仪等。一天，他敲开顾客办公室的门时，顾客对他说："对不起，我很忙，没有时间和你谈话。"这时，小王说："正因为您忙，您一定想节约时间，我相信我的产品一定能够帮助您节约时间，为您提供闲暇。"这样一来，顾客对小王的产品产生了兴趣，两个人就交流起来。聊了一阵子后，小王发现这个顾客有购买的倾向，于是就说："就打印机的颜色来看，您是喜欢纯白色还是浅灰色？"顾客说："我比较喜欢浅灰色。"小王说："浅灰色显得比白色更加稳重，正在流行这个颜色呢，您的眼光真好。那么我是明天送过来呢还是后天？"顾客说："就明天吧。"小王说："好，那我明天早上八点给您送过来。"就这样，推销成功了。

知识拓展

人员推销技巧

1. 上门推销技巧

（1）找好上门对象。可以通过商业性资料手册或公共广告媒体寻找重要线索，也可以到商场、门市部等商业网点寻找客户名称、地址、电话、产品和商标。

（2）做好上门推销前的准备工作，尤其对企业发展状况和产品、服务的内容材料要十分熟悉、充分了解并牢记，以便推销时有问必答；同时对客户的基本情况和要求应有一定的了解。

（3）掌握"开门"的方法，即要选好上门时间，以免吃"闭门羹"。可以采用电话、传真、电子邮件等手段事先交谈或传送文字资料给对方并预约面谈的时间、地点。也可以采用请熟人引见、名片开道、与对方有关人员交朋友等策略，赢得客户的欢迎。

（4）把握适当的成交时机。应善于体察顾客的情绪，在给客户留下好感和信任时，抓住时机发起"进攻"，争取签约成交。

（5）学会推销的谈话艺术。

2. 洽谈艺术

首先注意自己的仪表和服饰打扮，给客户一个良好的印象；同时，言行举止要文明、懂礼貌、有修养，做到稳重而不呆板、活泼而不轻浮、谦逊而不自卑、直率而不鲁莽、敏捷而不冒失。在开始洽谈时，推销人员应巧妙地把谈话转入正题，做到自然、轻松、适时。可采取以关心、赞誉、请教、炫耀、探讨等方式入题，顺利地提出洽谈的内容，以引起客户的注意和兴趣。

在洽谈过程中，推销人员应谦虚谨言，注意让客户多说话，认真倾听，表示关注与兴趣，并做出积极的反应。遇到障碍时，要细心分析，耐心说服，排除疑虑，争取推销成功。在交谈中，语言要客观、全面，既要说明优点所在，也要如实反映缺点，切忌高谈阔论、"王婆卖瓜"，让客户反感或不信任。洽谈成功后，推销人员切忌匆忙离去，这样做会让对方误以为上当受骗了，从而使客户反悔违约。应该用友好的态度和巧妙的方法祝贺客户做了笔好生意，并指导对方做好合约中的重要细节和其他一些注意事项。

3. 排除推销障碍的技巧。

（1）排除客户异议障碍。若发现客户欲言又止，推销人员应主动少说话，直截了当地请对方充分发表意见，以自由问答的方式真诚地与客户交换意见。对于一时难以纠正的偏见，可将话题转移。对恶意的反对意见，可以"装聋扮哑"。

（2）排除价格障碍。当客户认为价格偏高时，应充分介绍和展示产品、服务的特色和价值，使客户感到"一分钱一分货"；如果客户认为价格过低，产生怀疑，应介绍定价低的原因，让客户感到物美价廉。

（3）排除习惯势力障碍。实事求是地介绍客户不熟悉的产品或服务，并将其与他们已熟悉的产品或服务相比较，让客户乐于接受新的消费观念。

基本技能 3　熟悉营业推广与公共关系方式

活动：案例研讨

活动形式：以小组为单位研讨案例。

活动过程：（1）教师向学生说明本次活动的目的、内容及注意事项。

（2）学生认真预习"基本知识"，研读案例并展开讨论、回答问题。

（3）讨论过程中，教师给予必要的引导。

（4）组长负责记录，小组发言人报告研讨结果。

（5）教师对本次活动的开展情况进行评价；对存在争议的一些问题加以澄清；对表现好的小组和个人予以表扬或奖励，尤其要鼓励学生的创造性思维。

活动成果：小组研讨记录表（见表7-5）。

表7-5　_____小组研讨记录表

研　讨　问　题	研　讨　结　果
（1）营业推广活动为什么要限制在一定期限内？这会影响促销效果吗	
（2）商家是逢节必搞促销，如何避免消费者在铺天盖地的促销活动中产生审美疲劳	

》》》案例 7-3

某商场"五一"家电营业推广活动方案

1. 活动主题：激情五月红/购物天天乐
2. 活动时间：2017 年 4 月 28 日—5 月 7 日
3. 活动内容

（1）购满 300 元送 100 元购物券。

（2）劳动就会美/劳模来就送：5 月 1 日凭市级以上劳模证到本商场购物的劳模可获赠精美纪念品一份，到总服务台领取。

（3）层层有活动/柜柜有惊喜：各楼层推出的"层层有活动、柜柜有惊喜"活动，根据各柜实际上报情况。

4. 商场内外看板及美陈

（1）在主门口分别设立 2 块看板，详细公布"五一"期间活动内容。

（2）户外柱子贴"满 300 送 100 抵用券"招贴。

（3）户内悬挂"五一"吊旗告示、POP 及柜台告示等。

（4）气膜拱门条幅。

5. 特别企划：超值特价区

（1）台式灶具，每台仅售 38 元（限 5 台/天）。

（2）名牌便携式音响，每台仅售 68 元（限 2 台/天）。

（3）微波炉，每台仅售 108 元（限 3 台/天）。

（4）名牌彩电，每台仅售 388 元（限 2 台/天）。

（5）名牌冰箱，每台仅售 366 元（限 2 台/天）。

基本知识

一、营业推广的概念、特点和作用

营业推广是一种适合短期推销的促销方法，是企业为鼓励购买、销售商品和劳务而采取的除广告、公关和人员推销之外的能刺激需求、扩大销售的所有企业营销活动的总称。

1. 营业推广的特点

（1）营业推广促销效果显著。一般说来，只要能选择合理的营业推广方式，就会很快收到明显的增销效果，而不像广告和公共关系那样需要一个较长的时期才能见效。因此，营业推广适合在一定时期、一定任务的短期性的促销活动中使用。

（2）营业推广是一种辅助性促销方式。人员推销、广告和公关都是常规性的促销方式，而多数营业推广方式则是非正规性和非经常性的，只能是它们的补充方式。也就是说，使用营业推广方式开展促销活动，虽然能在短期内取得明显的效果，但它一般不能单独使用，而是常常配合其他促销方式使用。营业推广方式的运用能使与其配合的促销方式更好地发挥作用。

（3）营业推广有贬低产品之意。营业推广的一些做法常使顾客认为卖者有急于抛售的意图。若频繁使用或使用不当，往往会引起顾客对产品质量、价格产生怀疑。因此，企业在开展营业推广活动时，要注意选择恰当的方式和时机。

2. 营业推广的作用

（1）迅速达成交易。这是营业推广的首要目的，尤其是在推出新产品或吸引新顾客方面，由于营业推广的刺激比较强，容易吸引顾客的注意力，使顾客在了解产品的基础上采取购买行为，也可能使顾客为追求某些方面的优惠而使用产品。

（2）笼络品牌忠诚者。因为营业推广的很多手段，如销售奖励、赠券等通常都附带价格上的让步，其直接受惠者大多是经常使用本品牌产品的顾客，从而使他们更乐于购买和使用本企业产品，以巩固企业的市场占有率。

（3）实现营销目标。这是企业的最终目的。营业推广实际上是企业让利于购买者，它可以使广告宣传的效果得到有力的增强，破坏消费者对其他企业产品的品牌忠实度，从而达到本企业产品销售的目的。

二、营业推广的方式

1. 面向消费者的营业推广方式

（1）赠送促销：向消费者赠送样品或试用品是介绍新产品最有效的方法，缺点是费用高。样品可以选择在商店或闹市区散发，或在其他产品中附送，也可以公开广告赠送，或入户派送。

（2）折价券：在购买某种商品时，持券可以免付一定金额的钱。折价券可以通过广告或直邮的方式发送。

（3）包装促销：以较优惠的价格提供组合包装和搭配包装的产品。

（4）抽奖促销：顾客购买一定的产品之后可获得抽奖券，凭券进行抽奖获得奖品或奖金，抽奖可以有各种形式。

（5）现场演示：企业派促销员在销售现场演示本企业的产品，向消费者介绍产品的特点、用途和使用方法等。

（6）联合推广：企业与零售商联合促销，将一些能显示企业优势和特征的产品在商场集中陈列，边展销边销售。

（7）参与促销：通过消费者参与各种促销活动，如技能竞赛、知识比赛等活动，能获取企业的奖励。

（8）会议促销：各类展销会、博览会、业务洽谈会期间的各种现场产品介绍、推广和销售活动。

2. 面向中间商的营业推广方式

（1）批发回扣：企业为争取批发商或零售商多购进自己的产品，在某一时期内给经销本企业产品的批发商或零售商加大回扣比例。

（2）推广津贴：企业为促使中间商购进企业产品并帮助企业推销产品，可以支付给中间商一定的推广津贴。

（3）销售竞赛：根据各个中间商销售本企业产品的实绩，分别给优胜者以不同的奖励，如现金奖、实物奖、免费旅游、度假奖等，以起到激励的作用。

（4）扶持零售商：生产商对零售商专柜的装潢予以资助，提供 POP 广告，以强化零售网络，促使销售额增加；可派遣厂方信息员或代培销售人员进行扶持。生产商这样做的目的是提高中间商推销本企业产品的积极性和能力。

3. 面向内部员工的营业推广方式

这种推广方式主要是针对企业内部的销售人员，鼓励他们热情推销产品或处理某些老产品，或促使他们积极开拓新市场。一般可采用方法有：销售竞赛、免费提供人员培训、技术指导等形式。

三、营业推广方案的设计

营业推广方案一般包括以下几个方面的内容。

1. 营业推广规模

最佳营业推广规模要依据费用最低、效率最高的原则来确定。一般来说，一定的最小激励规模足以使销售促进活动开始引起足够的注意；当超过一定水准时，较大的激励规模以递减的形式增加销售反应。

2. 参与对象

企业在选择参与对象时，要尽量限制那些不可能成为长期顾客的人参加。例如，发放以购物凭证为依据的奖券就是鼓励已经购买这些商品的顾客，限制没有买过此商品的人参加。

3. 送达方式

最佳的送达方式是让推广对象来参与，以达到理想的效果。促销信息的传达方式有很多，如赠券的送达方式就有 4 种：附在包装内、邮寄、零售点发放和附在广告媒体上。企业应从费用与效果的关系角度反复权衡最佳的送达方式。

4. 活动期限

活动期限不宜过长或过短。如果期限过短，可能使一些潜在顾客错过机会而无法获得这项利益，达不到预期的效果；如果期限过长，又会导致开支过大和损失刺激购买的力量，并容易使企业产品在顾客心目中降低身价。所以，活动期限应综合考虑产品特点、消费者购买习惯、促销目标、竞争者策略等因素，按照实际需求来定。

5. 时机选择

营业推广时机的选择应根据消费需求时间的特点并结合企业市场营销总体战略来定。日程的安排应注意与生产、分销、促销的时机和日程协调一致。

6. 费用预算

营业推广活动是一项较大的支出，必须事先进行认真的筹划预算。可以采用自下而上的方式，按照全年营业推广的各项活动及相应的成本来预算全年的支出；也可以按照历年习惯来确定各项预算占总预算的比例来确定全年的费用支出。

四、公共关系的含义及其功能

1. 公共关系的含义

公共关系是企业运用各种传播手段，在企业与社会公众之间建立相互了解和信赖的关系，以取得社会公众的理解、支持和合作，从而在社会公众中树立良好的形象，以促进企业营销目标的实现。公共关系是现代市场营销中的重要组成部分。根据菲利普科特勒的定义，公共关系的实质在于"争取对企业有利的宣传报道,帮助企业与有关各界公众建立和保持良好的关系,树立和保持良好的企业形象,以及消除和处理对企业不利的谣言、传说和事件"。

企业公共关系将树立企业形象作为其核心,重视企业与其相关的社会公众的相互关系,以促进商品销售、提高市场竞争力为最终目的。

2. 公共关系的功能

(1)树立企业信誉,建立良好的企业形象。企业良好的形象和声誉是无形的宝贵财富。公共关系的根本目的是通过深入细致、持之以恒的具体工作树立组织的良好形象和信誉,以取得公众理解、支持、信任,从而有利于企业推出新产品,有利于创造"消费信心",有利于吸引、稳定人才,有利于寻找合作者,有利于协调和社区的关系,有利于政府和管理部门对企业产生信任感,最终促进组织目标的实现。

(2)搜集信息,为企业决策提供科学保证。企业每时每刻都会遇到大量的问题,市场需要产品质量、产品开发、新技术方向、竞争者动向、潜在危险、企业形象等方方面面的信息,以便管理者能根据这些信息进行正确的决策。公共关系部门就是利用各种渠道和网络搜集与企业发展有关的一切信息,为企业决策科学化提供强有力的保证。

(3)协调纠纷,化解企业信任危机。事实证明,企业与公众的许多矛盾和摩擦都起源于误解和不了解,缺乏信息交流是造成不了解的根本原因。通过建立良好的公共关系机制,增进企业与公众之间的相互了解,企业就有可能避免与公众的纠纷,并可以通过公关手段将已经发生的信任危机所造成的组织信誉、形象的损失降到最低,进而因势利导,使坏事变为好事。这种功能是广告、人员推销、营业推广无法实现的。

五、公共关系的构成要素

1. 社会组织

公共关系是一种组织活动,而不是个人行为,因此,组织是公共关系活动的主体,是公共关系的实施者、承担者。我们在理解公共关系时,要特别注意这一点,不要把一些个人的行为也说成是公共关系。例如,某公司总裁以个人名义向野生动物基金会捐款,这是个人行为,而不是公共关系;但当他以公司的名义捐这笔款时,便可把这种行为理解为一种旨在提高组织(公司)的知名度和美誉度、扩大组织影响的公共关系行为。

2. 公众

任何组织都有其特定公众,而公共关系便是组织主动与公众建立和维护良好关系的过程。但这并不意味着作为客体和对象的公众是完全被动、随意受摆布的,公众随时都可以表达自己的意志和要求,主动对公关主体的政策和行为做出积极反应,从而对公关主体形成舆论压力和外部动力。因此,组织在计划和实施自己的公关工作时,必须认清自己的公众对象,分析研究公众对象,并根据公众对象的特点及变化趋势来制订和调整公关政策和行动。

3. 传播

公共关系中的传播是指组织传播媒介向公众进行信息或观点的传递和交流。这是一个观念、知识或信息的共享过程,其目的是通过双向的交流和沟通,促进公共关系的主体和客体(组织和公众)之间的了解、共识、好感和合作;其手段主要有人际传播、组织传播和大众传播等形式。

传播和公众、组织一样,都只是公共关系这个大系统中的一个要素,传播只是使组织和公众之间建立关系的一种手段,传播媒介则是实现这种手段的工具。只有这两者有机结合、共同作用，才能产生整体大于部分之和的协同效应，才能使组织的公共关系活动得以顺利开展，使组织得以在公众面前建立和维持良好的公共关系形象。三者的关系可用图7-3表示。

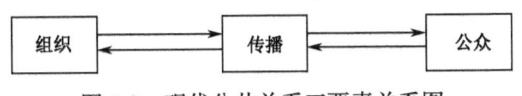

```
组织 ←→ 传播 ←→ 公众
```

图 7-3　现代公共关系三要素关系图

六、公共关系的活动方式

按照公共关系的功能不同，公共关系的活动方式可分为如下 5 种。

（1）宣传性公关：是指运用报纸、杂志、广播、电视等各种传播媒介，采用撰写新闻稿、演讲稿、报告等形式，向社会各界传播企业有关信息，以形成有利的社会舆论，创造良好气氛的活动。这种方式传播面广，推广企业形象效果较好。

（2）征询性公关：这种公关方式主要是通过开办各种咨询业务、制订调查问卷、进行民意测验、设立热线电话、聘请兼职信息人员、举办信息交流会等各种形式，连续不断地努力，逐步形成效果良好的信息网络，再将获取的信息进行分析研究，为经营管理决策提供依据，为社会公众服务。

（3）交际性公关：这种方式是通过语言、文字的沟通，为企业广结良缘，巩固传播效果。可以采用宴会、座谈会、招待会、谈判、专访、慰问、电话、信函等形式。交际性公关具有直接、灵活、亲密、富有人情味等特点，能深化交往层次。

（4）服务性公关：就是通过各种实惠性服务，以行动去获取公众的了解、信任和好评，以实现既有利于促销又有利于树立和维护企业形象与声誉的活动。企业可以以各种方式为公众提供服务，如电子产品的使用指导、消费培训、免费修理等。事实上，只有把服务提到公关这一层面上来，才能真正做好服务工作，也才能真正把公关转化为企业全员行为。

（5）社会性公关：社会性公关是通过赞助文化、教育、体育、卫生等事业，支持社区福利事业，参与国家、社区重大社会活动等形式来塑造企业的社会形象，提高企业的社会知名度和美誉度的活动。这种公关方式公益性强、影响力大，但成本较高。

思考题

1. 你遇见过哪些推广方式？
2. 公共关系的功能有哪些？

知识拓展

公共关系活动的策划

1. 确定公共关系活动的目标

企业应根据自己产品的特点以及不同时期的宣传重点来确定企业的公关活动的目标，应与企业的整体目标相一致，并尽可能具体。

2. 选择公共关系活动的宣传媒介

企业应针对不同的宣传目标来选择合适的宣传媒体。媒体的选择要切合实际,避免贪大求高。

3. 拟定公共关系活动方案

企业在组织公关活动时,必须制订周密的活动方案,以确保活动的顺利进行和活动目标的顺利达成。

4. 实施公共关系活动方案

由于公关活动的特点,在实施公关活动方案的过程中,一定要通过新闻媒体进行跟踪报道。由于新闻媒体工作的政策性很强,在与媒体界的有关人员沟通时,要取得他们对企业公关活动的理解和重视,才能确保公关活动获得预期的宣传效果。

5. 评价公共关系的效果

一般来说,企业可根据展露次数、知晓、理解、态度方面的变化,以及销售额和利润率的变化等来评价活动的效果。

营销小故事

两个报童的命运

某一地区,有两个报童在卖同一份报纸,两个人是竞争对手。

第一个报童很勤奋,每天沿街叫卖,嗓子也很响亮,可每天卖出的报纸并不很多,而且还有减少的趋势。

第二个报童肯用脑子,除了沿街叫卖,他还每天坚持去一些固定场合,一去就给大家分发报纸,过一会儿再来收钱。地方越跑越熟,报纸卖得也就越来越多,当然也有些损耗。而第一个报童能卖出去的则越来越少,最后不得不另谋生路。

营销启示:

第二个报童的做法大有深意。

首先,在一个固定的地区,对同一份报纸,客户量是有限的。买了我的,就不会买其他人的,我先将报纸发出去,这个拿到报纸的人,是肯定不会去再买别人的报纸的,这等于我先占领了市场。自己发得越多,占领的市场就越大,对手的市场就越小,这对竞争对手的利润和信心都构成了打击。

其次,报纸属于随机性消费品,购买决策过程简单,很少因质量问题而退货。而且价钱不高,看报纸的人也很少会不给钱,今天没有零钱,明天也会给。

第三,即使有人看了报,退报不给钱,也没有什么关系,一则本来每天也会有积压的报纸;二来他已经看过了报纸,肯定不会再买同一份了,还是自己的潜在客户。

模块技能训练

一、请讨论并回答下列问题

1. 分析以下活动都属于哪种营业推广方式?

(1)购满 300 元立减 99 元;(2)购物满 78 可参与抽奖;(3)8 月 1 日—5 日,军人凭军人证即可免费办理华润万家贵宾卡一张,并同时赠送 200 积分。

2. 下列物品在开展人员推销时侧重点有什么不同?
(1)洗衣机等家电;(2)人寿保险;(3)教育培训;(4)食品等日常生活用品。

二、案例分析

案例 7-4

戴尔妖魔化竞争对手,搬起石头砸自己的脚

2005年5月1日,联想正式完成对IBM全球PC业务的收购,从而以130亿美元的年销售额及1400万台的PC销量成为全球第三大计算机厂商。

5月29日《第一财经日报》获得的一组电子邮件显示,为了争取订单,戴尔公司的销售人员使用了很不光彩的手段。在这组邮件中,一位名叫Chris的戴尔公司的销售人员称:"要知道,联想公司是一家中国政府控制的企业,最近刚刚收购了IBM的个人计算机业务。尽管美国政府已经批准了联想的收购,但大家必须明白一点,现在客户们每买IBM一美元的产品,都是直接支持和资助中国政府。"

5月30号《第一财经日报》以《戴尔营销"妖魔化"了谁》为题,第一时间将戴尔伸出幕后黑手之事捅出来,立即成为最引人注目的IT消息,被称为戴尔"邮件门"事件。面对一个民族品牌遭到如此赤裸裸的攻击,中国的消费者对一个跨国公司使出如此卑劣的招数感到既震惊又愤怒。

问题:(1)竞争对手是企业的公众吗?你认为企业在处理和竞争对手的关系时应注意什么?
(2)戴尔公司应该如何处理这次公共危机来缓和同中国消费者之间的关系?

三、技能实训

分析几种电子电器产品的市场特点以及相应的营销策略

活动形式:以小组为单位组织讨论。

活动过程:各小组在组长的带领下展开分析讨论,分析表中所列产品当前的市场特点以及应采取的营销策略。

活动成果:组长负责记录讨论结果(见表7-6)。

表7-6 _____小组研讨记录表

产品 市场特点	家庭中央空调	4K超清电视	手机	数码相机	普通液晶电视
销售量大吗					
商家利润大吗					
单位成本高吗					
哪类人会买					
竞争者多吗					

续表

市场特点 \ 产品	家庭中央空调	4K超清电视	手机	数码相机	普通液晶电视
生命周期阶段					
相应的营销策略					

模块学习测验与总结

一、选择题

1. 促销的目的是引发刺激消费者产生（　　）。
   A．购买行为　　　　　　　　B．购买兴趣
   C．购买决定　　　　　　　　D．购买倾向
2. 对于单位价值高、性能复杂、需要做示范的产品，通常采用（　　）策略。
   A．广告　　　　　　　　　　B．公共关系
   C．推式　　　　　　　　　　D．拉式
3. 公共关系是一项（　　）的促销方式。
   A．一次性　　　　　　　　　B．偶然
   C．短期　　　　　　　　　　D．长期
4. 营业推广是一种（　　）的促销方式。
   A．常规性　　　　　　　　　B．辅助性
   C．经常性　　　　　　　　　D．连续性
5. 人员推销的缺点主要表现在（　　）。
   A．成本低、顾客量大　　　　B．成本高，顾客量大
   C．成本低、顾客有限　　　　D．成本高，顾客有限
6. 企业广告又称为（　　）。
   A．商品广告　　　　　　　　B．商誉广告
   C．广告主广告　　　　　　　D．媒介广告
7. 收集推销人员的资料是考评推销人员的（　　）。
   A．核心工作　　　　　　　　B．中心工作
   C．最重要工作　　　　　　　D．基础性工作
8. 公关活动的主体是（　　）。
   A．一定的组织　　　　　　　B．顾客
   C．政府官员　　　　　　　　D．推销员
9. 一般日常生活用品，适合选择（　　）媒介做广告。
   A．人员　　　　　　　　　　B．专业杂志
   C．电视　　　　　　　　　　D．公共关系
10. 在广告沟通效果的测定中，价值序列法是一种（　　）。
    A．事前测定法　　　　　　　B．事中测定法
    C．事后测定法　　　　　　　D．事外测定法

二、判断正误

1. 人员促销也称为直接促销，主要适合消费者数量多、比较分散的情况进行促销。（ ）

2. 企业在其促销活动中，在方式的选用上只能在人员促销和非人员促销中选择其中一种加以应用。（ ）

3. 由于人员推销是一个推进商品交换的过程，所以买卖双方建立友谊、密切关系是公共关系而不是推销活动要考虑的内容。（ ）

4. 对单位价值较低、流通环节较多、流通渠道较长、市场需求较大的产品常采用拉式策略。（ ）

5. "刺激-反应"策略是在不了解顾客的情况下，推销者运用刺激手段引发顾客产生购买行为的策略。（ ）

三、案例分析

案例 7-5

"绿色营销"——格兰仕绿色回收废旧家电

2006年7月5日，格兰仕在北京推出"绿色回收废旧家电——光波升级 以旧换新"活动，消费者手中任何品牌的废旧家电，均可折换30～100元，用做购买格兰仕部分型号微波炉和小家电的优惠。同时，格兰仕联合专业环保公司对回收的废旧小家电进行环保处理，为绿色奥运做出自己的贡献。活动推出后，北京市场连续3日单日销售突破1000台，高端光波炉的销售同比增长69.6%。北京电视台、北京晚报、北京青年报、中国青年报、京华时报、北京娱乐信报、中国经营报等媒体都对活动进行了追踪报道。随后活动向山东、福建、辽宁、云南、吉林、重庆等10多个城市蔓延。格兰仕"绿色回收废旧家电"的活动成为2006年淡季小家电市场一道靓丽的风景。

思考与讨论：将一个普通的企业小策划运作成为行业关注的大事件，格兰仕促销策略的成功之道在哪里？

四、个人学习总结（表7-7）

表7-7 个人学习总结

我学到了哪些知识	
我学会了哪些技能	
我哪里学得不够好？原因及措施怎样	

模块学习评价(表7-8)

表7-8 模块学习评价表

小组:		姓名:	评价总分:		
评价项目		评价依据	优秀 8~10分	良好 6~8分	继续努力 0~6分
自我评价 20分	学习态度	遵守纪律;学习主动;积极参与小组活动和讨论;尊重同学和老师;具有较强的团队精神、合作意识;能客观有效地评价同学的学习			
	目标达成	达到学习目标;按要求完成各项学习任务			
	自评合计分				
	其他组员	评价依据	优秀 20~30分	良好 10~20分	继续努力 0~10分
小组互评 30分		(1)积极参与小组活动和讨论;具有较强的团队精神、合作意识;服从角色安排 (2)对小组活动贡献大小 (3)知识目标达成情况 (4)技能目标达成情况			
	……				
	小组平均分				
教师评价 50分		评价依据	优秀 8~10分	良好 6~8分	继续努力 0~6分
	学习态度	综合表现			
	个人评价	自评结果			
	小组评价	互评结果			
	小组活动	活动成果			
	测验	测验结果			
	教评合计分				

模块八

电子电器产品采购实务

教学目标

知识目标	了解电子电器产品采购的基本原则、方式和工作职责；熟悉电子电器产品采购的基本业务内容
技能目标	能够正确运用采购策略和谈判技巧；具备采购员基本工作能力
教学方式	学生自主学习、合作学习；教师授导；案例分析；听报告
参考学时	4学时

模块基本技能

基本技能1 熟悉电子电器产品采购方式

活动：案例研讨

活动形式：以小组为单位分析研讨案例。

活动过程：（1）教师向学生说明本次活动的目的、内容及注意事项。

（2）学生认真预习"基本知识"，研读案例并在教师的指导下展开讨论、回答问题。

（3）组长负责记录，小组发言人报告研讨结果。

（4）教师对本次活动的开展情况进行评价；对存在争议的一些问题加以澄清；对表现好的小组和个人予以表扬或奖励，尤其要鼓励学生的创造性思维。

活动成果：小组研讨记录表（见表8-1）。

表 8-1　　　　　小组研讨记录表

研 讨 问 题	研 讨 结 果
（1）苏宁当初的采购方式、采购策略及采购时机是什么	
（2）苏宁何以得到了其他商家所不曾得到的厂家优惠价格	
（3）苏宁得以不断持续发展的原因是什么	

>>> 案例 8-1

苏宁电器的崛起缘由

1990 年 12 月 16 日，苏宁公司在南京当时还很偏僻的宁海路上开张。

1992 年由于南京地区高温天气持续时间不长，加上"复关"呼声日高，空调市场陷入低谷。当年秋冬，当空调厂家召开第二年订货会时，大多数商家反应冷淡。而此时的苏宁却看准了市场大势，按照既定的淡季打款、低进低出的采购策略，在当年 10 月春兰公司的订货会上，与这位当时空调界的老大签下协议，一改传统商家旺季前进货、现进现卖的做法，淡季陆续向厂家打款近 5000 万元。以同样的方式，苏宁还和另一家空调巨头华宝建立了合作关系。作为回报，旺季到来时苏宁不但拿货及时，更能得到比其他商家优惠得多的价格。而此时其他商场别说价格优惠了，由于整个空调市场供不应求，大商场进不到货，品牌、品种、型号常常出现断档，在与苏宁的竞争中自然难以还手。

1993 年春，南京各大媒体上"要想夏天过得好，去到苏宁买空调"的广告铺天盖地，1～4 月苏宁广告投入超过 50 万元。在商家普遍认定的旺季还没到来，苏宁的空调销售额已突破 9000 万元，占据南京空调市场 70%的份额。

1993 年底到 1994 年的淡季里，苏宁又向华宝、飞鹿等品牌厂家滚动投入 1 亿多元的资金，得到了诱人的回报：与一般经销商相比，从华宝拿到的价格低 3%，从美的、江南等厂家拿到的价格要低 10%。苏宁保持了市场资源优势，也保持了自己的竞争优势。

当年的苏宁靠空调的批发、零售完成了资本积累。在随后二十多年的时间里，苏宁凭借着雄厚的供应商资源和正确的战略决策，不断发展、壮大。如今的苏宁已由经营空调为主转型到经营电视、手机、计算机等综合家电品类；由批发、零售转变为全国连锁经营模式。企业规模也由南京本地的一家普通家电经销商发展成为我国首屈一指的大型电器产品经营企业。

基本知识

一、商品采购的原则

商品采购是指商业企业为实现销售，以市场消费需求为依据，向其他生产企业或流通企业购买商品的一种经营活动。

商品采购是商业企业经营活动的重要组成部分。为了做好商品采购工作，在采购中必须遵循一定的采购原则。商品采购原则是指商品采购工作所依据的法则。它主要包括以下几个方面的内容。

1. **以需定进原则**

以需定进原则要求企业根据市场需求采购商品。商品采购是为卖而买的活动，因此企业采购什么商品、采购多少商品、什么时间采购商品，都取决于市场上的需要。坚持以需定进原则，有助于提高商品的适销率，避免采购工作的盲目性。

2. **勤进快销原则**

勤进快销是商业企业最主要的一条进货原则，要求企业采购要小批量、多批次、短周期，加速资金周转，避免商品积压。商品流通企业的资金相对有限，一旦因为某种商品占压了资金，势必影响其他商品的采购。因此，企业必须以勤进促快销，以快销促勤进，力争以较少的资金经营较多的商品，加速商品周转和资金周转，把生意做活。

3. **以进促销原则**

以进促销原则要求企业发挥进货的能动作用，不断开辟进货渠道，扩大商品货源，刺激商品销售。"良好的采购是销售成功的一半"，企业如果能够在适当的时间，以适当的价格，提供试销对路的商品，就能起到促进销售的作用。因此，企业要广开货源，特别是采购一些受消费者欢迎的新款式、新品种。利用这些新式样、新品种来吸引消费者，并带动其他商品的销售。

4. **经济核算原则**

经济核算原则要求企业要尽可能降低采购成本，扩大采购效益。为此，企业在组织货源时要对商品的质量、价格、货源地点、结算条件、运输方式、销售风险等因素进行综合分析和比较，优选进货渠道和进货时机，以取得较好的经济效益。

5. **稳定货源渠道原则**

企业在组织商品采购过程中，需要同众多的供货单位建立业务联系。为了保证企业经营活动稳步进行，在商品采购中要从企业的长远利益出发，积极协调处理好同供货单位的利益关系，互相体谅，互相支持，利益共享，风险共担，尽力与供货单位建立起长期、稳定的关系，以稳定货源渠道。

二、电子电器产品的采购方式

采购方式是指企业在商品采购中，根据本企业的实际情况，所采取的进货形式和方法。电子电器产品的采购方式按采购方法和采购的组织形式分类，通常有如下几种。

1. **市场选购**

电子电器产品经营企业根据市场需要直接向电子电器产品生产企业或其他商业企业选购商品，协商定价。这种采购方式体现了一种松散型的购销关系，选购商品不受品种、数量、时间的限制，供货方可以自销，采购方可以完全根据市场状况及企业销售需要自主选购。这种方式建立在双方平等、自由协商的基础上，是最常用的采购方式，适用于品种繁多、规格不一、消费需求多变和挑选性强的产品采购。

2. **合同订购**

电子电器产品经营企业为了掌握某些产品的货源，通过与电子电器产品生产企业协商，签订合同，预先向生产企业订购一定数量的商品。生产企业按照合同规定的品种、规格、数量、质量进行生产并按交货期交货；经营企业按照合同规定的内容、标准验收商品和交付货款。经营企业既可以订购生产企业正在生产的产品，也可以提出自己对产品设计、质量、包装、标签的要求，由生产企业专门生产，从而获得独具特色的产品。

3. 代销

电子电器产品经营企业接受电子电器产品生产企业或其他商业企业的委托办理代销，售后再办理结算付款手续。采用这种方式，经营企业只负责向最终消费者销售产品，取得占销售额一定比例的代销收入，不占用资金，不承担经营风险。如果产品在一定的时间内没有售出，可以退还给供货方。这种采购方式适用于贵重产品、新产品和销售风险较大的产品。

4. 集中采购

企业设置专门机构和专职采购人员统一采购，产品部门只负责产品销售。集中采购的优点是可以节省人力、物力，统一使用资金；统一对外，避免多头联系和重复工作；企业对采购的控制力加强，可以防止假冒伪劣产品进入商店。其缺点是：容易造成购销脱节；增加企业内各部门间的调拨手续，不利于加速商品流通。这种采购方式适用于小型经营企业和货源较远的产品。

5. 分散采购

各经营部门自设采购人员，在核定的资金范围内自行组织进货。企业业务部门只掌握各部门之间购销业务的统一平衡，适当调控各部门之间的资金使用。分散采购的优点是：购销合一，容易采购到适销对路的产品；进货及时，易于实现"勤进快销"的原则。其缺点是：容易造成人力、物力的浪费；多头联系，企业各部门间缺乏合作；企业对采购的控制力较弱，假冒伪劣产品容易流入企业。这种采购方式适用于大型商业企业和货源较近的产品。

6. 集中采购和分散采购相结合

通常情况下，本地进货由企业各产品部门自行组织，外地进货则由企业业务部门统一组织。集中采购和分散采购相结合的采购方式既发挥了前两种采购方式的优势，又避免了前两种采购方式的劣势，适用于当前大多数大中型电子电器产品经营企业。

7. 建立采购中心

采购中心是电子电器产品连锁企业的产品采购组织方式。采购中心承担着所有分店的产品采购责任，根据各分店的销售记录和存货，分配给各分店一定数量的产品。建立采购中心的优点是：增强了与产品供应者讨价还价的能力，便于获得优惠的进货条件；降低产品运输与库存的成本。其缺点是：过于强调统一化，容易忽略各分店特殊的产品需求，分店所在地消费者的消费偏好无法得到满足。

三、电子电器产品的采购策略

采购策略是电子电器产品经营企业在采购过程中，为实现采购目标，根据供求规律和产销特点，对电子电器产品的采购数量、品种、价格、时机等重要问题做出的决策。电子电器产品市场环境瞬息万变，针对不同情况，制订不同的产品采购策略，是企业采购工作的重要内容。

1. 电子电器产品在生命周期不同阶段的采购策略

（1）引入期。在这一阶段，产品刚刚投放市场，还未被消费者认识和接受，产品销售量缓慢增长，并且很不稳定。企业应谨慎进货，以打开销路为主，数量要少些，花色品种要多些，可以采取为生产企业代销的方式，以减小经营风险。

（2）成长期。在这一阶段，产品经过试销、改进已逐步定型，销路已经打开，销售量迅速增长。企业应抓住时机，积极组织货源，扩大产品购进，并加大产品促销力度。

（3）成熟期。在这一阶段，产品已被消费者广泛认识和接受，产品销量达到顶点但已呈现下降趋势。企业应适当控制进货量，不宜过多储备，以免造成产品积压。

（4）衰退期。在这一阶段，产品的销售量大幅度下降，面临被市场淘汰的危险。企业应严格控制进货，清理库存产品，尽快卖完存货，改营其他产品。

2. 电子电器产品品种采购策略

（1）以需定进策略：即根据消费者的需求情况来确定产品采购品种。为此，企业要研究本企业历年来同一时期所经营产品品种的销售情况；研究本企业最近一个时期各类经营品种的销售情况；研究下一时期经营品种的消费变化趋势。通过研究分析，列出各种产品适销程度的顺序，作为控制进货品种的依据。

（2）以销定进策略：即根据产品的产销特点来确定产品采购品种，如依据各种产品的产地分布、上市季节、消费季节、供给量等。根据这些情况，确定将产品列入哪一个时期的采购品种目录。对于一些更新换代快的产品，更要及时掌握产品上市动态。

（3）以能定进策略：即依据企业的经营能力，主要是企业的资金实力、现有经营产品的品种结构、产品储存与保养条件等来确定产品采购品种。当企业储存保养设备不配套时，不易大批量多品种进货；若企业资金雄厚，则可尽量多开辟进货品种。

（4）以对手定进策略：即根据竞争对手的采购情况来确定产品采购品种。通常采取"人无我有，人有我全，人全我优，人优我转"的采购策略，以求在市场竞争中占据主动地位。

3. 采购价格策略

价格策略是采购策略的一个重要方面。合理的进货价格，可以加速资金周转，增加企业盈利。一般而言，电子电器产品采购遵循这样的原则：在同类产品同等质量的情况下，进价越低越好。企业在制订采购价格策略时，还必须综合考虑以下几个方面的因素。

（1）产品质量与进货价格的关系。进货价格要服从产品质量，在产品质量符合采购标准的前提下，追求合理的进价。在采购过程中，企业必须按质论价，质价相称，防止一味地追求低进价而忽视产品质量。

（2）进货费用与进货价格的关系。在产品进价与销价确定的情况下，进货费用的大小直接影响着产品的盈利状况。企业在采购中必须注意对进货费用的控制，不能不计进货路途的远近、运输环节的多少而盲目追求较低的进价。

（3）货款结算与进货价格的关系。货款结算期限和结算方式都会对企业的采购成本产生较大的影响。企业不仅要力求合理的进货价格，还要争取有利的结算期限和结算方式。通常情况下，较长的付款期限和较低的预付货款比例对企业是有利的，可以减少资金的占用，提高经济效益。

（4）价格折扣和进货价格的关系。采购中的价格折扣通常包括数量折扣、季节折扣和现金折扣。企业不仅要看到价格折扣可以降低进价，还要认识到价格折扣会带来风险。以数量折扣为例，企业获得数量折扣固然可以降低采购成本，但是一旦企业不能按照最初期望的价格在一定的时间内售完产品，企业经营会产生风险。因此，企业在利用各种折扣条件时，不能只考虑进价的高低，还必须仔细评估经营风险与成本因素。

> **思考题**
>
> 1. 采购中心的特点是什么？
> 2. 电子电器产品采购的基本方式有哪些？
> 3. 制订采购价格策略时考虑的因素有哪些？

知识拓展

采购时机的选择

企业为了不失时机地采购产品，使产品库存保持在合理的水平，必须把握适当的采购时机。产品采购时机是指企业可以获得最大收益的产品采购时间和机会。在采购过程中，企业应根据不同产品的产销特点和供求规律来选择采购时机。

（1）常年性产品采购时机的选择。常年性产品是指常年生产、常年需要的产品，如电饭煲、微波炉等。这类产品在经营上没有十分明显的淡旺季变化。对于这种产品，企业可采用进货点法来决定进货时机。所谓进货点法，是指企业事先确定一个合理的库存量作为进货点，一旦实际库存量下降到进货点，就开始进货。

（2）季节性产品采购时机的选择。受生产和消费的影响，许多电子电器产品的销售呈季节性变动趋势，如降温、取暖产品。企业应根据不同产品季节性变动的规律和特点，合理安排采购时机。常年生产、季节销售的产品，应根据销售季节，淡季少进，旺季多进；季节生产、常年销售的产品，要按照企业常年销售情况，进全进足；季节生产、季节销售的产品，要季前多进、进齐，季中补进，季末销完。

（3）流行性产品采购时机的选择。流行性产品是指在一定时期为众多消费者接受和使用的时尚产品，如手机等时尚电子产品。当产品处于流行期时，销售形成热潮，一旦过了流行期，产品就很少有人问津，成为滞销品。流行性产品有其自身的流行规律，其流行过程一般可分为四个阶段：第一阶段是少数时髦人物采用；第二阶段是时髦人物的追随者采用；第三阶段是多数人采用；第四阶段是落伍者采用。在不同阶段，产品的供求状况具有不同特点。因此，企业要认真研究流行产品的运动规律，测定产品流行的前兆期和流行时间的长短，以此来决定采购时机。采购时，应注意快进快销，以快取胜。

基本技能 2　熟悉电子电器产品采购基本业务

活动：体验采购过程

活动形式：每位同学购买一双指定牌子及款式的袜子。

活动过程：（1）每位同学购买一双指定牌子及款式的袜子（已提前告之并完成，注意不能以全班为单位购买）。

（2）各小组成员分述自己所购商品的购买渠道（小摊、商场……）、购买方式（零购、团购……)及购买价格。

（3）各小组发言人报告本组购买渠道、方式及价格情况，最终得知全班同学购买渠道、方式及价格情况。

（4）请购买价格最低的同学介绍其具体购买过程。

（5）小组讨论，共同回答问题。组长负责记录。

活动成果：小组研讨记录表（见表8-2）。

表8-2 _____小组研讨记录表

小组成员	购买渠道	购买形式	购买价格
1			
2			
3			
4			
5			
…			

研讨问题	研讨结果
（1）商品的购买渠道有哪些	
（2）商品的购买形式有哪些	
（3）获得低售价的途径有哪些	

基本知识

一、电子电器产品经营企业采购工作基本程序

1. 确认企业采购需求

确认企业采购需求，就是要对企业所需要的产品或服务的特点、数量、时间等进行准确描述和说明。需求采购与实际销售的时间差异，决定了企业采购需求客观存在的预测性。为了确认采购需求，要求有效提高产品需求预测的准确程度，尽量采用标准化格式填写请购单（或采购申请表）。目前，企业确认采购需求的方法主要有填写请购单、定额采购、公司采购卡、紧急订单采购。

2. 分析和确定供应商

确定供应商是企业采购管理程序的重要步骤和关键工作，企业根据采购需求，寻找、分析、比较供应商。

3. 确定价格和采购条件

一般情况下，企业采购价格主要是通过对采购总成本及成本构成的分析来确定的。政策环境、货源选择、采购时机、供应商状况、市场信息获取、与供应商的谈判策略以及谈判能力等因素，都在一定程度上影响着采购价格和采购条件的确定。

4. 拟定且发出采购订单

规范的采购订单包括序列编号、发单日期、接受订单的供应商名称和地址、所需物品的数量和描述、发货日期、运输要求、价格、支付条款，以及对订单有约束的各种条件。

5. 采购订单跟踪与催货

企业采购订单跟踪是根据发出订单确定的日期和有关规定,进行例行跟踪或供应商走访,以便确保供应商实现供货。企业催货是对供应商供货情况的监督和催促,确保企业采购需求的满足。

6. 采购产品的接收和检验

企业采购产品的接收和检验,是企业采购管理程序的重要步骤。采购产品的接收和检验,在不同的企业里,可能会由企业负责采购管理的部门、库存管理部门、质量管理部门、财务部门等不同的部门来承担。不论由企业哪个部门负责,都应根据采购订单的要求进行接收和检验。

7. 货款结算

企业采购的货款结算主要是根据采购订单的规定,在接收和检验后,结清发票并且支付货款的工作。一般情况下,这项工作由企业财务管理部门负责,但采购部门要进行审核。

8. 采购资料建档保存

在企业完成一次完整的采购过程后,应将与采购活动有关的文件副本等资料汇集建档,妥善保存。

二、电子电器产品采购业务洽谈

与供应商进行洽谈是采购工作的重要内容。产品采购,特别是电子电器产品连锁企业的产品采购,采购中心承担着所有分店的产品采购任务,责任重大,无论采购人员有多么高超的选择商品的技术和经验,如果不懂得谈判,企业预期的采购目标和利润目标将难以实现。

1. 洽谈步骤

采购业务洽谈可以分为如下三个步骤。

(1) 做好洽谈准备工作。洽谈准备工作是正式进行洽谈的前奏。在这一阶段要准备好洽谈的有关资料,还要设计出业务洽谈的可行方案,以便在正式洽谈中做到"胸有成竹"。

电子电器产品经营企业采购人员同供应商进行谈判的依据通常是企业制定的商品采购计划、商品促销计划及供应商文件。

(2) 正式洽谈过程。整个洽谈过程可分为三个阶段。

① 展示与观察阶段。供货单位通过提供产品目录等方式展示其产品的品种、规格,购货单位看样、审查,并询问了解产品的各方面信息。

② 互诉与协商阶段。交易双方听取对方关于产品数量、质量、品种、价格等方面的提议,并进行磋商。为了保证磋商的顺利进行,在磋商的过程中,双方都要具有诚意,互谅互解。

③ 提出改进方案阶段。双方根据业务洽谈内容的不妥之处,寻找大家都可以接受的意见,提出改进方案。此时,应注重对重点问题进行修改,求大同存小异。

(3) 交易达成的结果。如果上述各阶段能够顺利进行,就可以进入洽谈的最后一个阶段,即双方达成交易。如果双方在洽谈中无法取得一致意见,不能达成各自的目标,洽谈很可能中断或失败。

2. 洽谈技巧

购货业务洽谈技巧是指洽谈人员在洽谈过程中顺利达成交易、实现企业洽谈目标的技能和本领。其主要内容可概括为如下三个方面。

(1) 熟悉情况。必须熟悉洽谈内容和洽谈对方的情况。例如,该产品的购销状况、市场行情;洽谈双方有无共同利益和兴趣;对方有无提供货源的能力等。只有事先摸清对方的情况,才能在洽谈中有的放矢，占据主动地位。

（2）善于察言观色。在洽谈中要密切注意客户的各种反应，如感觉反应、情绪反应、信任反应、行为反应等。要善于观察对方在洽谈过程中的各种心理表现和行为表现，采用针对性的洽谈语言和洽谈手段，因势利导，把握时机，以便在洽谈中取得优势。

（3）为对方着想。在业务洽谈中，不仅要实现本企业的洽谈目标，还要为对方着想，力求实现"双赢"的结果。如果在洽谈中能体现出本企业的诚意，说明洽谈结果给对方带来的利益，讲清本企业为对方服务的意图，就会赢得对方的信任，促进洽谈的顺利进行，有利于建立良好稳定的货源关系。

3. 洽谈内容

与供应商进行洽谈，主要包括如下四个方面的内容。

（1）产品谈判。这是对产品的品种、规格、花色、质量、包装等内容进行的谈判，是购货业务洽谈的基本内容。

（2）价格谈判。供应商通常会提供基本价格表，并围绕基本价格表建立价格框架，对最后的买价进行调整。根据购买的数量、时间、支付方式和结算期限的不同，供应商会给予买方一定的价格折扣。采购企业在谈判中应力求争取到对自己有利的价格折扣。

（3）服务谈判。这是就供应商提供的服务进行的谈判。服务谈判中应明确以下几个方面的问题：

① 供应商运送产品免费还是收费；
② 维修；
③ 产品退换；
④ 信息咨询服务等。

（4）促销谈判。促销谈判在市场竞争日益激烈的今天变得尤为重要，因为许多产品都需要供应商的促销支持才能成功地占领市场。为了更好地实现销售目标，许多供应商都加强了对各个销售环节，尤其是零售终端的促销力度，提供越来越多的促销支持。通常，供应商会采用合作广告、商品陈列和营业推广等手段，在零售店铺内开展促销活动。因此，关于促销的谈判也是购货业务洽谈的重要内容，洽谈中应明确供应商所提供的各种促销支持的内容和时间安排。

三、签订购货合同

产品采购合同，简称购货合同，是指商业企业为实现采购目的而与其他企业签订的有关双方权利和义务的书面契约或协议。购货合同是保证企业采购活动顺利进行的重要手段，签订购货合同是企业采购工作的一项重要内容。

1. 购货合同的内容

合同双方当事人通过反复协商达成一致意见的各项条款，构成了购货合同的内容。购货合同一般包括如下几方面内容。

（1）产品的花色、品种、规格和数量。应具体指明产品的品种，避免使用综合品名；产品的规格应当具体规定颜色、式样、尺码和牌号等；产品的数量应按国家统一的计量单位标出；必要时可以附上产品品种、规格、数量明细表。

（2）产品的质量和包装。合同中应规定产品所符合的质量标准，并注明是国际标准、国家标准还是部颁标准，若非上述标准，则应由双方协商或凭样订货；对于副品、次品应规定一定的比例,并注明其标准;对于实行保修、包退、包换的产品,应注明具体条款;对产品包装的方法、材料、式样、规格、体积、重量、标志等,均应有详细规定。

(3)产品的价格和结算方式。合同中对价格的规定要具体化,规定作价的方法和对副品、次品的扣价办法;规定结算方式和结算程序。

(4)交货期限、地点和运输方式。交货期限要根据双方的实际情况、产品特点和交通运输条件等确定。要明确产品的发送方式是送货、代运,还是自提。

(5)产品验收办法。合同里要具体规定产品数量验收和质量验收的办法、验收期限和验收地点。

(6)违约责任。签约一方不履行合同,必将影响另一方经济活动的进行,因此违约方应承担相应责任,赔偿对方遭受的损失。在签订合同时,应明确规定合同双方当事人违约时应承担的违约责任。

(7)合同的变更和解除条件。合同中应规定,在什么情况下可变更和解除合同,什么情况下不可变更和解除合同,以及通过什么手续来变更和解除合同。

此外,为使购货合同更加符合实际,行之有效,可根据实际情况增加补充条款。总之,企业在确定合同的内容时,应力求具体、明确、便于执行,避免不必要的纠纷。

2. 购货合同的签订原则

企业签订购货合同时,必须遵循以下原则。

(1)合同的当事人应具有合同主体资格。合同主体资格也称为缔约人能力,包括行为能力和权利能力。行为能力是指能够以自己的名义独立地行使其权利和承担义务的能力;权利能力是指能够依法行使其权利和承担义务的资格,是法律上认定权利主体的前提。只有具备合同主体资格才能订立有效合同并承担相应的权利义务。缔约人能力通常可分为法人缔约能力和自然人缔约能力。

(2)合同内容和签订手续必须合法。这是指企业必须遵照国家的法律、法规、政策来签订合同,其内容和手续应符合有关合同管理的具体条例和实施细则的规定。

(3)签订合同必须坚持平等互利、充分协商的原则。

(4)签订合同必须坚持等价、有偿原则。

(5)当事人应当以自己的名义签订合同。若委托别人代签,必须要有委托证明。

(6)购货合同应当采取书面形式,不宜采用口头契约形式。

3. 购货合同参考文本

工业产品购销合同

供方＿＿＿＿＿＿＿＿＿＿＿＿＿＿＿　　　合同编号:

　　　　　　　　　　　　　　　　　　　签订地点:

需方＿＿＿＿＿＿＿＿＿＿＿＿＿＿＿　　　签订时间:　　年　　月　　日

一、产品名称、商标、型号、数量、金额、供货时间及数量

产品名称	牌号商标	规格型号	计量单位	数 量	单 价	金 额	交提货时间及数量	
							合 计	

合计人民币金额(大写)

二、质量要求技术标准
三、供方对质量负责的条件和期限
四、交（提）货方式
五、运输方式及到达站（港）的费用负担
六、合理损耗计算方法
七、包装标准、包装物的供应与回收和费用负担
八、验收方式及提出异议期限
九、随机备品、配件工具数量及供应方法
十、结算方式及期限
十一、如需提供担保，另立合同担保书，作为本合同附件
十二、违约责任
十三、解决合同纠纷的方式
十四、其他约定事项

供　　方	需　　方	鉴（公）证意见
单位名称（章）	单位名称（章）	
单位地址	单位地址	
法定代表人	法定代表人	
电话	电话	
电挂	电挂	
开户银行	开户银行	
账号	账号	
邮政编码	邮政编码	
有效期限：至　　　年　　月　　日		

思考题

1. 电子电器产品经营企业产品采购的基本原则是什么？
2. 采购人员应该具备的基本条件有哪些？
3. 电子电器产品经营企业产品采购的基本程序是怎样的？

知识拓展

电子电器产品经营企业采购人员的素质要求

1. 思想素质

采购人员要作风正派、遵纪守法、廉洁奉公，自觉抵制采购中的不正之风；要具有良好的职业道德、强烈的责任感和事业心。

2. 个性特征

据调查资料表明，优秀的采购人员往往具备以下性格特征。

（1）机智多谋，善于思考。

（2）具有一定的语言天赋，善于交际，善于处理和协调业务关系。

（3）具有商业经营的灵活性、适应性和直觉判断力。

（4）为人诚恳并为他人着想。

（5）有坚定的信心和自我推动力，任劳任怨，勇于克服困难。

3. 知识能力

（1）丰富的产品知识。熟悉本企业产品的品种、规格、性能、用途、价格和质量等。

（2）经济核算知识。熟悉本企业产品成本构成的各个要素，熟悉采购数量、时间、结算方式等因素对利润的影响。

（3）合同文书写作知识。熟悉合同签订的知识与技巧，防止签约失误造成损失。

（4）政策法规知识。在采购过程中能够运用法律手段，维护本企业的利益。

（5）市场信息知识。掌握本企业产品的产销规律，熟悉消费需求动向。

（6）谈判能力。

（7）熟知本企业的情况。了解本企业的目标顾客、经营目标、营销策略，以及本企业在同行中的地位。

模块技能训练

一、请讨论并回答下列问题

1. 为什么电子电器产品采购要以勤进快销为原则？
2. 为什么采购洽谈时还要为对方着想？
3. 如何依据产品生命周期理论制定采购策略？

二、业务训练

情景模拟　讨价还价

将教室布置成一个模拟跳蚤市场，每位同学拿事先准备的一些物品向同学交换或出售。要求最先提出的交换条件或出售价格是浮动的，有讨价还价的余地。

三、技能实训

听专题报告

活动形式：邀请一位有丰富工作经验的采购员做专题报告。

活动要求：（1）认真听讲，做好笔记；

（2）各小组事先准备若干问题与采购员交流；

（3）讲究文明礼仪；

（4）以小组为单位提交一份报告总结。

活动成果：小组报告总结。

营销小故事

尊重赢得大订单

两次鸦片战争的失败,使得清政府决定要"求强求富"。建立一支强大的国防力量就是其中一项重要内容。

当时,清政府自己的兵工厂只有上海的江南制造总局等有限几处,生产的武器装备少,而且性能不大好。于是,李鸿章决定向洋人购买武器装备。

1868年,他派了一个采购团到欧洲考察。采购团走了几个国家,最后来到德国的埃森,这里是德国最大的军火企业克房伯公司所在地。采购团受到克房伯公司的热情接待,又是照相,又是宴请,不仅讲解细致,而且礼貌周到。采购团上上下下所有人的心情一下子好了起来。

难道他们到别的国家心情不好吗?当时,清朝是战败国,而且清朝男人是留辫子的,在英国、法国,人们以一种嘲笑、蔑视的眼光与语气,谈论他们的辫子,这让采购团成员非常不舒服。

克房伯公司则不然。这家公司仔细考察中国军火市场,决定要抢在英法前面占领这个市场。于是,他们制定企业经营策略:尊重中国人的风俗与习惯,让他们感觉到,德国与其他国家是不一样的。

克房伯的经营策略成功了。他们对来访者的尊重引来了当时世界上最大的一个客户。李鸿章听完采购团的汇报,一次就向克房伯公司订购358门大炮。这是这个公司创办以来最大的一笔订单。

营销启示:想要赢得客户的信任,首先要给予客户足够的尊重。这就是德国抢在英法之前赢得清政府订单的重要原因。

模块学习测验与总结

一、选择题

1. 下列为商品采购原则的是(   )。
   A. 以需定进   B. 勤进快销
   C. 以销促进   D. 件件过目

2. 电子电器产品品种采购策略包括(   )。
   A. 以对手定进策略   B. 以销定进策略
   C. 以能定进策略   D. 以需定进策略

3. 整个洽谈过程分为三个阶段,依次是(   )。
   A. 提出改进方案阶段   B. 互诉与协商阶段
   C. 展示与观察阶段

4. 购货业务洽谈技巧可概括为三个方面,即(   )。
   A. 熟悉情况   B. 善于察言观色
   C. 贿赂对方   D. 为对方着想

5. 洽谈的主要内容包括四个方面（　　）。
   A. 产品谈判　　　　　　　　B. 价格谈判
   C. 服务谈判　　　　　　　　D. 促销谈判

二、判断正误

1. 商品采购是为卖而买的活动。　　　　　　　　　　　　　　　　　　（　　）
2. 采购中心的缺点是容易忽略各分店特殊的产品需求。　　　　　　　　（　　）
3. 处于成熟期的商品应尽可能多地进货。　　　　　　　　　　　　　　（　　）
4. 采购洽谈的内容不包括促销谈判。　　　　　　　　　　　　　　　　（　　）
5. 购货合同可以采用口头契约形式。　　　　　　　　　　　　　　　　（　　）

三、案例分析

>>> 案例 8-2

海湾战争打响后

海湾战争打响后，长虹马上大量购进聚丙乙烯。聚丙乙烯是重要的石油加工副产品，更是生产电视机外壳的原材料。长虹认为，海湾战争的爆发会导致"世界油桶"——海湾地区的局势紧张，全球石油价格以及石油加工副产品的价格定会立刻大幅上涨。果然，在随后的几天内，聚丙乙烯的价格迅猛提升，而长虹由于采用了正确的采购策略，准确把握住了采购时机，赶在涨价之前购进了大量聚丙乙烯，从而节省了 500 万元的采购成本。

企业利润额等于企业商品销售额减去包括采购成本在内的企业各项费用的支出后的差值。也就是说在企业销售额以及企业其他费用支出不变的情况下，长虹节省了 500 万元的采购成本相当于为企业净赚了 500 万元。

问题：长虹采用了怎样的采购策略使企业节省了 500 万元的采购成本？

四、个人学习总结（表 8-3）

表 8-3　个人学习总结

我学到了哪些知识	
我学会了哪些技能	
我哪里学得不够好？原因及措施怎样	

模块学习评价(表8-4)

表8-4 模块学习评价表

小组:		姓名:		评价总分:	
评价项目		评价依据	优秀 8~10分	良好 6~8分	继续努力 0~6分
自我评价 20分	学习态度	遵守纪律;学习主动;积极参与小组活动和讨论;尊重同学和老师;具有较强的团队精神、合作意识;能客观有效地评价同学的学习			
	目标达成	达到学习目标;按要求完成各项学习任务			
	自评合计分				
	其他组员	评价依据	优秀 20~30分	良好 10~20分	继续努力 0~10分
小组互评 30分		(1)积极参与小组活动和讨论;具有较强的团队精神、合作意识;服从角色安排 (2)对小组活动贡献大小 (3)知识目标达成情况 (4)技能目标达成情况			
	……				
	小组平均分				
		评价依据	优秀 8~10分	良好 6~8分	继续努力 0~6分
教师评价 50分	学习态度	综合表现			
	个人评价	自评结果			
	小组评价	互评结果			
	小组活动	活动成果			
	测验	测验结果			
	教评合计分				

模块九

电子电器产品仓储与保管实务

教学目标

知识目标	熟悉商品入库、出库作业；熟悉企业订单处理过程
技能目标	能够填写商品出入库的相关单据；能够办理商品出入库的手续；具备认真负责的工作态度
教学方式	学生自主学习、合作学习；教师授导；情景模拟；实地参观
参考学时	4学时

模块基本技能

基本技能1 熟悉电子电器产品仓储基本业务

活动：物品存取保管

活动形式：情景模拟物品存、取、保管过程。

活动过程：（1）教师向学生说明本次活动的目的、内容及注意事项。

（2）每位学生准备两件个人物品。

（3）各组分别布置出一个物品保管区域作为模拟仓库，小组成员自行分工负责物品的接收、登记、存放、领取等工作。

（4）各组依次派组员将个人物品分别送往其他小组由其保管。

（5）各组将接收的物品登记，并开具收条作为物主的取物凭证。
（6）负责存放的同学将登记后的物品放置在保管区域。
（7）每位组员凭收条到其他小组领取个人物品。
（8）教师带领学生分析活动过程中出现的各种问题，找出原因及解决办法。
（9）各组对本次活动进行总结。

活动成果：小组活动总结表（见表9-1）。

表 9-1 ＿＿＿＿小组活动总结表

评 价 项 目	结　果	总结经验教训（找出原因及解决办法）
（1）有物品丢失的情况吗		
（2）有物品损坏的情况吗		
（3）有物品错领的情况吗		
（4）有物品无人认领的情况吗		
（5）有被物主讹诈的情况吗		

基本知识

一、仓储的概念

仓储是指把产品存储在仓库里，进行备用和交换。同产品采购、销售一样，仓储也是电子电器产品营销过程中的一个必要环节。

由于电子电器产品购进和销售不可能完全一致，有的产品购进后销售得快，有的产品购进后销售得慢。而且，产品价格的波动性使同一种产品在不同的时间销售，可获取的经济效益也不尽相同。因此，为了保证产品流通不因购销时间不一致而发生中断，并能够从产品价格波动中获利和避免造成损失，必须保持一定数量的仓储。此外，某些电子电器产品销售前必要的整理、编配等工作，以及运输过程中运输工具和发运产品衔接的不一致等也产生了对仓储的要求。

二、仓库的种类

从不同的侧面来分类，仓库可以有不同的种类。仓库按照它在电子电器产品流通过程中所起的作用可以分为以下几种。

1. 采购供应仓库

采购供应仓库主要用于集中存储从生产部门采购的商品，一般这一类的仓库设在商品生产比较集中的大、中城市，或商品运输枢纽的所在地。

2. 批发仓库

批发仓库主要用于存储从采购供应库场调进或在当地采购的商品，这一类仓库一般贴近商品销售市场，规模同采购供应仓库相比一般要小一些。它既从事批发供货，也从事拆零供货业务。

3. 零售仓库

零售仓库主要用于为商业零售业做短期储货，一般是提供店面销售。零售仓库的规模较小，所储存物资周转快。

4. 中转仓库

中转仓库处于货物运输系统的中间环节，存放那些等待转运的货物，一般货物在此仅做临时停放。这一类仓库一般设置在公路、铁路的场站和水路运输的港口码头附近，以方便货物在此等待装运。

电子电器产品生产企业生产出来的产品首先被存储在采购供应仓库，然后流向批发仓库，再后是零售仓库，最后商品进入卖场向最终用户销售。其间，通常也会用到中转仓库。

三、商品仓库基本作业过程

仓库作业过程主要由入库、保管、出库三个阶段组成。

图 9-1、图 9-2 所示为现代仓库的作业过程。具体表现为实物流和信息流过程。

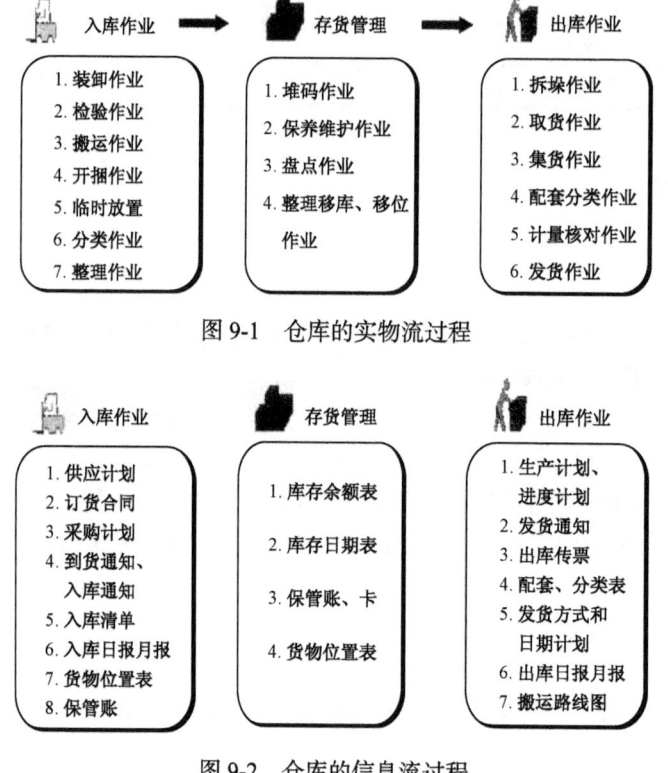

```
入库作业  →  存货管理  →  出库作业

1. 装卸作业       1. 堆码作业        1. 拆垛作业
2. 检验作业       2. 保养维护作业     2. 取货作业
3. 搬运作业       3. 盘点作业        3. 集货作业
4. 开捆作业       4. 整理移库、移位   4. 配套分类作业
5. 临时放置          作业             5. 计量核对作业
6. 分类作业                          6. 发货作业
7. 整理作业
```

图 9-1　仓库的实物流过程

```
入库作业         存货管理         出库作业

1. 供应计划      1. 库存余额表    1. 生产计划、
2. 订货合同      2. 库存日期表       进度计划
3. 采购计划      3. 保管账、卡    2. 发货通知
4. 到货通知、    4. 货物位置表    3. 出库传票
   入库通知                       4. 配套、分类表
5. 入库清单                       5. 发货方式和
6. 入库日报月报                      日期计划
7. 货物位置表                     6. 出库日报月报
8. 保管账                         7. 搬运路线图
```

图 9-2　仓库的信息流过程

下面先来介绍商品入库和出库的基本业务。

1. 商品入库业务

商品入库业务也叫收货业务，是仓储业务的开始，包括接运、卸货、搬运、清点数量、商品验收、整理、堆码、办理入库手续等一系列的作业过程。它是根据商品存储计划和入库凭证安排的，按照规定的程序，仓库进行收货的业务。在收货过程中，仓库要做到手续简便、操作敏捷、点数准确、保证质量。按其业务程序可以分为入库前准备、接运、验收、入库等几个环节，如图 9-3 所示。

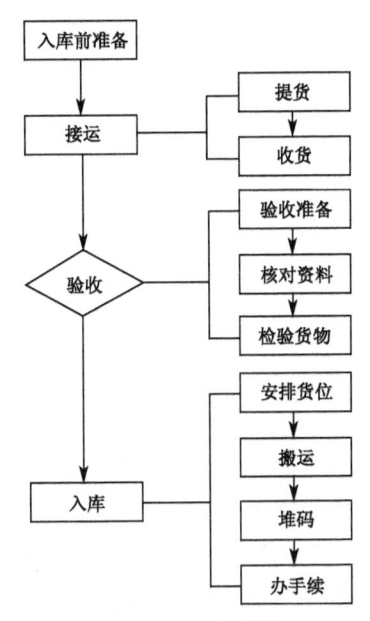

```
入库前准备
    ↓
   接运 ──→ 提货
    │      收货
    ↓
   验收 ──→ 验收准备
    │      核对资料
    │      检验货物
    ↓
   入库 ──→ 安排货位
           搬运
           堆码
           办手续
```

图 9-3　入库步骤

（1）商品入库前的准备。商品入库前需要做好以下准备工作：
① 编制仓储计划，做好入库准备；
② 安排仓容，确定堆放位置；
③ 合理组织人力、装卸工具；
④ 准备好验收设备，保证商品验收；
⑤ 备齐商品苫盖物料和劳动保护用品。

（2）货物接运。商品接运的主要方式有如下几种。
① 到车站、码头提货。这是由外地托运单位委托铁路、水运、民航等运输部门或邮局代运及邮递货物到达本埠车站、码头、民航站、邮局后，仓库根据货物通知单派车提运货物的作业活动。

提货人员对所提取的商品应了解其品名、型号、特性和一般保管知识以及装卸搬运注意事项等，在提货前应做好接运货物的准备工作，如装卸运输工具，腾出存放商品的场地等。提货人员在到货前，应主动了解到货时间和交货情况，根据到货多少，组织装卸人员、机具和车辆，按时前往提货。

② 到货主单位提取货物。这是仓库受托运方的委托，直接到供货单位提货的一种形式。其作业内容和程序主要是当货栈接到托运通知单后，做好一切提货准备，并将提货与物资的初步验收工作结合在一起进行。最好在供货人员在场的情况下，当场进行验收。因此，接运人员要按照验收注意事项提货，必要时可由验收人员参与提货。

③ 托运单位送货到库接货。这种接货方式通常是托运单位与仓库在同一城市或附近地区，不需要长途运输时被采用。其作业内容和程序是：当托运方送货到货栈后，根据托运单（需要现场办理托运手续先办理托运手续）当场办理接货验收手续，检查外包装，清点数量，做好验收记录。如果有质量和数量问题，托运方应在验收记录上签证。

货物到库后，仓库收货人员首先要检查货物入库凭证，然后根据入库凭证开列的收货单位和货物名称与送交的货物内容和标记进行核对，完成后就可以与送货人员办理交接手续。如果在以上工序中无异常情况出现，收货人员在送货回单上盖章表示货物收讫。如果发现有异常情况，必须在送货单上详细注明并由送货人员签字，或由送货人员出具差错、异常情况记录等书面材料，作为事后处理的依据。

（3）商品的验收。凡商品进入仓库储存，必须经过检查验收，只有验收后的商品，方可入库保管。商品入库验收要求做到及时、准确、负责，即在尽可能短的时间内，准确地验收商品的数量、质量和包装，以认真负责的态度对待验收。

商品验收包括验收准备、核对凭证、确定验收比例、实物检验、做出验收报告及验收中发现问题的处理。

① 验收准备。验收准备是货物入库验收的第一道程序。仓库接到到货通知后，应根据商品的性质和批量提前做好验收的准备工作，包括以下内容。

a. 全面了解验收物资的性能、特点和数量，根据其需求确定存放地点、垛形和保管方法。

b. 准备堆码苫垫所需材料和装卸搬运机械、设备及人力，以便使验收后的货物能及时入库保管存放，减少货物停顿时间；若是危险品则需要准备防护设施。

c. 准备相应的检验工具，并做好事前检查，以便保证验收数量的准确性和质量的可靠性。

d. 收集和熟悉验收凭证及有关资料。

e. 进口物资或上级业务主管部门指定需要检验质量者，应通知有关检验部门会同验收。

② 核对凭证资料。入库商品必须具备下列凭证资料。

a. 货主提供的入库通知单和订货合同副本，这是仓库接收商品的凭证。

b. 供货单位提供的验收凭证，包括材质证明书、装箱单、磅码单、发货明细表、说明书、保修卡及合格证等。

c. 承运单位提供的运输单证，包括提货通知单和登记货物残损情况的货运记录、普通记录以及公路运输交接单等，作为向责任方进行交涉的依据。

③ 检验货物。检验货物是仓储业务中的一个重要环节，包括检验数量、检验外观质量和检验包装三方面的内容，即复核货物数量是否与入库凭证相符，货物质量是否符合规定的要求，货物包装能否保证在储存和运输过程中的安全。

a. 数量检验。数量检验是保证物资数量准确不可缺少的措施。要求物资入库时一次进行完毕。一般在质量验收之前，由仓库保管职能机构组织进行。

凡是经过数量检验的商品，都应该填写磅码单。在做数量验收之前，还应根据商品来源、包装好坏或有关部门规定，确定对到库商品是采取抽验还是全验方式。

b. 质量检验。质量检验包括外观检验、尺寸检验、机械物理性能检验和化学成分检验四种形式。仓库一般只进行外观检验和尺寸精度检验，后两种检验如果有必要，则由仓库技术管理职能机构取样，委托专门检验机构检验。现以外观质量检验为例说明。

外观检验是指通过人的感觉器官检查商品外观质量的检查过程。主要检查货物的自然属性是否因物理及化学反应而造成负面的改变，是否受潮、玷污、腐蚀、霉烂等；检查商品包装的牢固程度；检查商品有无损伤，如撞击、变形、破碎等。对外观检验有严重缺陷的商品，要单独存放，防止混杂，等待处理。凡经过外观检验的商品，都应该填写"检验记录单"。

外观检验的基本要求是：凡通过人的感觉器官检验商品后，就可以决定商品质量的，由仓储业务部门自行组织检验，检验后做好商品的检验记录；对于一些特殊商品，则由专门的检验部门进行化验和技术测定。验收完毕后，应尽快签返验收入库凭证，不能无故积压单据。

c. 包装检验。物资包装的好坏、干潮直接关系到物资的安全储存和运输。所以对物资的包装要进行严格验收,凡是产品合同对包装有具体规定的要严格按规定验收,如箱板的厚度、打包铁腰的匝数、纸箱的质量等。对于包装的干潮程度,一般是用眼看、手摸的方法进行检查验收。

④ 验收中发现问题的处理。在物品验收过程中,如果发现物品数量或质量的问题,应该严格按照有关制度进行处理。验收过程中发现的数量和质量问题可能发生在各个流通环节,可能是由于供货方或交通运输部门或收货方本身的工作造成的。按照有关规章制度对问题进行处理,有利于分清各方的责任,并促使有关责任部门吸取教训,改进今后的工作。

表9-2所示是某企业商品验收码单。

表9-2 深圳××后勤保障有限公司收货凭证

客户通知编号:			通知单号码:			
供应商:			收货日期:			
序号	产品编号/说明	单位	通知数量	收货数量			生产日期
				接收数量	破损数量	搁置数量	

收货体积:　　　　　　　　　　　备注:

收货人:

日期:

(4)商品的入库交接。入库物品经过点数、查验之后,可以安排卸货、入库堆码,表示仓库接收物品。在卸货、搬运、堆垛作业完毕后,与送货人办理交接手续,并建立仓库台账。

① 办理交接手续。交接手续是指仓库对收到的物品向送货人进行的确认,表示已接收物品。办理完交接手续,意味着分清运输、送货部门和仓库的责任。完整的交接手续包括:

a. 接收物品。仓库通过理货、查验物品,将不良物品剔出、退回或者编制残损单证以明确责任,确定收到物品的确切数量、物品表面状态良好。

b. 接收文件。接收送货人送交的物品资料、运输的货运记录、普通记录等,以及随货的在运输单证上注明的相应文件,如图纸、准运证等。

c. 签署单证。仓库与送货人或承运人共同在送货人交来的送货单、交接清单见表9-3。各方签署后留存相应单证。提供相应的入库、查验、理货、残损单证、事故报告由送货人或承运人签署。

表9-3 到接货交接单

收货人	发站	发货人	品名	标记	单位	件数	重量	号车	运单号	货位	合同号
备注											

送货人:　　　　　　　　　接收人:　　　　　　　　　经办人:

② 办理入库手续。商品入库应填写入库通知单,完整的入库单据必须具备四联:送货回单、储存凭证、仓储账页和货卡,并附上检验记录单、产品合格证、装箱单等有关资料凭证,以证实该批商品已经检验合格,就可以正式入库保管。

a. 立"卡"。所谓立"卡",就是由该种商品的保管员记录所保管商品的动态卡片,它是直接反映商品品名、型号、规格、数量、单位、进出动态以及积存的保管卡。商品入库堆码完毕后,应立刻建立货卡,按"入库通知单"所列内容逐项填写。货卡是商品保管员进行验收和商品出库管理的主要依据,也是随时反映商品动态的基本业务凭证。

b. 登"账"。为了保证商品数量准确,反映商品进出和储存的情况,仓库还应建立"实物保管明细账",按商品的品名、型号、规格、单价、存货人等分别建立账户。实物保管明细账是仓库用于记录商品收发和结存动态的,也是核对储存商品动态和保证与财务总账相符的主要依据。它是能够全面反映商品动态的账目,应随着进、发货业务活动而及时进行记账。

c. 建"档"。建"档"是指商品入库后,应建立商品档案,以充分发挥信息流的作用,利用凭证资料了解和掌握商品在运输、入库、保管、出库活动的全过程中的动态效果。应保持商品档案的系统性、完整性和准确性。系统性是指仓储业务活动全过程中的资料、凭证、信息的统一联系;完整性是指仓储业务活动全过程中资料、凭证记录的完整无缺;准确性是指资料、凭证的记录数据必须准确无误。

表9-4所示是某企业商品入库时需要填写的入库单据。

表9-4 ××公司商品入库单　　　　　　No:000001

仓库管理员								入库日期	
货主编号			货主名称					联系电话	
商品批号	商品名称	规格		产地	件数	件重(kg)	总重(kg)	入库位置	
备注									

2. 商品出库业务

商品出库是仓储业务的最后一个环节。对商品出库,要求发货准确、及时,保质保量地交给仓单持有人;出库的商品必须包装完整、标记清楚。

(1)商品出库准备。为了能准确、及时、安全、节约地搞好出库工作,提高工作需效率,仓单持有人在提取商品之前,应通知仓库提货时间。在商品出库前,仓库人员要做好以下几方面的准备工作:

① 对商品原件的包装整理;
② 零星商品的组装、分装;
③ 包装材料、工具、用品的准备;
④ 待运商品的仓容及装卸机具、运输工具的安排调配;
⑤ 发货业务的合理组织与安排。

(2)出库的要求。物品出库要求做到"三不、三核、五检查"。"三不"是指未接单据不翻账、未经审单不备库、未经复核不出库;"三核"是指在发货时,要核实凭证、核对账卡、核对实物;"五检查"是指对单据和实物要进行品名检查、规格检查、包装检查、件数检查、重量检查。商品出库要求严格执行各项规章制度,提高服务质量,使用户满意,包括对品种规格要求。积极与货主联系,为用户提货创造各种方便条件,杜绝差错事故。

(3)出库的形式。商品出库主要有两种形式,即送货和提货。

送货形式是由专职仓库保管员定期或定量将商品送到客户地址。这种方式，是要货单位根据商品销售情况，向业务部门提出进货要求，再由业务部门开出商品提货单（出库证），仓库保管员根据出库单的具体要求清点整理出库，将商品送到客户地址。客户根据开列商品的名称、数量、商标、规格、型号等进行逐一查对，验收后签字确认。

提货形式是由客户到仓库提货或储运人员提货。采用提货形式，首先要货单位根据商品销售情况，向业务部门提出进货申请，然后由业务主管开出提货单，由客户到仓库提货。仓库保管员接到提货单后，按提货单开列的具体项目组织商品出库，客户或储运人员应在仓库当场验收，以便分清责任。若由储运人员提货，则必须进行二次核对手续，提货时，与报关员核对，送到客户地址后，再由客户核对。

（4）商品的出库程序。

① 审核出库凭证。仓库发货要以货主单位开出的正式出库凭证为依据，仓库发货人员要对出库凭证进行认真审核。首先要检查其合法性和真实性，审核来库提货的凭证是否属于货主单位开出的正式出库单。严禁白条提货。其次要核对出库单的印鉴是否与存货单位预留印鉴相符，以及提货人的备书是否正确。再次是逐项核对出库单所列品名、数量等项有无错开、漏开和涂改痕迹，包括付货仓库是否相符。如果属于错开、漏开，应由货主单位办理更正手续；若发现涂改，仓库应拒绝发货，并立即查明原因。最后还应掌握有效期，出库单在有效期内生效，超过有效期，应由提货单位办妥延期手续，仓库才予发货。

② 核对登账。审核仓单后，仓库商品会计要核对商品的品名、型号、数量等有无错误，单证字迹是否清楚，是否超过提货有效期等。如果核对无误，可根据凭证所列各项内容，登入商品保管账，核销储存量，收回仓单，签发商品出库单，交仓库保管员配货。

③ 配货备货。保管员对商品出库单复核无误后，按其所列项目内容和凭证上的批注，对货核实后配货。配货中要执行"先进先出""易坏先出""坏货不出"的发货原则。保证数量准确，质量完好，包装完好，标识清楚。

配货后把出库商品分品种、分规格、分流向堆放在备货区。仓单持有人认为可以出库，并在正式出库凭证上签署意见后，方可出库。凡是发运商品，要配合运输人员在包装上粘贴发运标志，集中待运。

④ 交接放行。出库商品无论是客户自提，还是交运输部门发运，仓库发货人必须向提货人和运输人员按出库凭证所列逐件点交清楚，划清责任。得到接货人员认可后，仓库发货人随即在出库凭证上加盖"商品付讫"日戳，同时开出接货人商品出门证，以便门卫放行。

⑤ 填单销账。商品发完后，应根据出入库情况，对收发、保管、溢缺数量和垛位安排等情况进行分析，并把这些资料整理好，存入商品保管档案，妥善保存，以备日后查用。

表9-5所示是某企业商品出库时需要填写的出库单据。

表9-5 ××公司商品出库单　　　　　　　　　　　　　　　　No:090600001

货主编号			货主名称			出库日期		
商品批号	商品名称	规格	件重（kg）	件数	总重（kg）	出库次数	结存数	库位

开票员：　　　　　　理货员：　　　　　　仓管：　　　　　　货主：

（5）出库中发生问题的处理。商品出库过程中出现的问题是多方面的，应分别对待处理。

① 出库凭证"提货单"上的问题。

a. 凡出库凭证超过提货期限，用户前来提货，必须先办理手续，按规定缴足逾期仓储保管费，然后方可发货。任何白条都不能作为发货凭证。提货时，用户发现规格开错，保管员不得自行调换规格发货，必须通过制票员重新开票方可发货。

b. 凡发现出库凭证有疑点，或者情况不清楚，以及出库凭证发现有假冒、复制、涂改等情况时，应及时与仓库保卫部门及出具出库单的单位或部门联系，妥善处理。

c. 商品进库未验收，或者期货未进库的出库凭证，一般暂缓发货，并通知货主，待货到并验收后再发货，提货期顺延，保管员不得发待验货物。

d. 如果客户因各种原因将出库凭证遗失，客户应及时与仓库发货员和账务人员联系挂失。如果挂失时货已被提走，保管人员不承担责任，但要协助货主单位找回商品；如果货还没有提走，经保管人员和账务人员查实后，做好挂失登记，将原凭证作废，缓期发货。

② 提货数与实存数不符。若出现提货数量与商品实存数不符的情况，一般是实存数小于提货数。造成这种问题的原因主要有：

a. 商品入库时，由于验收问题，增加了实收商品的签收数量，从而造成账面数大于实存数。

b. 仓库保管人员和发货人员在以前的发货过程中，因错发、串发等差错而造成实际商品库存量小于账面数。

c. 货主单位没有及时核减开出的提货数，造成库存账面数大于实际储存数，从而使开出的提货单提货数量过大。

d. 仓储过程中造成的货物的毁损。

当遇到提货数量大于实际商品库存数量时，无论是何种原因造成的，都需要和仓库主管部门，以及货主单位及时取得联系后再作处理。如果属于入库时错账，可以采用报出报入方法进行调整，即先按库存账面数开具商品出库单销账，然后再按实际库存数重新入库登账，并在入库单上签明情况。如果属于仓库保管员串发错发而引起的问题，应由仓库方面负责解决库存数与提单数门的差数。如果属于货主单位漏记账而多开出库数，应由货主单位出具新的提货单，重新组织提货和发货。如果是仓储过程中的损耗，需要考虑该损耗数量是否在合理的范围之内，并与货主单位协商解决，合理范围内的损耗，应由货主单位承担，而超过合理范围之外的损耗，则应由仓储部门负责赔偿。

③ 串发货和错发货。所谓串发和错发货，主要是指发货人员对商品种类规格不很熟悉的情况下，或者由于工作中的疏漏，把错误规格、数量的商品发出库的情况。例如，提货单开具某种商品的甲规格出库，而在发货时错把该种商品的乙规格发出，造成甲规格账面数小于实存数，乙规格账面数大于实存数。在这种情况下，如果商品尚未离库，应立即组织人力，重新发货。如果商品已经提出仓库，保管人员要根据实际库存情况，如实向本库主管部门和货主单位讲明单发和错发货的品名、规格、数量、提货单位等情况，会同货主单位和运输单位共同协商解决。一般在无直接经济损失的情况下由货主单位重新按实际发货数冲单（票）解决。如果形成直接经济损失，应按赔偿损失单据冲转调整保管账。

④ 包装破漏。包装破漏是指在发货过程中，因为商品外包装破散、砂眼等现象引起的商品渗漏、裸露等问题。这问题主要是在储存过程中因堆垛挤压、发货装卸操作不慎等情况引起的，发货时都应经过整理或更换包装，方可出库，否则造成的损失应由仓储部门承担。

⑤ 漏记和错记账。漏记账是指在商品出库作业中，由于没有及时核销商品明细账而造成账面数量大于或少于实存数的现象。错记账是指在商品出库后核销明细账时没有按实际发货出库的商品名称、数量等登记，从而造成账实不相符的情况。无论是漏记账还是错记账，一经发现，除及时向有关领导如实汇报情况外，还应根据原出库凭证查明原因调整保管账，使之与实际库存保持一致。如果由于漏记和错记账给货主单位、运输单位和仓储部门造成了损失，应予以赔偿，同时应追究相关人员的责任。

思考题

1. 电子电器产品入库的程序是怎样的？
2. 电子电器产品出库的程序是怎样的？

知识拓展

商品入库管理制度

（1）仓库保管员收到厂方正式发票（出库单）或储运部转来运单、随货同行联、到货通知单后，要及时转交，由合同员审核、注销合同、加盖经销商品章转公司物价员编号、核定价格。

（2）仓库保管员接到物价员转来的票据后，凭此票验收商品数量、品名、规格、包装、质量等，票货相符、质量合格后，将商品入库。

（3）仓库保管员凭审核、定价后的原始单据（厂方的正式发票或随货同行联、到货通知单等），填制"经销商品入库单"第1~5联。

（4）仓库保管员将原始单据及自制入库单第1~5联转商店商品账进行复核、签字后，再转给仓库保管员。

（5）仓库保管员在自制第1~5联入库单上加盖"货已收讫"章及签名后，自留第1联，增记"库房经销库存明细账"中入库数量，随后将第2~4联及原始单据转商品账，第5联转营业部（柜台）。

（6）商品账接到仓库保管员转来的"经销商品入库单"第2~4联，凭第3联记"经销库存商品明细账"进货数量，结存数量、内库增加。

（7）商品账根据当日"经销商品入库单"填制营业部"进销存日报表"第1~3联，凭第1联记经销库存商品金额账，库存金额增加。

（8）商品账将进销存日报表第2联附进货原始单据及入库单第2联转会计室，进销存日报表第3联附入库单，第4联转统计员。

（9）商店会计员接到转来的"进销存日报表""原始单据""经销商品入库单"审核无误后，做记账凭证入账。统计员也做相应的账务处理。

基本技能 2　熟悉电子电器产品保管基本业务

活动：谁是优秀团队

活动形式：团队竞赛

活动过程：（1）教师向学生说明本次活动的目的、内容及注意事项。

（2）各组事先准备规定的 8 种共 10 件物品，组员自行分工负责物品的入库登记、存放保管、出库领取等工作。

（3）在教室布置出一个物品保管区域作为模拟仓库。

（4）各小组依次出场，完成 3 个小组共 30 件物品的入库登记、存放保管、出库领取等任务，并对整个过程计时。

（5）根据任务完成质量和时间综合评定成绩，出错少、完成时间短者获胜。

（6）教师为获胜队颁发奖品。

（7）各组在教师的引导下，对本次活动进行分析总结。

活动成果：小组竞赛总结表（见表 9-6）。

表 9-6　　　小组竞赛总结表

总　结　项　目	结　　果
（1）获胜队取胜的原因在哪里	
（2）非获胜队存在的问题在哪里	

基本知识

一、存储商品保管的含义

储存商品保管就是研究商品性质以及商品在储存期间的质量变化规律，积极采取各种有效措施和科学的保管方法，创造一个适合商品存储的条件，维护商品在存储期间的安全，保护商品的质量和使用价值，最大限度地降低商品的损耗。

存储保管是电子电器产品营销过程的重要环节。它能够调整电子电器产品生产和消费的时间差别，维持市场稳定；衔接电子电器产品流通过程；反映市场信息；提供信用保证；为电子电器产品的经营销售提供现货交易的场所。

二、电子电器产品存储保管的基本业务

处于流通过程中的电子电器产品的存储保管具体包括以下业务。

1. 物资存储

物资的存储有可能是长期的存储，也可能只是短时间的周转存储。进行物资存储既是仓储

活动的表征，也是仓储的最基本的任务。

2. 流通调控

流通控制的任务就是对物资是仓储还是流通做出安排，确定储存时机、计划存放时间，当然还包括储存地点的选择。

3. 数量管理

仓储的数量管理包括两个方面：一方面是存货人交付保管的仓储物的数量和提取仓储物的数量必须一致；另一方面是保管人可以按照存货人的要求分批收货和分批出货，对储存的货物进行数量控制，配合物流管理的有效实施，同时向存货人提供存货数量的信息服务，以便客户控制存货。

4. 质量管理

为了保证仓储物的质量不发生变化，保管人需要采取先进的技术、合理的保管措施，妥善和勤勉地保管仓储物。

5. 交易中介

仓储经营人利用大量存放在仓库的有形资产，利用与物资使用部门广泛的业务联系，开展现货交易中介具有较为便利的条件，同时也有利于加速仓储物的周转和吸引仓储。

6. 流通加工

加工本是生产的环节，但是随着能满足消费者多样化、个性化需求的，变化快的产品的生产发展，也为了严格控制物流成本的需要，生产企业将产品的定型、分装、组装、装潢等工序留到最接近销售的仓储环节进行，使得仓储成为流通加工的重要环节。

7. 配送

仓储配送业务的发展，有利于生产企业降低存货、减少固定资产投入、实现准时制生产；商店减少存货，降低流动资金使用量，且能保证销售。

8. 配载

货物在仓库集中集货，按照运输的方向进行分类仓储，对运输车辆进行配载，当运输工具到达时出库装运，确保配送的及时进行和运输工具的充分利用。

三、电子电器产品保管基本作业

商品验收入库后，便进入储存保管阶段，这是仓储业务的重要环节。其主要内容包括：根据库区、库容的合理规划和货位合理布局；对商品正确堆码；商品的保管维护；商品的盘点、检查和保管损耗控制，等等。通过商品的在库科学管理，保持商品原有价值和使用价值。

1. 商品储存区域的合理布局

储存区域的合理布局是指将各种商品合理地布置到库房、货棚、货场的平面和空间，以利于提高仓库的利用率。

（1）储存区域的平面布局。仓库储存区域的平面布局是否合理，可用仓库面积利用率来衡量。仓库储存区域平面利用率通常是保管面积占总面积的30%～60%；入出库道路占总面积的10%～20%；检验与准备入库货区占总面积的15%～25%；商品集结区占总面积的5%～10%。

（2）仓库储存区域的竖向布局。仓库的竖向布局是指库存商品在仓库立体空间上的布置，即货垛和货架的实际高度与仓库建筑高度的布置关系。通常仓库竖向布局采用的方式有：①就地码垛；②托盘堆码；③集装箱堆码；④使用货架；⑤空中悬挂；⑥采用架子平台。

（3）储存区域合理布局的要求。

① 尽量扩大存放商品的储存面积，同时也要合理安排作业通道、货垛间距、收发货场所占用的非保管面积。

② 保证仓库作业的连续性，使商品的收发保管作业互不干扰。

③ 合理利用仓库地坪承载能力。

④ 注意保证商品的存放安全。

2. 商品存放的原则和堆码方式

（1）商品存放的原则。

① 面向通道进行保管。

② 尽可能地向高处码放，提高保管效率。

③ 根据出库频率选定位置。

④ 同一品种在同一地方保管。

⑤ 根据商品重量安排保管位置。

⑥ 根据商品形状安排保管方法。

⑦ 根据先进先出的原则。

（2）商品的堆码方式。商品的堆码方式由商品的性能、形状、包装、仓储设备、存放场所和季节、气候等决定。从实践来看，为便于商品保管、清点数量的便利，以及仓库容量的有效利用，常用的堆码方式主要有如下几种。

① 散堆方式：指将无包装的散货在仓库或露天货场上堆成货堆的存放方式。这种方法适用于不用包装的颗粒状、块状的大宗散货等。

② 货架方式：使用通用和专用的货架进行商品堆码的方式，主要适用于存放不宜堆高、需特殊保管存放的小件包装的商品等。

③ 成组堆码方式：采用成组工具先将商品组成一组，使其堆存单元扩大。可以用装卸机械成组搬运、装卸、堆码。常用的成组工具有托盘、网络、绳扣等。

④ 垛堆方式：直接利用商品或其包装外形进行堆码，适用于有外包装和不需要包装的长、大件商品等。

3. 商品检查、盘点、养护与保管损耗

（1）仓储保管期间的商品检查。为了保证储存保管的商品质量完好、数量完整，必须经常和定期对所保管的商品进行数量、质量、保管条件、安全等的动态检查，这是仓库保管业务的一项综合性措施。检查内容主要有：

① 数量检查。检查账上的记载是否正确，核对账、卡、物是否一致。

② 质量检查。检查商品质量有无变化，如有无受潮、玷污、锈蚀、发霉、鼠咬等现象。必要时，还要进行技术检查。

③ 保管条件检查。检查商品堆码是否合理稳固，库房是否漏雨，货场是否有积水，通风是否良好，库内温度、湿度是否符合要求等。

④ 安全检查。检查仓库各种安全措施和消防设备、器材是否齐备，是否符合安全要求等。检查的方式可以分为日常检查、定期检查和临时检查等。

（2）商品盘点。

① 盘点的方式。商品的盘点是指定期或临时核对库存商品实际数量与保管账上的数量是

否相符；查明超过保管期限、长期积压商品的实际品种、规格和数量，以便提请处理；检查商品有无质量变化、残损等情况；检查库存商品数量的溢余或缺少的原因，以利于改进商品的仓储管理。盘点方式通常有两种：一种是定期盘点，即仓库的全面盘点，一般是每季度进行一次；另一种是临时盘点，当仓库发生商品损失事故，或保管员更换，或仓库与货主认为有必要盘点对账时，即组织一次局部性或全面的盘点。

② 盘点的内容。商品盘点主要包括数量盘点、重量盘点、货账核对和账账核对等方面的内容。在进行商品日常盘点时，可以采用动态盘点、循环盘点和重点盘点等方法。动态盘点是指在发生出库动态时，就随之清点商品的余额，并与保管卡片的记录数相互对照核对；循环盘点是指按照相关商品入库的先后次序，有计划地对库存保管商品循环不断地进行盘点的一种方法，即保管员按计划每天都盘点一定量的在库商品，直至库存商品全部盘点完毕，再继续下一循环；重点盘点是指对商品进出动态频率高的，或者易损耗的，或者昂贵重要的进行盘点的一种方法。通过这些盘点方法，确保定期盘点和临时盘点的准确性，从而保证盘点的质量。

（3）商品的养护。商品养护是指商品在储存期间所进行的经常性的保养和维护工作。由于库存商品在外界环境各种因素的影响下会发生物理、化学变化，为了维护商品的使用价值，确保商品储存安全，最大限度地降低商品损耗和减少商品的损失，保障市场供应，必须做好商品储存期间的养护工作。

在电子电器产品保管过程中，对产品质量产生影响的因素主要是温度、湿度及尘埃等。所以应加强仓库管理，在仓库内外设置温度计和湿度计，经常检查温度和湿度；根据库存产品的各种性能要求，分别采取恰当的措施，如通风、降温、吸潮、避光等；严格执行商品在库检查，对库存商品的质量情况，应进行定期或不定期的检查。

商品在装卸、搬运、堆垛、盘点的操作过程中，应严格操作规程，防止商品及包装受损。对怕压、怕震、易碎、易燃商品，要轻拿轻放。要经常保持仓库和周围环境的清洁卫生，对库存时间较长的商品要及时处理，以免日久而影响质量。

（4）商品的保管损耗。商品的保管损耗是指在一定的期间内保管这种商品所允许发生的自然损耗，一般以商品保管损耗率来表示。

造成电子电器产品保管损耗的原因主要是业务人员的失职和保管不善使商品损坏或丢失而造成的损耗。

四、电子电器产品储存合理化

库存是按照商品流通规律，以保证商品流通的连贯和畅通为基本职能的。对库存总量的要求是：既不脱销，又不积压，能加速资金周转和提高经济效益，使商品流通顺利进行。为此，商品合理储存应符合数量适当、结构合理、时间适当、空间合理的要求。

1. 仓储合理化的内容

（1）存货数量合理化。储存量过多或过少会导致商品积压或脱销。适当的库存数量应当是刚好保证销售的连续略有余量。当商品销售量大或商品供求偏紧时，存货量应多些，销量不大或供求平缓时，存货量可少些；易损、易燃、需要特殊保管条件的，备货量不宜多。

（2）存货结构合理化。不同品种、规格、质量的商品储存数量关系要适应一定时期内消费者的需求结构。要做到存货结构合理，对外必须熟知市场行情，通过市场调查，了解哪些商品好销，哪些商品滞销，哪些商品销路一般；对内必须掌握各类商品的性能、用途、特点及其库存量。内外结合，综合分析，发现结构不合理要及时采取措施，加以调整。

（3）存货期限合理化。商品在库超过一定期限，保管费用支出会大于进销差价，便发生亏损，故存货期不能超过保本期。要经常分析商品的寿命周期阶段，以便及时采取对策，寿命周期短的，储存时间不宜过长。

（4）库存空间合理化。要在库址选择、库内分区分类、编码符合标准的基础上，做好以下三项工作。

① 做好季节性货位调整工作，注意季节差异和市场销售商品品种数量变化。
② 做好日常货位记录与管理工作。
③ 做好预留机动货位工作。

总之，合理空间是一个相对概念，是商品库存与商品经营的动态适应过程。

2. 实现仓储合理化的途径

（1）实行 ABC 管理。由于在仓库中一般库存的商品品种非常多，所以在管理过程中必须根据具体情况实行重点管理，才能取得确实效果。一般采用 ABC 管理可以达到预期要求。ABC 管理就是把物品分成三类，例如把占总数 10%左右的高价值的商品定为 A 类；占总数 70%左右的价格低的物品定为 C 类；A 和 C 之外的 20%则为 B 类。在库存管理中应区别对待各类物品，A 类物品应在不发生缺货条件下尽可能减少库存，实行小批量订货，每月盘点；C 类则可制定安全库存标准，进行一般管理，订货批量大，年终盘点；对 B 类则两月盘点一次。除按价值分类外，还可根据销售难易程度、缺货产生的后果等因素进行 ABC 分类，或者综合几种因素进行分类。总之，要符合仓库管理的目标和仓库本身的具体情况。

（2）应用预测技术。销售额的估计和出库量的估计等需要精确地预测，这是库存管理的关键。由于库存量和缺货率是相互制约的因素，所以要在预测的基础上，制定正确的库存方针，使库存量和缺货率协调，取得最好效果。对于预测的数据也不可过分依赖，因为预测总是以过去的数据为基础进行的，预测计算和实际情况有一定出入。为此，在预测时应尽可能依据最新的数据和信息。另外，订货周期和供货延迟期要尽量缩短，这样可以提高预测的可靠性。

（3）科学的库存管理控制。库存控制主要是对库存量进行控制。库存量过多将会导致许多问题，如占用过多的流动资金，为此付出相应的利息；存货过多则仓库的各种费用，如库存费、保险金、劳务费也随之增加；此外，还会导致商品过时、失效等损失。但一味降低库存又会出现缺货率上升的风险。因此，库存控制应当综合考虑各种因素，采用科学的库存管理控制方法以满足三方面要求：降低采购费等综合成本；减少流动资金，降低盘点资产；提高服务水平，防止缺货。

思考题

1. 库存商品存放的原则是什么？
2. 库存商品检查、盘点和养护的主要内容有哪些？
3. 实现仓储合理化的途径有哪些？

知识拓展

一、仓储作业纪律

作业纪律是集体作业管理中必不可少的条件。它要求每个员工按照有关规定、制度和要求去进行工作，完成自己所承担的工作任务。

仓储作业人员应遵守的纪律主要有以下几个方面。

（1）组织纪律。每个员工都要服从调度，听从指挥，遵守个人服从组织、下级服从上级的组织原则，对部门主管分配的工作不讨价还价，并保证圆满完成工作任务。

（2）生产技术纪律。每个员工都必须严格遵守各种规章制度，如岗位责任制、安全技术规程、交接班制度等。

（3）工作时间纪律。每个员工都要遵守考勤制度，坚守工作岗位，并将工作时间全部用于业务工作。

（4）安全保卫纪律。要求每个员工严格遵守有关仓储安全保卫工作的规章。

二、仓库安全管理

现代仓库的安全管理是其他一切管理工作的前提和基础，具有十分重要的意义。现代仓库的安全管理主要包括现代仓库设施、设备、仓储商品等物质的安全管理和仓库保管人员的人身安全管理两大方面。仓库的安全管理应始终贯穿于仓储管理的全过程，并尽全力抓好。从商品入库验收、堆垛、到商品保养，直到商品出库点交，都离不开安全工作。所以企业仓库要制定仓库安全管理制度并要求严格遵守，以保证仓库的安全。

某企业仓库安全管理制度

（1）严格执行企业安全保卫的各项规章制度。仓库安全工作要贯彻预防为主的方针，做好防火、防盗、防汛、防工伤等工作。

（2）建立健全各级安全组织，做到制度上墙、责任到人、逐级把关、不留死角，本着"谁主管谁负责、宣传教育在前"的原则，坚持部门责任制。

（3）若库区配备消防器材和工具，应按企业内部规定执行，不得私自挪用。

（4）严禁各种生活用危险品、车辆、油料、易燃品进入库区。

（5）仓库区域严禁烟火和明火作业，确因工作需要动用明火，按企业有关安全规定执行。

（6）加强用电管理。建立班前班后检查记录制度，做好交接检查的详细记录。

（7）加强对企业内门、窗、锁的管理，出现问题及时向有关部门汇报，及时采取措施。末班人员下班后，将钥匙交到保卫部门，方可离去。

若因违反以上规定而造成物品损失，按企业有关规定处理。

模块技能训练

一、请讨论并回答下列问题

1. 为什么电子电器产品入库、出库需要办理详细的登记手续？
2. 为什么电子电器产品仓储要求实现合理化？
3. 为什么要对仓库存放商品实施检查、盘点、养护等保管措施？

二、业务训练

情景模拟：角色扮演图书管理员

每人提前准备两本书刊，并为每本书刊制作一张信息卡片作为借阅凭证；在教室的某个区域通过合理设计和布置，建立一个模拟"图书馆"；各小组轮流扮演图书管理员的角色，其他同学则扮演读者向其借、还书刊。对借阅过程中出现的问题，大家集体讨论，共同解决。

三、技能实训

实地参观考察

活动形式：以小组或班级为单位走访一家企业仓库。

活动要求：（1）遵守企业有关规章制度；

（2）认真观察物品进、出仓库的详细过程；

（3）细心观察库存物品储存区域布局、存放形式和堆码方式；

（4）做好观察记录；

（5）重视团队合作；

（6）参观过后，以小组为单位撰写一份考察报告。

活动成果：小组参观考察报告。

营销小故事

高露洁在日本岛上的促销

美国的高露洁牙膏在进入日本这样一个大的目标市场时，并没有采取贸然进入、全面出击的策略，而是先在离日本本土最近的琉球群岛上开展了一连串的广告公关活动。

他们在琉球群岛上赠送样品，使琉球的每个家庭都得到免费的牙膏。因为是免费赠送的，所以琉球的居民不论喜欢与否，每天早上都是使用高露洁牙膏。

这种免费赠送活动，引起了当地报纸、电视的注目，把它当作新闻发表，甚至连日本本土的报纸、月刊也大加报道。

于是，高露洁公司在广告区域策略上就达到了这样的目的：以琉球作为桥头堡，使得全日本的人都知道了高露洁牙膏，以点到面，广告效果十分明显。

营销启示：营销攻坚战究竟该怎么打？一般而言，有两种方法：正面进攻和侧面出击。当企业对战场不熟悉、群众基础尚未建立之时，先建立稳固的根据地，从侧面入手是一种稳健可行的策略。

模块学习测验与总结

一、选择题

1. 商品验收核对时应严格执行（ ）的操作规则。

A. 以单为主　　B. 抽样验收　　C. 以单核货　　D. 件件过目
2. 配货中要执行（　　）发货原则。
A. 先进先出　　B. 大货先出　　C. 易坏先出　　D. 坏货不出
3. ABC 管理法中把占总数 10%左右的高价值的商品定为（　　）类。
A. A 类　　　　B. B 类　　　　C. C 类　　　　D. 其他类
4. 仓储合理化的基本内容是（　　）。
A. 库存空间合理化　　　　　　B. 存货结构合理化
C. 存货期限合理化　　　　　　D. 存货数量合理化
5. 商品出库的形式主要有（　　）。
A. 送货　　　　B. 理货　　　　C. 提货　　　　D. 配货

二、判断正误

1. 仓储就是把产品存储在仓库里，进行备用和交换。　　　　　　　　　（　　）
2. 商品存放时应尽可能向高处码放以提高保管效率。　　　　　　　　　（　　）
3. 提货形式是由客户到仓库提货或储运人员提货。　　　　　　　　　　（　　）
4. 电子电器产品消费者购买过程中最重要的角色是购买者。　　　　　　（　　）
5. 仓库对商品的内在质量和包装内的数量，一般不负责验收。　　　　　（　　）

三、案例分析

>>> **案例 9-1**

电器仓库突发大火损失在千万元以上

2006 年 12 月 20 日中午 11 时 30 分许，位于西安市长乐东路的 809 库内一座数千平方米的电器仓库南部突起大火。

火苗是从仓库的南边先蹿起来的，一位曾参与救火的工人回忆，救火时，有些同事脸都被熏黑了，"但里面放着上万台冰柜、空调，都包着纸箱和塑料泡沫，见火就着，我们根本压不住，还好没人受伤。"

中午 12 时，119 接到火警，24 辆消防车陆续赶到现场时，南仓库已成火海。消防战士们一步一探，对每个火点逐一消灭。在他们脚下，仍在燃烧的电器不时发生爆炸。经过消防战士两个多小时的英勇奋战，下午 2 时许，明火被扑灭。

工人们估计，火灾的损失最少在千万元以上。"火灾发生 30 分钟才报警，太晚了！"西安市公安局消防支队副支队长贾西海说："灭火的最佳时间在 20 分钟内，如果他们早报警，损失绝对不会这么大。"

据查，此起火灾是由于该仓库工作人员违反规定，在仓库内抽烟所致。

问题：谈谈你对仓库安全问题的认识。

四、个人学习总结（表 9-7）

表 9-7 个人学习总结

我学到了哪些知识	
我学会了哪些技能	
我哪里学得不够好？原因及措施怎样	

模块学习评价（表 9-8）

表 9-8 模块学习评价表

小组：		姓名：	评价总分：		
评价项目		评价依据	优秀 8~10分	良好 6~8分	继续努力 0~6分
自我评价 20分	学习态度	遵守纪律；学习主动；积极参与小组活动和讨论；尊重同学和老师；具有较强的团队精神、合作意识；能客观有效地评价同学的学习			
	目标达成	达到学习目标；按要求完成各项学习任务			
	自评合计分				
	其他组员	评价依据	优秀 20~30分	良好 10~20分	继续努力 0~10分
小组互评 30分		（1）积极参与小组活动和讨论；具有较强的团队精神、合作意识；服从角色安排 （2）对小组活动贡献大小 （3）知识目标达成情况 （4）技能目标达成情况			
	……				
	小组平均分				
		评价依据	优秀 8~10分	良好 6~8分	继续努力 0~6分
教师评价 50分	学习态度	综合表现			
	个人评价	自评结果			
	小组评价	互评结果			
	小组活动	活动成果			
	测验	测验结果			
	教评合计分				

模块十

电子电器产品销售实务

教学目标

知识目标	了解电子电器产品销售的类型及方式;熟悉电子电器产品零售业务程序以及售后服务的基本内容
技能目标	懂得消费心理和销售技巧;具备电子电器产品销售基本工作能力
教学方式	学生自主学习、合作学习;教师授导;座谈会;情景模拟;案例研讨;实地观察
参考学时	4学时

模块基本技能

基本技能 1 了解电子电器产品销售方式

活动:座谈会

活动形式:座谈讨论。

活动过程:(1)教师向学生说明本次活动的目的、内容及注意事项。

(2)以小组为单位讨论表10-1所列问题,组长负责记录。

(3)讨论过程中教师给予必要的指导。

(4)小组发言人宣读讨论结果。

(5)教师对本次活动情况进行评价;对表现好的小组和个人加以表扬或奖励,尤其要鼓励学生的创造性思维。

活动成果：小组座谈记录（见表10-1）。

表10-1　　　　　小组座谈记录表

研 讨 问 题	研 讨 结 果
我所知道的购物方式有哪些	

基本知识

一、商品销售的概念及其分类

商品销售是指商品所有者通过货币关系向货币所有者让渡商品的经济活动，也就是从企业已有的产品出发，以推销产品为目的的一种市场营销活动。从商品由生产领域向消费领域转移的全过程来看，市场上的商品销售活动可按商品的出售者分为三类。

1. 生产销售

生产销售存在两种情况：一种情况是生产者将商品直接卖给消费者或生产用户，供消费者的日常需要或生产者作为再生产用；另一种情况是生产者将商品卖给中间商供转卖。而后者即商业企业的采购。

2. 批发销售

批发销售也有两种情况：一种情况是将商品（主要是消费品）批量供应给其他批发商或零售企业，供进一步转售；另一种情况是将商品（主要是生产资料）批量供应给生产加工企业，作为生产消费。

3. 零售销售

零售销售是直接面向广大消费者和社会集团的商品销售活动，将商品出售给城乡居民以满足人们的日常生活需要；出售给社会集团，供作非生产性的公用消费。

从上述三类商品销售活动来看，后两类是由商业企业完成的。商业企业的销售活动，按其销售对象和用途又可以分为供转售和供消费两种情况。供转售是在中间商之间进行的，并未离开流通领域；供消费是在中间商、消费者和社会集团之间进行的，它离开了流通领域进入消费领域。

二、电子电器产品批发业务程序

1. 本地商品销售的业务程序

企业批发商品销售业务程序与商品交接货方式和结算方式有很大的关系。一般来说，本地商品销售采用提货制或送货制，货款结算大多采用支票、委托收款结算方式。

采用提货制交接方式，一般由购货单位派采购员到供货单位去选购商品，由供货单位的业务部门填制统一规定的"专用发票"，如联次不够，可增开补充联或另开发货单作附件。除留下存根联备查外，其余各联交购货单位采购员办理结算货款和提货手续。供货单位财会部门在收到货款后，在"发票联"上加盖收款戳记，留下"记账联"，其余联次退还给购货单位采购员到指定的仓库提货。

若企业在本地出售商品采用送货制方式，一般有两种作法：一种是购货方先付货款，然后由供方将商品送到购货方；另一种是根据供货合同，供方先将商品送至购货方，经购货单位验收后，支付货款。采用第一种作法，其业务程序与提货制商品销售的业务程序基本相同，其中送货运费根据合同或由供货方负担，或由供货方定期向购货方结算。采用第二种作法，一般要有一个送货验收的过程，其业务程序是：由供货单位业务部门根据购销合同或要货单，填制"专用发票"，留下存根联备查，其余各联交储运部门向仓库提货送往购货单位，将发票联、税款抵扣联交购货单位凭以验收商品、结算货款。当购货方验收商品后，由送货人员将对方验收凭证带回，连同记账联转财会部门。货款由财会部门办理托收，或由购货方通过银行转来。

2. **异地商品销售的业务程序**

异地销售一般采用发货制，货款结算大多采用托收承付、委托收款结算方式。采用发货制交接方式，一般由供货单位的业务部门填制"专用发票"，留下存根联备查，其余各联交储运部门向仓库提货，并办理商品发运手续。商品发运时，储运部门将发票联、税款抵扣联和记账联连同商品发运证明、垫付运杂费清单，一并送交财会部门。财会部门审核无误后留下记账联，其余凭证据以向开户银行办理托收货款手续。财会部门根据托收凭证回单联和记账联进行账务处理。

三、电子电器产品零售企业的销售方式

零售企业的销售对象是最终消费者，用户购买的目的是为了最终消费。由于购买对象不同、购买目的不同，零售企业的销售方式与批发企业的销售方式也有所不同。电子电器产品零售企业的销售方式主要有以下几种。

1. **门市销售**

门市销售是商业企业在固定的场所进行商品销售的方式，其销售方式主要有四种。

（1）柜台销售。这种销售方式是用柜台将顾客和售货员分隔开，商品摆放在柜台或货架上，顾客选购商品必须经过售货员的传递通过柜台进行交易。这种方法的优点是售货员可以直接向顾客介绍商品，帮助挑选，并可以随时听到顾客的意见，便于信息的收集和反馈，同时便于商品的保管，确保商品的安全，避免丢失和污损。但这种方法的缺点也很明显，主要是售货人员的劳动强度较大，需用售货人员较多，且不便于顾客的挑选。所以它一般只适用于零星细小、交易频繁、顾客的选择性不强、贵重的商品，如首饰、手机、手表等。

（2）敞开式销售。这种销售方式是顾客与售货人员在同一场地，没有柜台相隔，顾客可以直接接触商品，自由进行选购。顾客选定商品之后交给售货人员拿取，包装商品。这种销售方式的优点是减轻了售货人员的劳动强度，顾客可以自由地选购商品，提高了顾客的购买兴趣和满意程度，提高了成交率，但在货物的管理上相对比较困难。它适用于花色品种比较复杂、挑选性较强的产品和大件笨重产品，如电冰箱、电视机、空调等。

（3）半敞开式销售。这种销售方式吸取了上述两种销售方式的长处，一般是把商品陈列在柜台上或柜外，顾客可以自由地挑选，选好后售货员在柜台内办理成交，收付货款。它适用于式样品种较为多、挑选性比较强的产品，如笔记本计算机、影碟机、电动自行车等。

（4）自选式售货。它是由敞开式售货发展而来，货物有外包装，并标明价格，摆放在货架上，由顾客自由选购。售货员的主要工作是解答顾客提出的问题，补充、摆放、看管商品。顾客自己到电子收款机处付款。这种销售方式的优点是售货人员较少，劳动强度较低，商品价格

便宜，便于顾客挑选。其缺点是对商品的包装配送、计算机管理方面的要求较高，并且在货物的管理上难度较大，如电饭煲、电风扇、电话机等。

2. 展览销售

这种销售方式是通过举办展销会，将商品实物或其他资料如图片等，在一定的期限内展览销售。其主要特点是将各种花色品种的商品集中在专柜陈列展销，由售货员宣传介绍，解答顾客提出的问题，引导顾客购买，并常伴有一定的促销活动，如取暖产品展销会。

3. 流动销售

这种销售方式是零售企业销售活动的一种补充方式。它不受营业时间、地点的限制，可以深入到居民区、集市等地方，更接近消费者，便于顾客购买。这种销售方式可以是设摊销售、上门推销、流动售货车等，如深入农村地区的家电"大篷车"。

4. 信贷销售

这种销售方式是商品流通企业为了推销耐用消费品或库存过大的商品，用延期或分期付款的方式向消费者出售商品。它可以扩大或打开商品销路，同时也解决了消费者因一时货款不足而买不到急需商品的困难，如贷款购买大型家电。

5. 网络销售

网络销售就是通过互联网销售产品。例如，目前人们熟悉的各个网上购物平台，如京东、淘宝网、看了又看品牌网、易趣、拍拍等。卖家通过网络交易平台销售产品以便买家选购，这是一种"宅经济"消费趋势。

思考题

1. 电子电器产品批发企业的销售方式有哪些？
2. 电子电器产品零售企业的销售方式有哪些？
3. 电子电器产品销售人员应具备的知识条件有哪些？

知识拓展

电子电器产品销售人员应具备的条件

电子电器产品的销售活动是由销售人员来完成的。在顾客的心中，销售人员是企业的化身，代表着企业的形象，销售人员的素质对销售工作的影响至关重要。一个称职的电子电器产品销售人员必须具备如下条件。

1. 思想政治条件

（1）销售人员必须严格遵守国家的法律、法规。
（2）树立"顾客第一"的观念，具有全心全意为顾客服务的思想。
（3）具有强烈的事业心和开拓精神，热爱本职工作。
（4）能正确地处理好销售人员和企业、顾客、竞争对手之间的关系，遵守销售人员的职业道德。

2. 身体、个性、语言条件

（1）销售人员必须身体健康、精力充沛，具有独立工作和适应各种场合的能力。

（2）必须具有受顾客欢迎的礼仪和风度。

（3）讲究语言艺术，能主动、热情、耐心、周到地接待顾客。

3. 工作态度和工作能力

（1）具有高度的责任心，不怕艰苦，任劳任怨。

（2）应具有较强的工作能力，即具有较好的记忆力、观察力、分析问题和解决问题的能力，必须有想象、思维与表达能力，以及自我约束能力、善于沟通的能力和应变能力等。

（3）具有市场调查研究和搜集市场信息的能力。

4. 专业知识条件

（1）销售人员必须具备一定的科学文化知识。销售人员的科学文化知识越高，就越能在更高的层次上掌握和精通销售的专业知识和技巧。

（2）企业知识。熟悉企业的历史及在同行业中的地位、企业的销售政策、企业的经营范围、商品种类、服务项目、定价策略、交货方式、付款条件及保管方法等销售知识。

（3）商品知识。熟悉企业所经销的电子电器产品的性能、用途、用法；了解产品的基本结构、调试及简单的维修知识；了解竞争对手的情况；了解所经销产品的生命周期等。

（4）用户知识。懂得电子电器产品消费者的消费心理及其购买行为特点，了解谁是商品的购买决策者，顾客的购买动机、购买习惯及采购方式、时间、条件等情况。

（5）市场知识。了解顾客分布规律、增加购买量的途径、潜在用户的情况、潜在销量，以及有关国家政策、法律、法规、措施及规定等。

5. 心理条件

（1）在心理上要有对挫折、委屈的承受能力。

（2）有不怕困难、百折不挠的精神。

（3）有宽宏大量、能接纳各种类型顾客的胸怀。

基本技能 2　熟悉电子电器产品零售基本业务

活动：体验售货过程

活动形式：情景模拟。

活动过程：（1）教师向学生说明本次活动的目的、内容及注意事项。

（2）每位学生事先准备一件商品，并尽可能多地搜集材料，了解有关的产品信息。

（3）学生之间相互展示、介绍自己的商品，并设法说服对方购买。

（4）各小组长负责记录本组成员商品售出情况。

（5）分组讨论各小组成员商品售出与未售出的原因。

活动成果：小组研讨记录表（见表10-2）。

表 10-2 _____小组研讨记录表

小组成员	出售商品	售出与否	原　因
1			
2			
3			
4			
…			

基本知识

一、电子电器产品零售业务程序

1. 售货前的准备工作

售货前的准备工作主要包括出售商品的准备、售货用具的准备、售货场所的准备等。做好售前的准备工作，对于提高销售服务质量和劳动效率，具有十分重要的意义。

（1）商品准备。为了满足消费者的购买要求、保证日常销售的需要，营业前准备商品时应做到库有柜有，数量充足，花色、品种、规格齐全。同时，销售过程中要随时检查和整理，补齐备足商品，保证当天的供应。在准备商品时，柜台上、货架上商品要摆放丰满、布局均衡、一目了然，便于顾客观看和选购，起到指导消费的作用。要注意店容店貌的美化，从而引起顾客观赏商品的兴趣，诱使顾客产生购买行为。

在商品准备时间上，一般要求在晚上营业结束后或是早上开门营业之前完成商品的准备工作。对于一些需要拆包、分件或分装、挑选、装配的商品，也应提前做好准备工作，以提高售货速度，同时节省顾客的等待时间。在备货量上，一般以足够销售一天的商品量为宜。

（2）售货用具的准备。为了做好营业工作，售货人员应在营业前做好售货用具的准备工作。售货用具一般包括计算器、笔、发票、剪刀、螺丝刀、钳子、试电笔、万用表，以及用于包装的袋、盒、绳等。要注意数量充足，妥善保管。

（3）售货场所的准备。售货场所是顾客活动的公共场所。售货场所的准备工作主要是保持店堂的环境卫生。销售人员在营业前要清扫、整理所在柜组内外的环境卫生，保持充足的光源。要充分利用自然光，同时为保证售货场所的光线，需大量使用灯光照明。售货场所内的灯光照明要均匀、柔和、明亮，柜台和橱窗的光源要注意隐蔽以突出商品。注意灯光不要产生阴影，以便顾客清晰观看陈列的商品。营业前要检查灯光照明，若发现故障要及时报修。保持温度正常，空气新鲜。商店要注意通风，可利用自然风，必要时可以利用人工通风。营业前要检查各种设备是否完好，以保证营业场所的清洁和温度。

2. 售货环节

零售企业的售货环节是指在商品售货服务工作中营业人员要依次进行的工作步骤。零售企业不论采用哪种售货方式，大致都经过接待顾客、展示商品、计量包装、收款付货、送别顾客五个步骤。

（1）接待顾客。首先，要有正确的接待顾客的姿态。售货员要穿着商店规定的服装，要保持服装的整洁，精神饱满，化妆淡雅，仪态大方。同时，售货员要固守规定的位置，以正确的姿势站立，心在柜台，不干私活，不聊天，随时准备接待顾客。其次，顾客进店后，要善于观察顾客的来意，用不同的方法接待。来店的顾客一般分为两类：一类是有购买目的的顾客，进店后目光集中，脚步很快，径直向售货员走去；另一类是逛商店的顾客，进门后脚步缓慢，神色自若，目光不集中。对前一类顾客，售货员应主动与其打招呼不让其久等；对后一类顾客，售货员应让他们自由地观看。当他们来到柜台前，对某种商品发生购买兴趣时，售货员就要迎上去热情接待。

（2）介绍商品。介绍商品是以售货员所掌握的商品知识和对顾客心理的观察为基础，向顾客推荐商品。售货员在介绍商品时，一是要注意实事求是，耐心地向顾客介绍商品性能、特点、质量、价格、使用方法和售后服务等，对于不能退换和时间性强的商品，要向顾客讲明不予退换的原因；二是要态度诚恳；三是要讲究方式；四是要有问必答，做到百拿不厌，百问不烦。

（3）包装。当顾客选好商品后，售货员要迅速做好包装工作。包装要做到结实、美观、大方，尽量满足顾客所提出的要求。包装要尽量使用印有店名、店址和经营范围的包装用品，以起到广告宣传的作用。

（4）收款付货。包装好商品后，要开票收款。售货员要有礼貌地收款找零，务求笔笔无差错。收款找零时要做好三唱，即"唱价"，向顾客报商品货价和应收货款总额；"唱收"，报实际收到顾客交付的金额；"唱找"，报应找顾客的零钱数。收款时要注意先收整数，后收零数，当面点清。找零钱时方法相同。最后将包装好的商品交付给顾客。

收款的方式分为三种。

① 货款合一：即一手交钱一手交货的方式。小型电子电器产品多采用这一收款方式。

② 货款分管：即售货员管货不管钱。商店设收银台，由收银员专门负责收款。大型电器产品一般采用货款分管方式。

③ 电子收款机：电子收款机是超级市场进行货款结算的有效工具，它能打印发票和提供各种营业数据，有利于提高收款速度和减少差错。

（5）送别顾客：顾客离柜时，售货员要有礼貌地送别。送别的方式一般分为语言送别和行动送别两种。语言送别是当顾客离柜时，主动招呼"欢迎再来""您走好"等；行动送别是向顾客点头示意、笑脸相送或目送顾客离柜。即使没有达成交易，也应该以诚相待，以表示对顾客的重视和关心，保持良好的企业形象。

3. 结账、盘点工作

商品的结账盘点工作是商业企业经营活动的重要环节。它对加强商品管理，监督商品、货款的安全具有十分重要的意义。售货员要掌握结账盘点的方法和对商品销货款的溢余、短缺的处理。

关于结算工作，实行货款合一收款方式的柜台，要清点当日的销货款，复核准确后，填写"缴款单"送交会计部门；实行货款分管的商店，售货员将缴款凭证汇总计算后和收银员对账，而后，售货员根据"缴款单"销减商品账总金额；实行日清月结的柜台，要当日清点商品余存数，与销货卡片上的数目核对，然后销减商品账中数字。

盘点工作是对商品实存数量及其金额的清点。商品的盘点工作有日销日盘、一周盘点、一旬盘点、月终盘点、临时盘点五种，不管采用哪一种盘点，都要统一参加月终盘点。盘点方式有关门盘点和营业中盘点两种。盘点时，要逐项清查、认真点数，防止重盘和漏盘。要核对价格，看货造表，把商品品名、单价、数量等逐项填入"商品盘点表"中，将每件商品的售价金额加以汇总，与会计账目核对。如果发现有货款不符现象，说明发生了商品和销货款的溢余或短缺问题，要进一步妥善处理。

发生商品损益和销货款的长短款问题的原因主要有四种：第一，进货过程中出现差错，如原包装细数短缺；第二，销售过程中出现差错；第三，商品盘点过程中出现差错，如漏盘、重盘等；第四，其他人为造成的差错，如贪污、盗窃等。如果出现盘点问题，不论数额大小，都要由发现问题的柜组分析原因，提出改进意见，以防止类似差错发生。若属于业务生疏造成的差错，应吸取教训，改进工作；若属于责任事故或监守自盗的，应根据企业有关规定做出处理，对于已触犯法律的，应追究法律责任。

二、售货员销售服务技巧

1. 针对顾客购买商品的心理发展特点提供销售服务

消费者购买商品的心理发展过程与售货员的心理过程是相互联系、一一对应的，心理是二者的联结点。因此售货员为顾客提供销售服务的过程也是售货员与顾客心理沟通的过程，如图10-1所示。

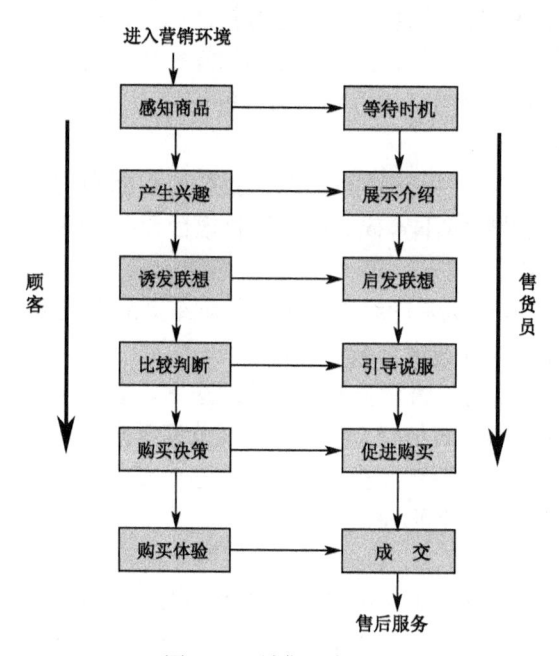

图 10-1　销售服务过程

（1）顾客购买心理发展过程。

① 感知商品。当顾客进入销售环境后，会有意或无意地对周围的物理环境、营业员和其他顾客产生初步印象，接着就会把注意力集中在观赏商品上，不管事先有无购买意图，顾客总是希望找到自己需要或感兴趣的某种商品，这就是销售的基础。

② 产生兴趣。顾客一旦发现目标，就会产生进一步了解商品的兴趣，集中注意，反复观察，如了解商品的品牌、价格、功能、质地、颜色等。这一过程既可能由顾客个人完成，也可能由营业员来协助完成，从而使顾客形成对商品的主观感受。

③ 诱发联想。当感知的商品给顾客留下比较满意的印象时，就可能诱发顾客的联想。例如，联想到使用这种商品的愉快心情，或是它带给人们的种种方便及各种观赏价值等。

④ 比较判断。联想所产生的心理效应，会使顾客增加或减弱对商品购买的欲望。在购买欲望形成的过程中，顾客往往会运用比较的思维方式，对可供选择的同类商品或功能相似的替代商品进行认真细致的分析鉴别，权衡优劣。此时，营业员的意见、评价往往起着重要的作用。

⑤ 购买决策。根据比较阶段的综合评价，顾客明确了对其所选商品的认识，从而做出购买决定，产生购买行为。

⑥ 购买体验。购买行为完成后，顾客的心理活动并没有马上结束，还会形成对购买活动不同的心理感受，如商品满意程度的感受、对营业员服务水平的感受。如果感到满意则会引起重复购买，并向他人宣传；否则，会产生不同程度的失望，甚至导致退货。

（2）售货员销售服务过程。

① 等待接近时机。售货员与顾客的首次真正接触，专家称它是销售过程中的"黄金30秒"。因此，售货员要抓住最佳时机接近顾客，主动热情地向顾客打招呼，争取在30秒内与顾客建立良好的关系，为促成交易打下良好的基础。一般而言，售货员与顾客接近有以下几个时机。

- 顾客长时间注视某种商品的时候。
- 顾客突然放慢脚步或停步注视某种商品的时候。
- 顾客用手指向或接触某种商品的时候。
- 顾客像在寻找什么商品的时候。
- 顾客与售货员目光相对的时候。

② 展示介绍。了解了顾客的购买意图后，售货员就可以根据顾客的不同特点和要求，向其展示或介绍商品。展示商品要力求诉诸多种感官的刺激，如视觉、听觉、味觉、触觉等，突出商品特性并加以适当的介绍。

③ 启发联想。诉诸多种感官的刺激后，售货员强化了顾客的心理感受，此时要启发其兴趣和联想，促进其产生丰富的想象。

一般情况下，售货员要启发消费者的联想，可以采取以下方法。

- 提示法。对于拿不定主意的顾客，售货员可以根据其要求进行符合消费者利益的提示，解除其疑虑。
- 提供经验数据法。利用他人经验、数据来证明商品的使用性能、内在质量等。
- 实际操作法。可由售货员操作演示，也可由顾客自己试用，加深其对商品使用的感受。

④ 引导说服。售货员应细心观察顾客的感知反映，并根据其反应进行引导说服。通常，售货员的说服途径有以下几种。

- 根据顾客对展示商品的不满之处加以客观地评价，委婉地说服。
- 尽可能提供较多的同类商品让顾客进行比较选择。
- 根据不同顾客的特点和需求，有针对性地进行重点说服。例如，对于讲求实用、低价的顾客，可以着重说明商品的高性价比。

⑤ 促进购买。通过启迪和说服，顾客增强了购买欲望。此时，售货员就要帮助消费者坚持这种购买欲望，坚定购买信心，促成购买行为。

售货员常常会采用以下方法来促进顾客的购买行为。

- 提供详细材料，如商品的畅销程度、其他消费者的评价情况等。
- 介绍售后服务内容，如商品售后服务的项目、对比同行的优势及企业信誉等。
- 广泛征询意见，如引导前来陪同购买的顾客提出积极性意见，特别是有影响力的顾客。

● 用恰当的语言鼓励其购买，如优惠期将至、产品紧俏存货不多等。

⑥ 成交。当顾客决定购买后，售货员应快速、准确地办好交易手续，减少顾客等待时间，同时向顾客表示感谢，并欢迎下次惠顾。有时可适当赞美顾客的决定，或关照一些注意事项等，使顾客体验到商品和服务的双重满意。

2. 产品介绍技巧

（1）专注于主题。

主题要明确。不要每种产品都说好，令顾客不知如何选择。在与顾客的交谈过程中不要脱离主题，要始终围绕产品来谈，而不能天南海北、漫无目的地聊天。

（2）要考虑客户的需要。

只有掌握了顾客的想法，才能接近顾客，使顾客觉得销售人员是在为他考虑，而不仅仅是为了赚取，才会赢得顾客的信任，促成交易。

（3）说话要有亲和力和幽默感。

轻松愉快的气氛有助于销售人员和顾客的沟通，而沉闷的解说只会让顾客觉得无聊。

（4）做好演示。

准备好演示所需工具。演示产品的摆设要整齐美观，不要乱作一团。演示过程要保证顺畅，绝不能出现演示失败。

3. 顾客体验技巧

（1）让不想试机的顾客试机。

① 找出顾客不想试机的具体原因，采用合适的语言邀请其试机。

② 让顾客了解试机的必要性。

③ 建议顾客试机时不要轻易放弃。

（2）让挑三拣四的顾客试重点机。

① 保持耐心，引导顾客将目标锁定在1～2款产品上。

② 注意观察顾客的目光，有没有一直盯着某款产品。

③ 引导顾客提问，了解顾客心态、疑问，再有的放矢地解决。

（3）让犹豫不决的顾客做出选择。

① 在体验中突出重点，试出区别。

② 针对顾客的选择提出确定、单一的建议。

③ 对自己的建议要有信心，提出足够的理由打动顾客。

4. 处理异议的技巧

（1）认同。

不论顾客说了什么话，我们都要站在客户的角度，认为他是对的。常用的认同说明语有"那很好"、"您说得很有道理"、"您这个问题提得很好"等。

（2）忽视异议，延后处理。

有时顾客为找借口而提出异议，并不真的想要获得解决或解释。应对这种情况只要面带微笑，以"您真幽默"、"嗯！真是高见"表示认同即可。顾客在以后的时间不再提起，销售人员也不用旧事重提。

（3）举例证实说明。

当出现顾客怀疑你说明的真实性时，可利用第三方的例子进行说明，更加具有说服力。"第三方"并不仅仅指老顾客或产品使用者,还包括权威的行业分析报告、数据统计等。

(4) 补偿说明。

当顾客提出具有事实依据的异议时,应该承认并欣然接受,而不应该强力否认事实。但要给顾客一定的补偿,让他取得心理上的平衡。

(5) 借力使力说明。

当顾客提出某些不购买的异议时,可立刻回复说:"这正是我认为您要购买的理由!"

(6) 价值成本说明。

价值成本说明也叫价值成本分析,当你的销售确实能够为顾客改善工作效率、增加收入或者是降低成本时,就可以选择此法。

思考题

1. 电子电器产品零售的业务程序是什么?
2. 顾客购买商品的心理发展过程是怎样的?

知识拓展

电子电器产品售后服务

电子电器产品售后服务主要是指产品售出后的送货、安装、调试及维修服务等。这是企业销售活动不可缺少的极其重要的组成部分,对于扩大企业销售、提高企业的竞争能力、满足消费需要都具有十分重要的意义。

电子电器产品售后服务的基本内容如下。

1. 送货服务

送货服务又称送货上门。它一般是指由售货方为购买笨重或体积庞大商品的顾客提供方便,负责将商品运送到家。对于购买重量较大、体积庞大的商品和路途较远的商品,或一次购物数量较大的顾客,以及一些有特殊困难的顾客(如老、弱、病、残),公司或直销商必须提供送货上门服务项目。在送货途中一定要注意顾客地址是否准确,货物要小心保存,要轻搬轻放,防止散包和损坏。

根据服务礼仪规范,送货服务需要注意以下五个方面的问题。

(1) 遵守承诺。提供送货服务,通常在售货服务进行之中。即明文公告,或由营业员口头告诉顾客。不论是明文公告还是口头相告,均应将有关的具体规定,诸如送货区域、送货时间等一并告诉顾客,并且必须言而有信,认真兑现自己的承诺。

(2) 专人负责。为顾客提供送货服务,大体上都应当由指定的专人进行负责。在规模较大的销售单位里,往往还需要组织专门的送货人员与送货车辆。即使雇请外部人员负责,也要与之签订合同,以分清彼此之间的责任,并要求对方全心全意地做好此事。

(3) 免收费用。在正常情况下,企业为顾客所提供的送货服务,是不应再额外加收任何费用的。除非顾客对于送货提出某些特定的要求,如进行特殊包装、连夜送货上门并且已与顾客达成付费协议。但费用一经议定,就不得任意更改。

（4）按时送达。送货上门,讲究的是尽快尽早。因此,服务单位应当尽一切可能,使自己的送货服务当时进行或者当天进行。如果一时难以做到,也要争取越快越好。对于自己已经承诺的送货时间,则一定要严格遵守。若无特殊困难,必须在规定的时间之内准时为顾客送货到家。

（5）确保安全。在送货上门的过程中,有关人员应当采取一切必要的措施,确保自己运送货物的安全。如果在送货期间货物出现问题,按惯例应由销售单位负责理赔。根据惯例,送货到家之后,应请顾客对其开箱进行验收检查,然后正式签收。

2. 实行"三包"服务

"三包"服务即包修、包换、包退。实行"三包"是现代电子电器产品生产经营企业服务项目中最基本的服务承诺,也是争取顾客、取得更大销售成绩的有效方法之一。

3. 安装服务

安装服务是指由销售单位负责为顾客上门装配、调试对方所购买的大件商品或成套商品。对于不少消费者来说,销售商能否负责上门装配,往往是他们购买商品时考虑的重要因素。因为有许多大件商品或成套商品,不懂专业技术的人是难以正确装配、调试的。例如,顾客购买空调、热水器、抽油烟机等商品,除要求免费送货外,还要求上门免费安装的售后服务。因此,为顾客提供上门装配、调试服务,不仅能满足顾客的要求,而且也为企业树立了良好形象。

销售单位在提供安装服务时应注意以下几个方面的问题。

（1）约期不误。向顾客提供安装服务,务必要在双方预先约定的时限之内按时进行。切勿一拖再拖、反复延误,甚至毁约不再负责安装。如果那么做,实际上是对消费者权益的一种严重损害。

（2）免收费用。按照惯例,为顾客提供安装服务,对销售单位而言往往是其应尽的一项义务,因此是不应收取任何费用的。有关经办人员在上门进行安装时,也不得以任何方式加收费用或者进行变相收费。

（3）烟酒不沾。安装人员上门进行服务时,应当做到两袖清风,不拿顾客的一针一线。不准私自索取财物,不准要吃要喝,尤其是不准以要挟手段来达到此类目的。

（4）符合标准。为顾客所进行的安装服务,不但要由专业技术人员负责,而且在进行具体操作时,也要严守国家的有关标准。不合标准而随意安装,或是在进行安装时偷工减料,都是不允许的。

（5）当场调试。正式安装完毕之后,有关人员应当场进行调试,并向顾客具体说明使用过程之中的注意事项,认真答复对方为此而进行的询问。当调试无误之后,应由对方正式进行签收。

（6）定期访查。对于本单位负责安装的商品,服务单位本着对顾客负责到底的精神,应在事后定期访查,以便为顾客减少后顾之忧,并及时为其排忧解难。

4. 包装服务

对于消费者购买的有些商品,商家应予以包装,方便顾客携带,保护商品不受损坏。在包装商品时,商家可使用印有本公司名称、生产厂家、地址、电话号码、服务内容的专用包裹或包装袋、包装纸,这样既起到了保护商品的作用,又宣传了公司形象,是一种很有效的广告宣传方法。

5. 建立用户档案

消费者在购买商品的使用过程中经常会遇到这样或那样的问题,企业应建立消费者档案,掌握消费者的使用情况，为消费者提供指导及商品咨询服务，既为消费者提供良好的售后服务，解除他们的后顾之忧，又为商家产品的更新换代提供各项资料，加速产品的更新换代，更好地满足顾客多方面的需求。

模块技能训练

一、请讨论并回答下列问题

1. 如何进行商品的结账盘点工作？
2. 如何根据顾客购买心理过程开展销售工作？

二、业务训练

角色扮演

活动形式：情景模拟。

活动过程：（1）教师向学生说明本次活动的目的、内容及注意事项。

（2）找四位学生充当演员。两人一组。第一组表演场景一、二；第二组表演场景三。给每位演员分派一个角色并把剧本发给他们。给他们一些时间来熟悉角色，然后请他们分别演绎场景一、场景二和场景三。提醒学生要特别注意演员的言行举止，找出售货员所做的对顾客有消极影响的事情。

场景一

顾客：你好！

售货员：（看着顾客走进来，没有表情，也没有说什么）

顾客：嗯，我想了解一些冰箱的信息。

售货员：（语气较为和善，没有直接看着顾客……）好的，我们这里有多种款式的冰箱。你需要一些介绍手册吗，或者你想了解一下价格信息？

顾客：好，我现在只需要一些介绍手册，想带回家看。目前我还没有要买的打算。

售货员：（语气转为冷淡）没关系。那里有你需要的手册（将手册指给顾客），你可以看一看，如果有什么问题，可以给我打电话。

顾客：好的。谢谢你。

售货员：（没表情）。

（顾客转身离开）

场景二

售货员：（看着顾客走进来，面带微笑）早上好。

顾客：你好！

售货员：（直面顾客，做眼神交流）我能为您做些什么吗？

顾客：哦，我想了解一些冰箱的信息。

售货员：好的。我们这里有多种款式的冰箱。您需要一些介绍手册吗，或者您想了解一下价格信息？

顾客：哦，现在我只需要一些手册带回家看。目前我还没有要买的打算。

售货员：没关系。这里有一些您需要的手册（微笑着将手册双手交给客户）。您可以看一看，如果有什么问题，可以给我打电话。

顾客：好的。谢谢你。

售货员：谢谢您的光临。

（顾客转身离开）

场景三

售货员：（看着顾客走进来，面带微笑）早上好。

顾客：你好！

售货员：（直面顾客，做眼神交流）我能为您做些什么吗？

顾客：哦，我想买台计算机。

售货员：好的。请问您要购买的计算机是单位用还是家里用呢？

顾客：是我在家里使用。

售货员：家里使用体积小一点比较好，对吧？

顾客：是的，体积应尽量小。

售货员：您需要功能强大的还是不需要有太多功能的？

顾客：不需要有太多功能的。

售货员：是不是主要用来处理一些文件资料和上网浏览？

顾客：是的，处理文件资料主要在办公室完成，家里只是偶尔上上网。

售货员：嗯，功能要少，体积要小，而且要安装方便、故障少，具有一般文字处理和上网功能是否就行了？

顾客：对，只要这些就行。

售货员：先生，这台Y-009型家用计算机是目前体积最小，具有一般文字输入和上网功能的计算机。它推向市场才一年，品质、性能相当稳定，安装、操作都非常方便，目前正执行优惠价格，才2800元，并提供一年包换、终身保修，非常适合您的要求，您看如何？

顾客：嗯，好的，就买它了。

（3）各小组在教师的指导下展开讨论，回答研讨问题。

（4）组长负责记录，小组发言人代表本组宣读讨论结果。

（5）教师对本次活动情况进行评价；对存在争议的一些问题加以澄清；对表现好的小组和个人加以表扬，对出演角色的四位学生进行奖励。

活动成果：小组研讨记录表（见表10-3）。

表10-3　　　　小组研讨记录表

研 讨 问 题	研 讨 结 果
（1）请指出场景一中售货员做得不好的地方	
（2）请指出场景二中售货员做得好的地方	
（3）场景三中售货员为何如此顺利地就将计算机销售出去了	

三、技能实训

观察售货员销售服务过程

活动形式：实地观察。

活动过程：（1）各小组成员由组长带领利用课余时间到附近的大型商场进行现场考察。采用非参与的方式，仔细观察并记录下售货员在销售服务的整个过程中都采用了哪些有利于商品售出的语言和非语言行为（目光、表情、手势、体姿等）。

（2）组长负责记录、填写考察表，并将考察表整理成电子稿发往教师电子邮箱。

活动结果：小组现场观察表（见表10-4）。

表10-4 _____ 小组现场考察表

语言行为	非语言行为
1.	1.
2.	2.
3.	3.
4.	4.
5.	5.
…	…

营销小故事

两家小店

有两家卖粥的小店，每天的顾客相差不多，都是川流不息、人进人出的。然而晚上结算时，左边这家总是比右边那家多出百十元来，天天如此。这天，我走进了右边那家粥店。服务小姐微笑着把我迎进去，给我盛好一碗粥。问我："加不加鸡蛋？"我说加。于是她给我加了一个鸡蛋。每进来一个顾客，服务员都要问一句："加不加鸡蛋？"有说加的，也有说不加的，大概各占一半。我又走进左边那家小店。服务小姐同样微笑着把我迎进去，给我盛好一碗粥。问我："加一个鸡蛋还是加两个鸡蛋？"我笑了，说："加一个。"再进来一个顾客，服务员又问一句："加一个鸡蛋还是加两个鸡蛋？"爱吃鸡蛋的就要求加两个，不爱吃的就要求加一个。也有要求不加的，但是很少。一天下来，左边这家小店就要比右边那家卖出很多个鸡蛋。

营销启示：给别人留有余地，更要为自己争取尽可能大的领域。销售不仅是方法问题，更多的是对消费心理的理解。

模块学习测验与总结

一、选择题

1. 以下属于批发销售方式的是（　　）。
   A. 柜台销售　　B. 会议销售　　C. 信贷销售　　D. 流动销售

2. 敞开式销售的特点是（　　）。
   A. 顾客与售货员之间有柜台相隔　　B. 顾客与售货员之间有柜台相隔
   C. 顾客可以直接接触商品　　　　　D. 顾客可以直接接触商品
3. 会议销售的基本形式有（　　）。
   A. 供货会　　　B. 联谊会　　　C. 洽谈会　　　D. 展销会
4. 收款找零时要做好三唱，即（　　）。
   A. 唱好　　　　B. 唱价　　　　C. 唱收　　　　D. 唱找
5. 发生商品损益和销货款的长短款问题的原因主要有（　　）。
   A. 进货过程中出现差错　　　　　B. 销售过程中出现差错
   C. 商品盘点过程中出现差错　　　D. 其他人为造成的差错

二、判断正误

1. 收款时要注意先收整数，后收零数。　　　　　　　　　　　　　　（　　）
2. 售货的最后一个环节是收款付货。　　　　　　　　　　　　　　　（　　）
3. 出现货款不符现象，说明发生盗窃问题。　　　　　　　　　　　　（　　）
4. 当感知的商品给顾客留下比较满意的印象时，就可能诱发顾客的联想。（　　）
5. 送货到家之后，应请顾客对其开箱进行验收检查，然后正式签收。　（　　）

三、案例分析

案例 10-1

诚信服务　巧赢顾客心

某顾客到南天店音响柜台，在初步比较后，明确表示想买一套"宝笙"音响。为了主推某公司的"派浪"音响，销售人员并没有急于推荐，先是播放了一段音乐，让他进行音质、性能的比较。顾客表示并未决定购买"宝笙"音响。于是，销售人员在与之巧妙地闲谈中了解到，顾客要为新装修的房子选购一整套家用电器。销售人员抓住机会热心进行导购，实事求是地说明各品牌的优点和不足，为顾客提供参考依据。顾客满意地购了其他商品后，对该销售员的服务及全程陪同十分赞同，就决定购买"派浪"音响。事隔不久，他又带来了亲戚指名要找该销售员为其服务。

顾客对商家产生信任是十分重要的，实事求是、真诚以待是销售中最重要的产品，只有赢得了顾客的心，才会最终赢得顾客。万事没有十全十美的，产品也如此，实事求是既宣传了商家的信誉，又为售后奠定了基础。

问题：为什么实事求是介绍产品不足之处却能达成交易？

四、个人学习总结（表 10-5）

表 10-5　个人学习总结

我学到了哪些知识	
我学会了哪些技能	
我哪里学得不够好？原因及措施怎样	

模块学习评价（表 10-6）

表 10-6　模块学习评价表

小组：		姓名：	评价总分：		
评价项目		评价依据	优秀 8~10分	良好 6~8分	继续努力 0~6分
自我评价 20分	学习态度	遵守纪律；学习主动；积极参与小组活动和讨论；尊重同学和老师；具有较强的团队精神、合作意识；能客观有效地评价同学的学习			
	目标达成	达到学习目标；按要求完成各项学习任务			
	自评合计分				
小组互评 30分	其他组员	评价依据	优秀 20~30分	良好 10~20分	继续努力 0~10分
		（1）积极参与小组活动和讨论；具有较强的团队精神、合作意识；服从角色安排			
		（2）对小组活动贡献大小			
		（3）知识目标达成情况			
		（4）技能目标达成情况			
	……				
	小组平均分				
教师评价 50分		评价依据	优秀 8~10分	良好 6~8分	继续努力 0~6分
	学习态度	综合表现			
	个人评价	自评结果			
	小组评价	互评结果			
	小组活动	活动成果			
	测验	测验结果			
	教评合计分				

模块十一

电子电器产品运输与配送实务

教学目标

知识目标	理解商品运输的概念、方式和采用的一般模式；熟悉商品运输及配送的业务内容和作业流程；熟悉相关手续的办理、商品运输和配送业务基本业务内容
技能目标	具备制定合理运输方案的初步能力；具备电子电器产品配送工作所需的基本业务能力
教学方式	学生自主学习、合作学习；教师授导；情景模拟；座谈会
参考学时	4 学时

模块基本技能

基本技能 1 熟悉电子电器产品运输基本业务

活动：制订旅行计划

活动形式：情景模拟。利用速度、时间、路程的关系解决行程问题。假设同学们计划结伴出游，目的地为北京、上海或广州，各小组分别设计一个经济、快捷且收获最大的 7 日旅行计划。

活动过程：（1）教师利用多媒体课件向学生展示 3 个城市的地图、图片、视频材料，也可通过网站对城市的景点、风俗进行介绍，让学生对准备去的地方有一个基本认识。

（2）分组讨论出行前需要明确的几个问题，如路程、交通工具、花费、时间、可能的收获等；明确活动要解决的 3 个问题：①打算去什么地方？②选择什么交通工具？理由是什么？③以合理为原则设计一个经济、快捷且收获最大的 7 日旅行计划，并用合适的方式（表格、文字、演示文稿等）对计划进行简要的概括整理。

（3）分组进行网络环境下的协助学习。在协作学习过程中同学们自行分工，分别负责查询路程、时间、票价、预测可能的收获、记录和整理数据、比较并计算结果。

（4）同组整理数据，交流意见。汇总本组查询到的各种信息，明确运用哪些信息的数量关系可以计算出何种结果，小组讨论本活动提出的 3 个问题。

（5）整理小组讨论结果，用合适的方式加以概括。

（6）全体同学进行交流汇总。

*活动成果：*一份对本活动提出的 3 个问题的解决方案。

基本知识

一、商品运输的概念

商品运输是指商品借助运力在空间位置上的转移，即运用某种运输工具把甲地的商品运往乙地。通过运输，商品由生产领域进入流通领域，最后进入消费领域，实现商品价值和使用价值。

运输在电子电器产品营销过程中占据十分重要的位置。它需要根据客户的要求，在预定的时间内高效率、低成本地将货物运达目的地。做好电子电器商品的运输工作，可以缩短商品的在途时间，及时满足销售需求，减少在途商品的资金占压，减少商品损耗，降低运输费用，从而提高企业的经济效益。

二、电子电器产品运输的主要方式

电子电器产品运输采用的方式主要有铁路运输、公路运输、水运和航空运输等。

1. 公路运输

公路运输是主要使用汽车在公路上进行货客运输的一种方式。它主要承担近距离、小批量的货运和水运、铁路运输难以到达地区的长途、大批量货运，以及铁路、水运优势难以发挥的短途运输。其主要优点是灵活性强，可采取"门到门"运输形式，即从发货者门口直到收货者门口，而无须转运或反复装卸搬运。其缺点是装运量小、燃料消耗大、运输费用高、受气候影响大，适合短距离运输。公路运输的经济里程一般在 200 千米以内。

2. 铁路运输

铁路运输是使用铁路列车运送客货的一种运输方式。它主要承担长距离、大数量的货运。在没有水运条件的地区，几乎所有大批量货物都是依靠铁路运输。铁路运输的特点是运输量大、运行速度快、安全准时，运费比公路运输低，在运行中有较高的连续性和准确性，受季节气候的影响小，适合大宗商品的远程运输，但灵活性比较差，有些地区不能直接运到。铁路运输经济里程一般在 200 千米以上。

3. 水运

水运是使用船舶运送客货的一种运输方式。它主要承担大数量、长距离的运输，是干线运输中起主力作用的运输形式。在内河及沿海，水运也常作为小型运输工具使用，担任补充及衔接大批量干线运输的任务。其优点是成本低，能进行低成本、大批量、远距离的运输；缺点是运输速度慢，受港口、水位、季节、气候影响较大，所以一年中中断运输的时间较长。

4. 航空运输

航空运输是使用飞机或其他航空器进行运输的一种方式。其特点是运输速度最快，不受地形的限制，能保证远程运输在很短的时间内到达。但飞机运量小、营运成本高、运价高，不能广泛大量地使用它来运送商品，所以适合运送贵重商品、急需运输的商品。

三、电子电器产品运输的主要模式

商品运输一般分为运输和配送。运输和配送的区别在于：所有物品的移动都是运输，而配送则专指短距离、小批量的运输；运输是指整体，而配送则是指运输中的一部分。

电子电器产品的运输主要有两种模式：干线运输和配送。

1. 干线运输

干线运输即一般意义上的运输，是指大规模、高效率、远距离的运输。它一般适用于以下两种情况。

（1）生产厂家到存货地点之间的运输，如工厂到大型中转仓库，工厂到流通中心之间的运输等。

（2）生产厂家到大量用户之间的直达运输。

干线运输通常采用铁路整列、整车运输和船舶运输等。

2. 配送

配送又称为二次运输或末端运输。它与干线运输不同，是一种小规模、多户头的运输。它按照众多用户的不同要求，逐个将货物送给用户，具有送量小、路程短、送达地点不固定且较为分散等特点。配送一般采用汽车运输方式。

干线运输和配送的具体区别见表11-1。

表11-1　干线运输与配送的区别

编　号	干　线　运　输	配　　送
1	长距离大量货物的移动	短距离少量货物的移动
2	据点间的移动	企业送交用户
3	地区间货物的移动	地区内部货物的移动
4	一次向一地单独运送	一次向多处运送，每处只获得少量货物

干线运输和配送往往有机地连接成一个整体。电子电器产品生产经营企业在组织产品运输时，只有把二者有效地配置，才能取得较好的经济效益。

四、电子电器产品运输业务

1. 发运业务

发运业务是指商业发货单位或发货人按照铁路、交通运输部门的规定办理手续，通过一定的运输方式和运输工具，把商品从发运地运送到接受地的业务活动。

运输方式不同，其流转手续、技术操作也有所不同，一般来说具有如下工作程序。

（1）组织配货：就是根据货源、运力的情况，按照货物包装、性能、重量、体积、运价等特点，把货物组织配载在一节铁路货车、一个集装箱或一艘船、一辆汽车内。它是货物运输过程中技术性很强的环节，对车船的利用程度、运费的高低、货物的安全等有着重要影响。

组织配货的方法主要有见单组配、见货组配、按运输计划组配三种。在组配时应注意以下几点。

① 根据合理运输的原则，一般掌握能直达的不中转，能联运的不分运，能合装的不发零担。

② 要确保货物安全，应按照货物性能和铁路、交通部门的货运规章，把适合一起装载的货物组配成一批发运。

③ 要分清轻重缓急，注意以快为主，快中求好，快中求省，快商结合。

④ 要根据铁路、交通部门的货物运价规则，精心计算、比较，实行轻重合理组配，提高车、船装载量。

（2）办理托运手续：是指发货单位根据货物流转和运力情况，向铁路、交通部门要车、迎船、批票等，包括填制各种运输单证和办理具体托运手续两方面。

（3）送货到站：由于送货工作中环节多、手续杂，所以各环节必须严格交接，点验货物，划清责任，保证货物发运工作质量。

（4）组织装运：在办完商品发运交接手续之后，就要组织装运。这是实现组配、提高运输工具装载量、保障货物运输安全的重要环节。

特别应该强调发运时间，备货和调车要衔接一致，保证按时发车、按时装车、按时发运。有些企业和运输部门，采用"网络分析法"严密计算发运业务各项工序的时间，按简繁不同、先后次序组织作业，从而确定最佳的发运时间。

2. 接运业务

接运业务是指企业或运输部门在接到到货通知后，认真做好接运准备工作，把到达的货物完整无损地接运到指定位置的业务活动。接运同样是很重要的作业环节，它关系到运输时间、货物质量和能否及时入库与出售。接运要做好以下几方面的工作。

（1）接运单位必须与运输部门办理交接手续，根据有关货物运输凭证以及数量和质量的要求，接收、清点货物，要手续清楚、责任分明。

（2）接卸货物，必须注意安全，保证质量，严禁野蛮装卸、损伤货物，造成不应有的损失。

（3）提货前准备仓位，货物接卸以后，应立即办理入库手续，进入在库保管环节。

（4）能组织直拨的货物，企业在接到到货通知后，可事先与用户单位联系，当货物到达后，在就近车站、码头或专用线，直接把货物发出，不入库保管，可减少中间环节。

3. 中转业务

凡是从起运地到收获地之间不能一次到达，须经过二次运输，转换两种以上运输工具的就属于中转运输。中转运输起着承前启后的作用，一方面它要把发来的货物接运进来；另一方面，又要把接运的货物发运出去。所以，加强中转管理，对提高运输作业质量是非常重要的。首先，要衔接运输计划，发货单位必须按有关规定，提前将需要中转的运输计划通知中转单位；其次，要事先做好接运和中转准备工作，货物到达后，及时装卸、及时转出；再次，检查加固包装，对中转的货物包装要认真检查，凡是发现已经破损的，应该进行加固或更换，不能货来破转，造成货物损失；最后，物流企业在货物到达后，要及时理货，分批进行，以利中转，避免前后混淆、批次不清而造成混乱，延误中转时间。

五、电子电器产品运输的合理运输

电子电器产品的合理运输是指在运输过程中,按照交通运输条件、产品合理流向和市场供需情况,走最短的里程,经过最少的环节,用最少的运力,花最少的费用,以最快的速度将产品从起运点运达目的地。

1. 影响运输合理化的因素

运输合理化的影响因素很多,起决定作用的有五个方面,称为合理运输的五要素。

(1)运输距离。在运输时,运输时间、运输货损、运费、车辆或船舶周转等运输的若干技术经济指标,都与运距有一定比例关系,运距长短是运输是否合理的一个最基本的因素。缩短运输距离从宏观、微观考虑都会带来好处。

(2)运输环节。每增加一次运输,不但会增加起运的运费和总运费,而且必须要增加运输的附属活动,如装卸、包装等,各项技术经济指标也会因此下降。所以,减少运输环节,尤其是同类运输工具的环节,对合理运输有促进作用。

(3)运输工具。各种运输工具都有其使用的优势领域,对运输工具进行优化选择,按运输工具特点进行装卸运输作业,尽可能发挥所用运输工具的作用,是运输合理化的重要一环。

(4)运输时间。运输是物流过程中需要花费较多时间的环节,尤其是远程运输。在全部物流时间中,运输时间占绝大部分,所以运输时间的缩短对整个流通时间的缩短有决定性的作用。此外,运输时间短,有利于运输工具的加速周转,充分发挥运力的作用,有利于货主资金的周转,有利于运输线路通过能力的提高,对运输合理化有很大贡献。

(5)运输费用。前面已提到运费在全部物流费中占很大比例,运费的高低在很大程度决定了整个物流系统的竞争能力。实际上,运输费用的降低,无论对货主企业还是对物流经营企业来讲,都是运输合理化的一个重要目标。运费的判断,也是各种合理化实施是否行之有效的最终判断依据之一。

2. 不合理运输的表现形式

不合理运输是指在现有条件下可以达到的运输水平而未达到,从而造成了运力浪费、运输时间增加、运费超支等问题的运输形式。它主要有如下七种。

(1)返程或启程空驶。空车无货载行驶,是不合理运输的较严重形式。在实际运输组织中,除必须调运空车的情况不能将其看成不合理运输外,因调运不当、货源计划不周、不采用运输社会化而形成的空驶等,都属于不合理运输的表现。造成空驶的不合理运输主要有以下几种原因。

① 能利用社会化的运输体系而不利用,却依靠自备车送货提货,这往往出现单程重车、单程空驶的不合理运输。

② 由于工作失误或计划不周,造成货源不实,车辆空去空回,形成双程空驶。

③ 由于车辆过分专用,无法搭运回程货,只能单程实车、单程回空周转。

(2)对流运输。对流运输也称为"相向运输"或"交错运输",指同一种货物,或彼此间可以互相代用而又不影响管理、技术及效益的货物,在同一线路上或平行线路上作相对方向的运送,而与对方运程的全部或一部分发生重叠交错的运输称为对流运输。已经制定了合理流向图的产品,一般必须按合理流向的方向运输,如果与合理流向图指定的方向相反,也属于对流运输。

在判断对流运输时需注意的是,有的对流运输是不很明显的隐蔽对流。例如,不同时间的相向运输,从发生运输的那个时间看,并无出现对流,于是可能做出错误的判断,所以要注意隐蔽的对流运输。

（3）迂回运输。迂回运输是舍近取远的一种运输。可以选取短距离进行运输而不办，却选择路程较长路线进行运输的一种不合理形式。迂回运输有一定复杂性，不能简单处之，只有当计划不周、地理不熟、组织不当而发生的迂回，才属于不合理运输，如果最短距离有交通阻塞、道路情况不好或有对噪音、排气等特殊限制而不能使用时发生的迂回，不能称为不合理运输。

（4）重复运输。本来可以直接将货物运到目的地，但是在未达目的地之前，或在目的地之外的其他场所将货卸下，再重复装运送达目的地，这是重复运输的一种形式。另一种形式是，同品种货物在同一地点一面运进，同时又向外运出。重复运输的最大缺点是增加了非必要的中间环节，这就延缓了流通速度，增加了费用，增大了货损。

（5）倒流运输。倒流运输是指货物从销地或中转地向产地或起运地回流的一种运输现象。其不合理程度要大于对流运输，其原因在于，往返两程的运输都是不必要的，形成了双程的浪费。倒流运输也可以看成是隐蔽对流的一种特殊形式。

（6）过远运输。过远运输是指调运物资舍近求远，近处有资源不调而从远处调，这就造成可采取近程运输而未采取，拉长了货物运距的浪费现象。过远运输占用运力时间长、运输工具周转慢，物资占压资金时间长，远距离自然条件相差大，又容易出现货损，增加了费用支出。

（7）运力选择不当。运力选择不当是指运输方式选择不当造成的不合理现象，常见有以下形式。

① 弃水走陆：在同时可以利用水运及陆运时，不利用成本较低的水运或水陆联运，而选择成本较高的铁路运输或汽车运输，使水运优势不能发挥。

② 铁路、大型船舶的过近运输：不是铁路及大型船舶的经济运行里程却利用这些运力进行运输的不合理做法。其主要不合理之处在于火车及大型船舶起运及到达目的地的准备、装卸时间长，且机动灵活性不足，在过近距离中利用，发挥不了运速快的优势。相反，由于装卸时间长，反而会延长运输时间。另外，和小型运输设备比较，火车及大型船舶装卸难度大、费用也较高。

③ 运输工具承载能力选择不当：不根据承运货物数量及重量选择，而盲目决定运输工具，造成过分超载、损坏车辆及货物不满载、浪费运力的现象。尤其是"大马拉小车"现象发生较多。由于装货量小，单位货物运输成本必然增加。

（8）托运方式选择不当。托运方式选择不当，如应选择整车运输，却采取零担托运；应选择直达运输，却采取中转运输等，这是一种会造成运力浪费及费用支出加大的不合理运输。

上述各种不合理运输形式都是在特定条件下表现出来的，在进行判断时必须注意其不合理的前提条件，否则就容易出现判断的失误。例如，如果同一种商品，因商标、价格不同所发生的对流，不能绝对看成不合理，因为其中存在着市场机制引导的竞争，优胜劣汰。如果强调因为表面的对流而不允许运输，则会起到保护落后、阻碍竞争甚至助长地区封锁的作用。

3. 实现运输合理化的途径

实现运输合理化的途径一般有以下几种。

（1）分区产销平衡合理运输。这是根据商品产销分布情况和交通运输条件，在产销平衡基础上，按照一定区域和近产近销原则，规划商品基本流向和范围，制订商品合理的流向图，用这种办法把供销关系和合理运输路线固定下来。要使商品运输合理化、制度化，必须注意三个问题：适应商品产销情况和交通运输条件的变化；充分注意个别品种的产品在不同地区之间的相互调剂；得到有关部门的通力协作。

（2）按经济流向组织商品运输。由于供求关系和消费习惯自然形成一种经济运行形势，形成一定经济区域，于是根据这种流向和范围组织商品运输。必须注意选择工业生产和交通条件发达的城市为中心，同时也要注意打破行政区划的限制。

（3）直达直线运输。直达运输是指越过中间环节，把产品直接运往销地或主要用户；直接运输是指按商品合理流向，走最短里程，合称为直达直线运输。要注意加强各方协作，相互配合，同时注意经济效益。

（4）"四就直拨"运输。"四就直拨"运输是指四种直拨形式：一是就工厂直拨；二是就车站直拨；三是就仓库直拨；四是就车过载直拨。采取"四就直拨"运输既要注意适用范围，也要强调各方配合，重要的是必须贯彻执行"节约费用、双方受益"的原则。

（5）合理使用运输工具。它包括提高技术装载量，一方面改进商品包装，另一方面改进装载技术；提高整车比重；加速车辆周转；组织双程运输，避免空驶。

（6）选择最佳的运输方式。首先要决定采用何种运输工具。如果使用汽车，还要考虑车型（大型、轻小型、专用），是使用自有车还是委托运输公司。

（7）提高运输效率。努力提高车辆的行程利用率、装载率，减少空车行驶，缩短等待或装载时间，提高有效工作时间，降低燃料消耗。

（8）推进共同运输。提高部门、集团、行业间的合作和批发、零售之间的配合，提高运输工作效率，降低运输成本。

思考题

1. 电子电器产品运输的主要方式有哪些？
2. 电子电器产品不合理运输的表现形式有哪些？
3. 实现电子电器产品运输合理化的途径有哪些？

知识拓展

运输包装标志

运输包装上的标志，可根据其作用、用途的不同，分为以下几种。

1. 运输标志

运输标志俗称"唛头"，其作用是在运输过程中使有关人员易于辨识货物，便于核对单证，避免货物在运输中发生混乱或延误，使货物顺利和安全地运抵目的地。运输标志通常刷印在运输包装明显的部位，由一些字母、数字及简单文字组成，有的还伴有几何图形。它主要包括以下三项基本内容。

（1）收/发货人的名称代号、简单的几何图形。有的只有简单的文字或英文字母组成，其中英文字母，根据双方约定，可以是发货人名称或买方名称。

（2）目的地的名称。目的地标志是用来说明货物运往目的地的名称，一般不能用简称或代号。如果途中需要转运，则应加列"转运"字样和转运地名称。

（3）件号。在货物付运时，货主都要对每件货物按照顺序编号，件号标志一般用1/10、10/10等表示，其中分母表示该批货物的总件数，分子表示该件货物在整批货物中的编号，目的是为了便于查对、点数。

鉴于运输标志的实际内容比较多，有时还要加进一些不必要的项目，加上各种运输方式之间对运输标志的要求差异较大，不能适应多式联运的开展，不利于电子计算机在运输和单证流转方面的应用，因此，我国建议统一使用由联合国相关组织制定，并向各国推荐使用的标准运输标志。该标志包括以下四个因素：

（1）收货人或买方名称的英文缩写字母或简称；

（2）参考号，如运单号码、订单号码或发票号码；

（3）目的地，如货物最终目的港或目的地的名称；

（4）件数号码。

现举例说明标准化运输标志，如图 11-1 所示。

```
ABCD ·················································· 收货人代号
1234 ··················································· 参考号
LONDON ············································· 目的地
1/20 ··················································· 件数代号
```

图 11-1　标准化运输标志示例

2. 指示性标志

指示性标志是提示人们在装卸、运输和保管过程中需要注意的事项，一般都是以简单、醒目的图形和文字在包装上标出，故有人称为注意标志。根据我国国家质量监督检验检疫总局发布的《包装储运图示标志》规定，指示性标志如图 11-2 所示。

小心轻放	向上	远离放射源及热源
禁用手钩	怕热	由此吊起
怕湿	禁止滚翻	堆码层数极限
重心点	堆码重量极限	温度极限

图 11-2　指示性标志

3. 运输安全

货物在运输过程中,都要经过发货、收货及装卸、搬运等环节。有些货物要经过长途运输,有的还需要中转才能到达目的地。保证货物在运输过程中的安全是伴随运输管理全过程的一项重要工作。

在货物运输过程中,常见的货物运输事故,一般有以下类型。

(1)属于货物本身性能特点和操作不当引起的事故。例如,一部分属于易腐、易碎、易燃、易爆的货物,如果包装不注意、装卸不小心,在运输中很容易发生事故、损失或酿成灾难。

(2)属于货物在装卸环节和运输途中造成的差错事故。例如,在运输作业和装卸作业中,由于装车、卸车、行车操作不当,车辆振动过大而损坏商品,造成事故;或由于装车时篷布拴得不严,使货物受到雨淋水浸;在装货前,由于车厢清扫不净,造成货物污染等都属于这种差错事故。

(3)属于发货单位填错货票、唛头而发生的事故。由于填错了货物名称、规格、数量、等级、收货人、到站等而错发了商品;由于没有单、货同行,给收货方造成验收困难,而造成错收、错转等都属于这种差错事故。

(4)属于在运输中或装车前、卸车后的车站、港口发生货物丢失、被盗等事故。

(5)属于自然灾害造成货物在运输过程中的损失事故。例如,由于洪水、暴风、暴雨、塌方、断道而造成翻车、沉船等事故。

可见,货物运输事故是多方面原因造成的,所以为了防止或尽量减少事故和损失的发生,物流运输部门必须贯彻"以防为主"的方针,切实采取预防措施,加强运输安全管理,以确保货物运输安全。

基本技能 2 熟悉电子电器产品配送基本业务

活动:课堂讨论

活动形式:小组座谈。主题:邮寄物品是如何送达我们手中的。

活动过程:(1)由教师向学生说明本活动的目的和要求,以及活动过程中可能出现的问题和注意事项。

(2)小组展开主题讨论,讨论内容包括物品邮寄的流程、采用的运输方式以及物品寄出和接受所需要办理的手续等。组长负责记录。

(3)讨论过程中,教师给予必要的指导。

(4)由各小组发言人宣读本组座谈记录,以形成资料共享。

(5)教师对各组讨论情况进行总结评价。对气氛热烈、发言积极的小组和个人予以表扬和奖励,尤其要鼓励学生的创造性思维。

活动成果:小组座谈记录表(见表11-2)。

表 11-2 　　　　小组座谈记录表

组长		座谈主题	邮寄物品是如何送达我们手中的
座谈记录			
座谈总结			

基本知识

一、配送的定义

配送是指在经济合理区域范围内，根据客户要求，对物品进行拣选、加工、包装、分割、组配等作业，并按时送达指定地点的运输活动。

配送是"配"和"送"有机结合的形式。配送与一般送货的重要区别在于，配送利用有效的分拣、配货等理货工作，使送货达到一定的规模，以利用规模优势取得较低的送货成本。如果不进行分拣、配货，有一件运一件，需要一点送一点，这就会大大增加动力的消耗，使送货并不优于取货。所以，在电子电器产品营销过程中追求整个配送的优势，分拣、配货等工作是必不可少的。

二、电子电器产品配送的一般形式

1. 配送中心配送

配送中心配送专业性强，和用户一般有固定的配送关系，配送设施及工艺是按用户专门设计的。所以，配送中心配送具有能力强、配送品种多、数量大等特点。但由于服务对象固定，其灵活机动性较差，而且由于规模大，要有一套配套设施、设备，投资较高。一般大中型电子电器产品生产经营企业特别是连锁经营企业都建有自己的配送中心。

2. 仓库配送

仓库配送是以仓库为据点进行配送。它可以是以原仓库在保持储存保管功能的前提下，增加一部分配送功能，或经过对原仓库的改造，使其成为专业的配送中心。

3. 商店配送

商店配送的据点是电子电器产品生产经营企业的门市网点。商店配送形式是除自身日常的零售业务外，还要按用户的要求将商品配齐，或代用户外购一部分本店平时不经营的商品，然后送达用户。因此在某种意义上讲，它是一种销售配送形式。连锁商店配送也是商店配送的一种形式。

三、电子电器产品配送的一般作业流程

配送的一般流程如图 11-3 所示。

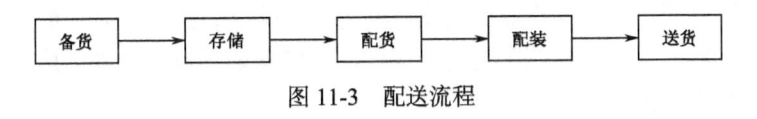

备货 → 存储 → 配货 → 配装 → 送货

图 11-3 配送流程

1. 备货

备货包括筹集货源、订货或购货、集货、进货，以及验货、交接、结算等。备货是配送的基础，它可以集中不同客户的需求统一备货，从而在一定程度上取得规模效益，降低进货成本。

2. 存储

配送中的存储有储备和暂存两种形式。配送储备是为了保证配送稳定性的周转储备和风险储备，一般数量较大，储备结构也较完善。配送暂存是配送时按分拣配货要求，在理货场地的少量备货。

3. 配货

配货是按照不同客户的要求，对货物进行分拣、分类、匹配的作业。配货是配送过程中的关键环节，配货水平的高低关系到整个配送系统的效率和水平。

4. 配装

配装是按照车辆有效负荷进行搭配装载。对于不同客户和不同的货物，按照送达的时间、地点、线路进行合理配装，可以提高车辆的载货效率和运输效率，从而提高送货水平降低送货成本。

5. 送货

送货就是把货物送达客户指定的场所。送货是一种联结客户末端的运输，主要使用汽车作为运输工具。由于配送客户多，城市交通路线比较复杂，如何使配装和路线有效组合是提高配送运输效率、减少汽车公害的关键。送货不仅是把货物运抵客户，还包括圆满地移交、卸货、堆放等服务，以及处理相关手续和结算等。

四、电子电器产品配送的合理化措施

国内外推行配送合理化，有一些可供借鉴的办法，简介如下。

（1）推行一定综合程度的专业化配送。通过采用专业设备、设施及操作程序，取得较好的配送效果并降低配送过分综合化的复杂程度及难度，从而追求配送合理化。

（2）推行共同配送。共同配送是指一个配送企业为多个客户共同提供配送服务。通过共同配送，可以以最近的路程、最低的配送成本完成配送，从而追求合理化。

（3）实行送取结合。配送企业与用户建立稳定、密切的协作关系。配送企业不仅成了用户的供应代理人，而且承担用户储存据点，甚至成为产品代销人。在配送时，将用户所需的物资送到，再将该用户生产的产品用同一车运回，这种产品也成了配送中心的配送产品之一，或者作为代存代储，免去了生产企业库存包袱。这种送取结合，使运力充分利用，也使配送企业功能有更大的发挥，从而追求合理化。

（4）推行准时配送系统。准时配送是配送合理化重要内容。配送做到了准时，用户才有资源把握，可以放心地实施低库存或零库存，可以有效地安排接货的人力、物力，以追求最高效率的工作。另外，保证供应能力，也取决于准时供应。从国外的经验看，准时供应配送系统是现在许多配送企业追求配送合理化的重要手段。

（5）推行即时配送。即时配送是最终解决用户企业担心断供之忧、大幅度提高供应保证能力的重要手段。即时配送是配送企业快速反应能力的具体化，是配送企业能力的体现。

即时配送成本较高，但它是整个配送合理化的重要保证手段。此外，用户要实行零库存，即时配送也是重要手段保证。

> **思考题**
> 1. 电子电器产品配送的一般形式有哪些?
> 2. 电子电器产品配送的一般作业流程是什么?
> 3. 电子电器产品配送的合理化措施有哪些?

知识拓展

配送的一般模式

按配送时间及数量划分的商品配送模式有定时配送、定量配送、定时定量配送、定时定线配送和即时配送。

1. 定时配送

定时配送是指按规定时间和时间间隔进行配送。定时配送的时间,由配送的供给与需求双方通过协议确认。每次配送的品种及数量可预先在协议中确定,实行计划配送;也可以在配送之前以商定的联络方式(如电话、传真、计算机网络等)通知配送品种及数量。

定时配送由于配送时间确定,对用户而言,易于根据自己的经营情况按照最理想时间进货,也易于安排接货力量(如人员、设备等)。对于配送供给企业而言,这种方式易于安排工作计划,有利于对多个用户实行共同配送以减少成本的投入,易于计划使用车辆和规划路线。但是,如果配送商品种类较多,则配货、装货难度较大,当配送数量变化较大时,配货及车辆配装的难度则较大,也会使配送运力的安排出现困难。

2. 定量配送

定量配送指按规定的批量进行配送,但不确定严格的时间,只是规定在一个指定的时间范围内配送。这种方式由于每次配送的品种、数量固定,备货工作较为简单,不用经常改变配货备货的数量,可以按托盘、集装箱及车辆的装载能力规定配送的定量,既能有效利用托盘、集装箱等集装方式,也可做到整车配送,所以配送效率较高,成本较低。由于时间不严格限定,可以将不同用户所需物品凑整装车后配送,提高车辆利用率。对用户来讲,每次接货都处理同等数量的货物,有利于准备人力、设备能力。

3. 定时定量配送

定时定量配送指按照规定的配送时间和配送数量进行配送,兼有定时、定量两种方式的优点,是一种精密的配送服务方式。

这种方式要求有较高的服务质量水平,组织工作难度很大,通常针对固定客户进行这项服务。由于适合采用的对象不多,很难实行共同配送等配送方式,所以成本较高,一般在用户有特殊要求时采用,不是一种普遍适用的方式。

4. 定时定线配送

定时定线配送是在规定的运行路线上按事先确定的运行时间表进行配送。采用这种方式有利于配送企业计划安排车辆及驾驶人员,可以依次对多个用户实行共同配送,无须每次决定货物配装、配送路线、配车计划等问题,因此比较易于管理,配送成本较低。在配送用户较多的地区,也可以免去因过分复杂的配送要求带来的配送计划、组织工作、配货工作及车辆安排等方面的困难。对用户来讲，既可以在一定路线、一定时间内进行选择，又可以有计划安排接货力量。这种配送方式可以为众多的中小型客户提供极大的方便，像连锁商店配送活动。但它的应用领域也是有限的，不是一种可普遍采用的方式。

5. 即时配送

即时配送是指完全按照用户突然提出的时间、数量方面的配送要求，随即进行配送的方式。采用这种方式，客户可以将安全储备降低为零，以即时配送代替安全储备，实现零库存经营。即时配送可以灵活高效地满足用户的临时需求，最终解决用户企业担心断供之忧，大幅度提高供应保证能力的重要手段。通常只有配送设施完备，具有较高的管理和服务水平，较高的组织和应变能力的专业化的配送中心才能大规模地开展即时配送业务。

模块技能训练

一、请讨论并回答下列问题

1. 为什么说配送有别于送货？
2. 共同配送的好处在哪里？
3. 配送为什么要求合理配装？

二、业务训练

1. 讨论分析各案例该选哪种交通运输方式，为什么？选择时都考虑了哪些因素？
（1）郑州某公司的业务员小张，必须在两天内赶到北京签订一份合同。
（2）某用户急需一种电子仪表，公司距送货地点1000多千米。
（3）从上海往大连发货，选择最经济的方法。
2. 案例分析。

案例 11-1

戴尔成功的诀窍——高效物流配送

在不到20年的时间内，戴尔计算机公司的创始人迈克尔·戴尔白手起家，把公司发展到250亿美元的规模。即使面对美国经济的低迷，在惠普等超大型竞争对手纷纷裁员减产的情况下，戴尔仍以两位数的发展速度飞快前进。

戴尔公司分管物流配送的副总裁迪克·亨特一语道破天机："我们只保存可供5天生产的存货，而我们的竞争对手则保存30天、45天，甚至90天的存货。这就是区别。"

物流配送专家詹姆斯·阿尔里德在其专著《无声的革命》中写道："主要通过提高物流配送打竞争战的时代已经悄悄来临。看清这点的企业管理人员才是未来竞争激流中的弄潮者，否则，一个企业将可能在新的物流配送环境下苦苦挣扎，甚至被淘汰出局。"

亨特在分析戴尔成功的诀窍时说:"戴尔总支出的 74%用在材料配件购买方面,2000 年这方面的总开支高达 210 亿美元,如果我们能在物流配送方面降低 0.1%,就等于我们的生产效率提高了 10%。"物流配送对企业的影响之大由此可见一斑。如今,特别是在高科技领域,材料成本随着日趋激烈的竞争而迅速下降。以计算机工业为例,材料配件成本的下降速度为每周 1%。从戴尔公司的经验来看,其材料库存量只有 5 天,当其竞争对手维持 4 周的库存时,就等于戴尔的材料配件开支与对手相比保持着 3%的优势。当产品最终投放市场时,物流配送优势就可转变成 2%~3%的产品优势,竞争力的强弱不言而喻。

在提高物流配送效率方面,戴尔和 50 家材料配件供应商保持着密切、忠实的联系,戴尔所需材料配件的 95%都由这 50 家供应商提供。戴尔与这些供应商每天都要通过网络进行协调沟通:戴尔监控每个零部件的发展情况,并把自己新的要求随时发布在网络上,供所有的供应商参考,提高透明度和信息流通效率,并刺激供应商之间的相互竞争;供应商则随时向戴尔通报自己的产品发展、价格变化、存量等方面信息。

问题:(1)戴尔公司为何如此重视物流配送?
(2)戴尔实现高效物流配送的诀窍是什么?

三、技能实训

运输与配送实训

活动形式:以班级为单位联系一家电器经销企业的配送部门,并参与为客户送货。
活动要求:(1)服从带队教师和企业人员管理,遵守企业有关规章制度。
(2)了解整车货物送货单相关内容及填写注意事项。
(3)了解商品的装卸有哪些作业方法。
(4)了解电器经销企业送货过程中运输路线的设计。
(5)观察企业人员与客户交货时的语言沟通及相关手续的办理。
(6)以小组为单位撰写一份实训报告(提示:可通过互联网搜索报告范例)。
活动成果:小组实训报告。

营销小故事

买次品得大奖

A 市的百花商场是一家有名的商场,从来没有出售过假货、次品,价格也合理,因此它生意兴隆,并多次受到有关部门的表扬。

不料,老王从百花商场买了一台窗式空调,不管怎么调试,这台空调就是不制冷。安装人员很紧张,他以为这下会把商场的牌子砸了,便急忙给商场总经理打电话,说明了情况。总经理问了客户的详细住址后说:"你不要离开客户家,我一会儿就到。"

30 分钟后,一辆面包车停到老王家的楼下,面包车前边的玻璃窗下,挂着一条黄漆还未干的红布横幅,上边写着"向顾客发奖"5 个大字,车上放着欢快的音乐。总经理和两位迎宾小姐抬了部新空调下了车,装空调的纸箱上放了一个大红纸包。总经理握着老王的手说:"我今天特来向你表示祝贺,祝贺你获得我们商场里的第一个大奖!"

老王莫名其妙地说："我买了你们的次品，怎么会获奖呢？"

总经理说："我们商场内部有一条规定：哪位顾客从我们商场买到假货、次品，我们除原价退换外，再另外奖给 5000 元。可商场开业以来，一直没有遇到这种情况，今天你是我们商场的第一个领奖者。"他把 5000 元的大红纸包交给了老王。

这件事在当地产生了强烈的反响，百花商场在人们的心目中信誉更高了，生意更红火了。

营销启示：其实，百花商场根本就没有这一条规定，只不过是空调出了问题后，总经理随机应变，及时采取的补救措施。

模块学习测验与总结

一、选择题

1. 下列运输方式中，单位成本最低的是（   ）。
   A. 铁路运输　　B. 水路运输　　C. 航空运输　　D. 公路运输
2. 以下运输活动中，属于不合理运输的是（   ）。
   A. 迂回运输　　B. 联合运输　　C. 干线运输　　D. 支线运输
3. 公路运输的特点是（   ）。
   A. 受气候影响小　B. 运输速度快　C. 灵活性好　　D. 灵活性差
4. 以下属于配送模式的是（   ）。
   A. 定时配送　　B. 定量配送　　C. 定人配送　　D. 定点配送
5. 电子电器产品配送的一般流程是（   ）。
   A. 送货　　　　B. 理货　　　　C. 提货　　　　D. 配货

二、判断正误

1. 公路运输的运输量小且受气候影响大。　　　　　　　　　　　　　　（   ）
2. 干线运输通常采用铁路整列、整车运输和船舶运输。　　　　　　　　（   ）
3. 对流运输是一种合理的运输现象。　　　　　　　　　　　　　　　　（   ）
4. 配送与送货的区别在于配送包含分拣、配货等理货工作。　　　　　　（   ）
5. 仓库对商品的内在质量和包装内的数量，一般不负责验收。　　　　　（   ）

三、案例分析

>>> 案例 11-2

运输方案的选择

大发公司有两批货物需要运往异地。一批是少量的精密电子仪器，客户要求一天内由北京运往上海；另一批货物是电风扇，由北京运往山东某山区。由于情况特殊，两批货物均不考虑节约运费。大发公司拟定的运输方案为：（1）精密仪器采用火车运输；（2）电风扇采用汽车运输。

问题：（1）各种运输工具的特点是什么？
（2）大发公司的运输方案合理吗？简单分析原因。

四、个人学习总结（表11-3）

表11-3　个人学习总结

我学到了哪些知识	
我学会了哪些技能	
我哪里学得不够好？原因及措施怎样	

模块学习评价（表11-4）

表11-4　模块学习评价表

小组：		姓名：	评价总分：		
评价项目		评价依据	优秀 8~10分	良好 6~8分	继续努力 0~6分
自我评价 20分	学习态度	遵守纪律；学习主动；积极参与小组活动和讨论；尊重同学和老师；具有较强的团队精神、合作意识；能客观有效地评价同学的学习			
	目标达成	达到学习目标；按要求完成各项学习任务			
	自评合计分				
小组互评 30分	其他组员	评价依据	优秀 20~30分	良好 10~20分	继续努力 0~10分
		（1）积极参与小组活动和讨论；具有较强的团队精神、合作意识；服从角色安排 （2）对小组活动贡献大小 （3）知识目标达成情况 （4）技能目标达成情况			
	……				
	小组平均分				
教师评价 50分		评价依据	优秀 8~10分	良好 6~8分	继续努力 0~6分
	学习态度	综合表现			
	个人评价	自评结果			
	小组评价	互评结果			
	小组活动	活动成果			
	测验	测验结果			
	教评合计分				

模块十二

电子电器产品网络营销

模块教学目标

学习目标	了解网络营销与传统营销的异同点；熟悉网络营销的基本方法手段；熟悉网络营销的基本策略
技能目标	具备通过互联网开展电子电器产品市场调查、促销策划和实施网络营销策略的初步能力
教学方式	学生自主学习；教师授导；案例研讨
参考学时	4学时

模块基本技能

基本技能1 了解网络营销

活动：案例研讨

活动形式：以小组为单位研讨案例。

活动过程：（1）教师向学生说明本次活动的目的、内容及注意事项。

（2）学生认真预习"基本知识"，研读案例并展开讨论、回答问题。

（3）讨论过程中，教师给予必要的引导。

（4）组长负责记录，小组发言人报告研讨结果。

（5）教师对本次活动的开展情况进行评价；对存在争议的一些问题加以澄清；对表现好的小组和个人予以表扬或奖励，尤其要鼓励学生的创造性思维。

活动成果：小组研讨记录表（见表12-1）。

表12-1　　　　小组研讨记录表

研 讨 问 题	研 讨 结 果
（1）OPPO是如何使OPPOR7成为微博热门话题的？	
（2）OPPO通过什么手段激发粉丝购买热情的？	

>>> **案例 12-1**

OPPO 网络营销

42.8万的话题讨论量、1.3亿话题阅读量和7天微博上超8.5万台的预定，这是OPPO使用微博的成绩单。OPPO在微博上营销的成功，可以理解为互联网思维下粉丝经济模式的又一个典型的成功案例，具备普遍意义的是OPPO完成一次从营到销的粉丝经济闭环，堪称"名利双收"。

正确用法一：为明星和产品建立强关联定制网剧引爆热门话题

正确使用微博的第一步是让别人知道你！知道你！知道你！

OPPO希望借粉丝经济推广OPPO R7特别版手机，就要找到一个契机，将李易峰和OPPO R7联系在一起。通过在微博上发布微剧《你是我的喋喋phone》，粉丝们将温柔体贴的男神形象和品牌完美结合，充分满足了粉丝对于李易峰崇拜和爱慕的情感需求。通过营销中的移情效应，这部微剧像吸星大法一样，将粉丝对李易峰的喜爱"吸附"到手机上来。

在李易峰粉丝最集中、互动次数最频密的微博上首发这部微剧，迅速让"闪充5分钟恋爱2小时""你是我的喋喋phone""李易峰变身手机"等相关话题跃居热搜榜前列。

通过微博点对点到达的粉丝头条资源，微博将李易峰代言喋喋phone的信息精准推送至李易峰和OPPO的粉丝微博信息流头条，巨额的精准曝光让话题迅速在粉丝间引爆。发布仅12小时，创造了4万转发和一亿的相关话题阅读量。

正确用法二：全矩阵资源曝光多维度影响力聚变

在李易峰与OPPO R7成功建立链接并跃居热门话题后，下一步是如何将影响力引爆，提升新品发布声量，吸引更多人预约新机。此时，微博矩阵资源推广显现出强大辐射力量，如同氢或氘原子，通过碰撞释放出巨大能量。

粉丝热情集聚到一定程度，需要一个爆点，0元预约手机推出后，粉丝热情一触即发。通过"品牌微博皮肤"，预约手机的用户可以一键换上"OPPO"新装，每个粉丝的主页都成为了OPPO的免费广告位，传播范围得到指数增长；预约的同时，用户也会一键关注OPPO，沉淀为品牌永久粉丝；与此同时，OPPO搭载微博商业产品矩阵，让热门搜索以套装展现，页面同时呈现OPPO账号+预售信息+微博推荐，最大范围的促进R7手机知名度的传播和销量的提升。

正确用法三：限量抢购实现销售转化"覆水回收"完成营销闭环

在通过多渠道精准触达明星粉丝并充分调动粉丝热情后，手机限量抢购在万众期待中上线。作为蓄洪后的放闸，粉丝的热情像洪水一样释放出来。

为了确保信息到达率，微博在抢购当天再次通过私信回召预约用户、信息流广告推送售卖预告。10点开始后，不到5分钟，微博库存立即清空，速度之快，完胜同期发售电商平台天猫和 OPPO 官网商城。

至此，OPPO 借助微博打造了一个完美的营销闭环，实现了粉丝经济的落地、变现。

基本知识

一、网络营销的概念与特征

网络营销是以计算机网络为基本手段，以满足消费者需求为中心，通过网络沟通、网络交易、网络促销等形式开展的一系列市场营销活动的总称。网络营销作为适应电子商务时代网络虚拟市场的市场营销实践的总结和概括，是市场营销理论在新时期、新经济的发展和应用。以网络营销为中心的商业活动已成为互联网上最主要的内容之一。网络营销在改变企业的经营方式的同时，也在改变消费者的消费方式。

网络营销可 24 小时随时随地地提供全球性营销服务；计算机可储存大量的信息，代消费者查询，可传送的信息数量与精确度，远超过其他媒体；能因应市场需求，及时更新产品或调整价格；减少印刷与邮递成本；且无店面租金，节约水电与人工成本；可避免推销员强势推销的干扰；可经由信息提供与互动交谈，与消费者建立长期良好的关系。

网络营销的特征主要表现在以下几个方面。

1. 交易双方不受时间限制

网络营销采用电子数据、电子传递等手段，可 24 小时随时随地地提供全球性营销服务，使交易双方无论身在何处，均可与世界各地的商品生产者、销售者、消费者进行交流、交易，实现快速、准确的双向式数据和信息交流。

2. 经营规模不受空间限制

计算机可储存大量的信息，网络营销可以使经营者在"网络店铺"中无论摆放多少商品都不受限制，在网络营销系统中，无论经营者有多大的商品经营规模都可以得到满足，而且经营方式也很灵活，交易者可以既是零售商也是批发商。通过电子网络，交易者可以方便地在全世界范围内采购、销售形形色色的商品。

3. 支付手段高度电子化

为满足网络营销的发展需要，各银行金融机构、信用卡发放者、软件厂商纷纷推出了网上购物后的货款支付方式。

二、网络营销与传统营销的比较

1. 网络营销与传统营销的相同点

（1）二者都是一种营销活动，营销活动的基本内容和程序基本相同。

（2）二者都需要实现企业的经营目标。

（3）二者都把满足消费者需求作为一切活动的出发点。

（4）二者对消费者需求的满足，不仅停留在现实需求上，还包括潜在需求。

2. 网络营销与传统营销的不同点

（1）在产品上，网络营销的产品可以是任何产品或任何服务项目，而在传统营销领域却很难做到。

（2）在价格上，网络营销使企业凭借其较低的成本费用，使产品的价格可以调整到更有竞争力的水平上。

（3）在销售渠道上，网络营销具有"零距离"和"零时差"的优势，可以采用直接的销售模式，从而实现零库存、无分销商的高效运作。

（4）在促销上，网页方式具有更丰富的内涵和更多的实现方式。

三、网络营销市场的特点

1. 无限的经营范围

网络技术的发展使市场的范围突破了区域和国界的界限。网络营销市场面对的是开放的全球化的市场，从过去受地理位置限制的局部市场，拓展到范围广泛的全球性市场。面对提供无限商机的互联网，企业可以积极地加入进去，开展全球性的营销活动。

2. 全天候的经营时间

网络市场上的虚拟商店，可以每天 24 小时全天候提供服务，一年 365 天持续营业，方便了消费者的购买，特别是对于平时工作繁忙，无暇购物的人来说，具有更大的吸引力。

3. 无店铺的经营方式

网络市场上的虚拟商店，只是通过互联网作为它使用的媒体，而不需要实体店面、装饰、商品摆放和服务人员等。

4. 无库存的销售方式

网络市场的虚拟商店，可以在接到客户订单后，再向厂家订货，无需将商品陈列出来供顾客选择，而只需在网页上打出货物清单即可。特别是随着社会的发展，在网络市场上的消费需求向个性化的趋势发展，这样就更无需进行商品的存储。这样一来，店家不会因为存货而增加成本，其售价会比一般商店要低，有利于增加网络商家和网络市场的竞争力。

5. 成本低廉的竞争策略

因为普通商店在经营过程中，需要支付店面租金、装饰费用、电费、营业税及人员的管理费等，而网络市场上的虚拟商店只需支付自设网站及网页成本、软硬件费用、网络使用费，以及后续的维持费用。这样就大大降低了成本，增加了竞争能力。

6. 精简的营销环节

网络技术的发展使消费者的个性化需求成为可能。消费者由原来的被动接收转变为主动参与，顾客不必等待企业的帮助，就可以自行查询所需商品的信息，还可以根据自己的需求下订单，参与产品的设计制造和更新换代，使企业的营销环节大为简化。

四、网络消费者的群体特点

1. 注重自我

目前网络用户主要以年轻人为主，他们拥有不同于他人的思想和喜好。有自己独立的见解和想法，对自己的判断能力也比较自负。因此他们的具体要求独特，而且变化多端，个性化明显。

2. 头脑冷静，擅长理性分析

这些网络用户以高学历的年轻人为主，不会轻易受舆论左右，对各种产品宣传有较强的分析判断能力。企业应加强自身的文化建设，以诚待人。

3. 喜好新鲜事物，有强烈的求知欲

网络用户爱好广泛，无论是对新闻、股票市场还是网上娱乐，都具有浓厚的兴趣，对未知

的领域拥有永不疲倦的好奇心。

4. 好胜但缺乏耐心

用户在搜索信息时，经常比较注重搜索所花费的时间，如果链接、传输的速度比较慢的话，他们一般会马上离开这个站点。

网络用户的这些特点，对于企业加入网络营销的决策和实施过程都是十分重要的。营销商要想吸引顾客，保持持续的竞争力就必须对本地区、本国以及全世界的网络用户情况进行分析，了解他们的特点，制订相应的对策。

思考题

1. 网络营销的特征有哪些？
2. 电子电器产品网络消费者有哪些特点？

知识拓展

网络营销的竞争优势

1. 有利于降低成本

企业采购原材料是一项繁琐、复杂的工作，而运用网络可以使采购产品与制造相结合，简化采购程序，实现企业的管理成本、销售成本等成本费用最大限度地得到控制和降低。

2. 能帮助企业增加销售商机，促进销售

利用互联网从事市场营销活动，可以远过过去靠人进行销售所不能达到的市场，可以提供给企业全天候的广告及服务，还可以把广告与订购连为一体，促成购买意愿。此外，通过网络，企业与国际接轨，还可以减少市场壁垒，消除不同国家间的公司因时间、地域而产生的影响销售的障碍。

3. 有极强的互动性，有助于实现全程营销目标

网络具有主动性与互动性的特点，并且可以无限延伸。传统的店铺销售中，企业与消费者之间的沟通较为困难，而在网络环境下，企业可根据公告版、网站论坛、E-mail 的形式，大大加强了企业与顾客之间的联系，企业可以有效地了解顾客的需求信息，从而建立数据库进行管理，利用这些信息，为企业所要进行的营销规划提供依据，这样把消费者与企业间的互动性提高上来，帮助企业实现销售目标。

4. 可以有效地服务于顾客，满足顾客的需要

营销的本质是排除或减少障碍，引导商品或服务从生产者转移到消费者的过程。网络营销是一种以顾客为主，强调个性化的营销方式，它比起传统市场营销中的任何一个阶段或方式更能体现顾客的"中心"地位。

5. 具有高效性

网络具有快捷、方便的特性，网络营销结合网络的这个优势，使商家进行营销活动的效率提高了。把这种高效性充分运用到销售活动的各方面，使许多对企业有用的信息综合运用起来，为企业的发展起到了指导作用。网络的高效性更有利于进行网络营销，使营销的过程更加快捷

模块十二 电子电器产品网络营销

和及时适应市场的发展要求。

基本技能 2　熟悉电子电器产品网络营销手段

活动：案例研讨

活动形式：以小组为单位研讨案例。

活动过程：（1）教师向学生说明本次活动的目的、内容及注意事项。

（2）学生认真预习"基本知识"，研读案例并展开讨论、回答问题。

（3）讨论过程中，教师给予必要的引导。

（4）组长负责记录，小组发言人报告研讨结果。

（5）教师对本次活动的开展情况进行评价；对存在争议的一些问题加以澄清；对表现好的小组和个人予以表扬或奖励，尤其要鼓励学生的创造性思维。

活动成果：小组研讨记录表（见表12-2）。

表 12-2　　　　小组研讨记录表

研 讨 问 题	研 讨 结 果
1. 苹果公司是如何使消费者产生饥饿感的	
2. 为什么苹果在发布 iPhone 时并不披露太多资料	

>>> 案例 12-2

引发饥饿营销的苹果手机

iPhone 营销在中国，苹果公司从未做过任何广告宣传和公关攻势且没有正式进入的市场，通过个人携带和走私渠道获得的破解版 iPhone 在几个月内就达到了一个令人吃惊的数量——40 万部。每 10 部售出的苹果 iPhone 手机中就有 1 部以上在中国移动的网络中使用，占全球解锁版总量的近 40%。苹果 iPhone 手机取得如此成功的销售业绩，无疑与其实施的营销策略有很大关系。可以说，在 iPhone 手机的身上，苹果把其在 iMac 电脑和 iPod 音乐播放器上修炼已久的"饥饿营销"和"病毒营销"推向了一个新的高度。一、饥饿感的产生。严密的保密制度是为了控制饥饿感的强度。苹果此次创记录地将 iPhone 的所有细节保密了长达 30 个月。苹果让消费者和媒体对其信息极度渴望——从对于 iPhone 外观工业设计的臆测和猜想，到其商业模式的实施。直到苹果正式发布的那一刻，几乎所有这款手机的信息都是全新且

从未透漏过的。甚至许多苹果高级管理人员也是在发布会上才第一次看到 iPhone。二、引发饥饿和病毒的资格。事实上苹果 iPhone 并不具备太多技术上的开创性，只因为苹果的产品具有独特的气质和消费美学，其独特的设计感、科技易用性，创造性地与时尚流行文化结合在一起。iMac 和 iPod 为苹果积攒了足够的"粉丝"，苹果很好地利用了其忠实"粉丝"对其新产品资料的强烈需求作为 iPhone 营销活动的带动者，从而带动潜在消费者的关注热情。苹果在公布 iPhone 时并没有披露太多资料，任何与苹果和 iPhone 相关的信息都会引起用户的极大兴趣，通过互联网，这些信息不断受到追捧。在这种情况下，各大网站和媒体也会主动对 iPhone 的资料进行传播，因为它们也需要 iPhone 为其带动流量或吸引读者。于是，iPhone 的潜在市场需求越来越大，媒体的兴趣也越来越浓。

基本知识

一、电子电器产品的网上市场调查

网上市场调查的方法可以分为网上问卷调查法、网上实验法和网上观察法。电子电器产品网上市场调查最常用的是网上问卷调查法。

网上问卷调查法是指调查者将问卷在网上发布，被调查对象在网上完成问卷调查的方法。比较常见的方式有以下几种。

1. 站点法

站点法是将调查问卷的 HTML 文件附加在一个或几个网络站点的网页上，由浏览这些网站的网上用户在此网页上回答问题的方法。

2. 电子邮件法

电子邮件法是个人或企业通过给被调查者发送电子邮件的方式将调查问卷发给一些特定的网上用户，由用户填写后再以电子邮件的形式反馈给调查者的方法。

3. 随机 IP 法

随机 IP 法是以产生一批随机 IP 地址作为抽样样本的调查方法。

4. 视讯会议法

视讯会议法是基于 Web 的计算机辅助访问。它是将分散在不同地域的被调查者通过互联网视讯会议功能虚拟地组织起来，在主持人的引导下讨论问题的调查方法。视讯会议法适合于企业对关键问题的定性调查研究。如早在 2002 年，海尔就建立起了网络会议室，在全国主要城市开通了 9999 客服电话的做法。在"非典"时真正体现出它巨大的商业价值和独有的战略魅力，海尔如鱼得水般地坐在了视频会议桌前调兵遣将。

二、电子电器产品的网上促销

传统营销的促销形式主要有四种：广告、公共关系、人员推广和营业推广。电子电器产品网络营销是在网上市场开展促销活动，相应的形式也有四种，分别是网络广告、站点推广、公共关系营销和销售促进。

1. 发布网络广告的基本方法

（1）按钮型广告。

按钮型广告是网络广告最早和常见的形式。通常是一个链接着企业的主页或站点的公司标志（logo），希望浏览者主动来点选。

（2）旗帜型广告。

网络媒体在自己网站的页面中分割出一定大小的像旗帜一样的画面发布广告。旗帜广告允许客户用极其简练的语言、图片介绍企业的产品或宣传企业形象。

（3）移动型广告。

移动型广告是一种可以在屏幕上移动的小型图片广告。用户用鼠标点击该图片时，移动广告会自动扩大展示广告版面。

（4）主页型广告。

主页型广告是将企业所要发布的信息内容分门别类地制作成主页，置放在网络服务商的站点或企业自己建立的网站上的广告。

（5）巨型广告。

巨型广告可以解决旗帜广告因为版面小而难以吸引网站访问者注意力的问题。巨型广告的版面一般要占屏幕显示的1/3空间。版面扩大后，可以详细介绍企业信息。

（6）分类广告。

分类广告是在一种专门提供广告信息服务的站点上发布广告，使得访问者能够根据产品或者企业的不同进行分类检索有关广告信息。

（7）电子杂志广告。

电子杂志广告是企业利用免费订阅的电子杂志发布的广告。电子杂志的版面与一般的网页广告类似，广告形式可以是文字，也可以是图片，或二者兼有。

2. 电子电器产品生产经营企业网站推广的基本方法

电子电器产品与人们日常生活息息相关，拥有庞大的用户群，与电子电器产品相关的企业网站往往容易被关注。因此，电子电器产品生产经营企业应充分利用自己的网站树立企业形象，宣传产品，开展促销活动。

电子电器产品生产经营企业网站推广的基本方法有以下几种。

（1）搜索引擎注册。

据调查显示，网络使用者寻找新网站主要是通过搜索引擎来实现的，因此，在著名的搜索引擎进行注册非常有必要。

（2）建立链接。

互联网的最大特点就是通过链接，将所有的网页链接在一起。因此，企业与不同网站建立链接，可以缩短网页间的距离，提高网站的被访问概率。

（3）发布网络广告。

电子电器产品生产经营企业利用推销网站发布网络广告是一种比较有效的方式。比较节省费用的做法是加入广告交换组织。广告交换组织通过不同网站的加盟后，在不同网站交替显示广告，从而起到相互促进的作用。另外一种方式是企业在适当的网站上购买广告栏发布网络广告。

3. 网络公共关系营销的手段

网络公共关系营销是借助互联网的交互功能吸引用户与企业保持密切关系，培养顾客忠诚度，提高顾客的收益率。公共关系营销主要采用的手段有以下几种。

（1）与网络新闻媒体合作。

为加强与媒体合作，企业可通过互联网定期或不定期地将企业的信息和有新闻价值的资料通过互联网直接发给媒体，与媒体保持紧密合作关系。企业也可以通过媒体的网站直接了解媒体关注的热点和报道的重点，及时提供信息与媒体合作。

（2）宣传和推广产品。

宣传和推广产品是网络公共关系的重要职能之一。互联网最初就是被作为信息交流和沟通的渠道，因此互联网上建设有许多类似社区性质的新闻组和公告栏。企业在利用一些直接促销工具的同时，采用一些软性的工具，如讨论、介绍、展示等方法来宣传推广产品，效果更好。

（3）建立沟通渠道。

企业的网络营销网站一个重要功能就是为企业与企业相关者建立沟通渠道。通过网站的交互功能，企业可以与目标顾客直接进行沟通，了解顾客对产品的评价和顾客提出的还没有满足的需求，保持与顾客的紧密关系，维系顾客的忠诚度。同时，通过网站对企业自身以及产品和服务的介绍，也可提高企业在公众中的透明度。

4. 电子电器产品网络销售促进的形式

销售促进就是企业利用可以直接销售的网络营销网站，采用一些销售促进方法宣传和推广产品。一般来说，网上销售促进主要有下面六种形式。

（1）有奖促销。

在进行有奖促销时，提供的奖品要能吸引促销目标市场的注意。同时，要利用互联网的交互功能，充分掌握参与促销活动群体的特征和消费习惯，以及对产品的评价。如消费一定数额电子产品给予不同等级的奖品奖励。

（2）拍卖促销。

网上拍卖市场是新兴的市场，由于快捷方便，吸引了不少用户参与网上拍卖活动。我国的许多电子商务公司也纷纷提供拍卖服务。拍卖促销就是将产品不限制价格在网上拍卖，如惠普公司与网易合作，通过网上拍卖产品，获得了很好的收效。

（3）积分促销。

积分促销在网络上的应用比起传统方式要简单，容易操作。积分促销一般设置价值较高的奖品，消费者通过多次购买或多次参加某项活动来增加积分以获得奖品。积分促销可以增加上网者访问网站和参加某项活动的次数，可以增加上网者对网站的忠诚度。

（4）折扣促销。

打折是目前网上最常用的一种促销方式，由于在网上销售电子电器产品不能给人全面、直观的印象，也不能试用，再加上配送成本等因素，造成人们对网上购买电子产品，特别是贵重家电产品的积极性不高。而幅度较大的折扣可以促使消费者进行网上购物的尝试。

（5）赠品促销。

一般情况下，在新产品推出试用、产品更新、对抗竞争对手或开辟新市场的情况下，利用赠品促销可以达到比较好的促销效果。如买电脑送键盘；买抽油烟机送电饭锅。

思考题

1. 什么是网上问卷调查法？
2. 电子电器产品网上促销的形式主要有哪些？

知识拓展

网络营销与电子商务的区别与联系

网络营销和电子商务是一对紧密相关又具有明显区别的概念。

1. 两者的区别

网络营销是企业整体营销战略的一个组成部分，无论传统企业还是互联网企业都需要网络营销，但网络营销本身并不是一个完整的商业交易过程，而只是促进商业交易的一种手段。电子商务主要是指交易方式的电子化，它是利用 Internet 进行的各种商务活动的总和，我们可以将电子商务简单地理解为电子交易，电子商务强调的是交易行为和方式。

2. 两者的联系

可以说，网络营销是电子商务的基础，电子商务是网络营销发展的高级阶段，开展电子商务离不开网络营销，但网络营销并不等于电子商务。

基本技能 3　熟悉电子电器产品网络营销策略

活动：案例研讨

活动形式：以小组为单位研讨案例。

活动过程：（1）教师向学生说明本次活动的目的、内容及注意事项。

（2）学生认真预习"基本知识"，研读案例并展开讨论、回答问题。

（3）讨论过程中，教师给予必要的引导。

（4）组长负责记录，小组发言人报告研讨结果。

（5）教师对本次活动的开展情况进行评价；对存在争议的一些问题加以澄清；对表现好的小组和个人予以表扬或奖励，尤其要鼓励学生的创造性思维。

活动成果：小组研讨记录表（见表 12-3）。

表 12-3 _____ 小组研讨记录表

研 讨 问 题	研 讨 结 果
（1）你是怎样看待直销的	
（2）为什么戴尔公司的直销订购模式使其再次处于业内领先地位	

>>> 案例 12-3

戴尔公司的网络营销

戴尔计算机公司 1984 年由年仅 19 岁的迈克·戴尔创立,当时注册资金为 1000 美元。目前,戴尔公司已成为全球领先的计算机系统直销商,跻身业内主要制造商之列。

戴尔公司在全球几十个国家设有销售办事处,其产品和服务遍及 170 多个国家和地区。当戴尔接触网络时,网络交易仅有订购 T 恤衫业务。但他立刻想到,如果可以在网络上订购 T 恤,那就表示什么都可以订购,计算机也不例外。最棒的一点是,网络交易要先有计算机才办得到,一笔交易可以带来两个以上的商业机会。凭着对新技术的敏锐,戴尔率先搭上了最新因特网班车。"我们就应该扩大网站的功能,做到在线销售。"戴尔在出席董事会时坚定地表示:"网络可以进行低成本、一对一而且高品质的顾客互动,在线销售最终会彻底改变戴尔公司做生意的基本方式。"

1996 年 8 月,戴尔公司的在线销售开通。6 个月后,网上销售每天可达 100 万美元。1997 年高峰期,已突破 600 万美元。Internet 商务给戴尔的直销模式带来了新的动力,并把这一商业模式推向海外。在头 6 个月的时间里,戴尔计算机的在线国际销售额从零增加到了占总体销售额的 17%。到了 2000 年,公司收入已经有 40%~50%来自网上销售。

目前,戴尔公司利用互联网推广其直销订购模式,再次处于业内领先地位。戴尔 PowerEdge 服务器运作的 www.dell.com 网址包括 80 个国家的站点,目前每季度有超过 4000 万人浏览。客户可以评估多种配置,即时获取报价,得到技术支持,订购一个或多个系统。

🐬 基本知识

一、电子电器产品网络营销产品策略

在网络营销中,电子电器产品生产经营企业的产品更具有针对性,其产品特征、产品定位和产品开发都要体现互联网的特点。

1. 产品特征

在互联网上信息产品和有形产品的销售是不一样的。信息产品直接在网上销售,而且一般可试用,而电子电器产品属有形产品只能通过网络展示,不能直接试用。尽管多媒体技术可以充分生动地展示产品的特色,但顾客无法直接尝试。而且在实际交易时,企业还必须通过快递公司送货或传统商业渠道分销。因此,网络营销的应尽量是顾客在购买决策前无需尝试的电子电器产品,才能在网上顺畅地销售。

2. 产品定位

在顾客定位上,网络营销的产品和服务目标与互联网用户一致。网络营销所销售产品和服

务的顾客首先是互联网的使用者，其次才是顾客。企业产品和服务要尽量符合互联网使用者的特点。在产品特征定位上，因为互联网用户的收入水平和受教育水平一般比较高，喜欢创新，对高科技产品比较偏爱。所以，在对网络营销的电子电器产品进行定位时，应尽量考虑高科技产品。

3．产品开发

由于互联网的交往方式具有信息交互性，企业和顾客可以随时随地地进行信息交换。所以在电子电器产品开发中，企业可通过市场调查向顾客提供新产品的结构、性能等方面的资料，顾客及时将意见反馈给企业，从而大大地提高企业开发新产品的速度，也降低了新产品开发成本和失败的风险。通过互联网，企业还可以迅速建立和更改产品项目，并应用互联网对产品项目进行虚拟推广，评估产品项目的成效，从而高速度、低成本地实现对产品项目及营销方案的调研和改进，使企业的产品设计、生产、销售和服务等各个营销环节实现信息共享、相互交流，促进产品开发从各个方面满足顾客需要。

二、电子电器产品网络营销品牌策略

建立一个以消费者为中心的电子电器产品网络品牌的费用是昂贵的，企业只有采用多种不同类型的品牌经营模式，才能以多种来源的收益，支撑企业所需的品牌忠诚力。

1．眼球模式

眼球营销模式实际上就是注意力营销模式。它关注的焦点为点击率、注册会员、广告收入和合作伙伴等。所谓眼球，即网络世界中代表市场占有率的指标。

2．个性化服务模式

企业能否根据具体消费者而不是群体消费者设计非常个性化的产品或服务，成为衡量其竞争力的一项准则。如海尔集团曾提出"您来设计我实现"的口号，由消费者向海尔提出自己对家电产品的需求模式，包括性能、款式、色彩和大小等。与其他大众媒体不同的是，互联网使商人们能够与每一个顾客进行及时通信联系，从而更能满足顾客个性化服务的需求。

3．信息服务模式

品牌大多以产品为中心，是对厂商本身提供的产品的说明。当对客户注意力的回报成为衡量厂商表现的关键条件时，一种新型的品牌将会出现，即以客户为中心的品牌。通过利用客户信息档案来为客户量身定做一套满足其要求的产品或服务，专业化的信息中介商发展了自己的专长，同时也可以培育出强大的以客户为中心的品牌。这些信息中介商有可能成为大型信息中介商的初级合作伙伴，提供关于某一类产品客户的专门资料。

4．零售模式

网络零售电子电器产品的秘诀是在正确的时间与地点，以适当的包装与合理的价格，提供数量适当的产品给正确的顾客。

5．媒体模式

网络媒体伴随着网络技术的日新月异更加多元化，尤其是个性化营销时代的加速来临，网络媒体一对一的发布方式，不知会催化多少意想不到的网络广告模式。

6．营销顾问模式

网络时代营销管理人员存在的价值不再是推销产品和服务，而是充当信息咨询顾问。因为营销功能的实现在很大程度上依赖各种计算机网络系统，营销人员的作用是要借助互联网等各种信息系统为客户提供各种解决问题的方案。特别是专业技术性较强的电子电器产品营销，营销人员的咨询顾问作用更加重要。

7. 社区模式

正是由于虚拟社区在网络上的崛起，出现了一场史无前例的市场权利大转移。原先掌握在提供产品和服务的商人手中的权力，开始转移到购买这些产品和服务的顾客之手。洞察这一权利转移趋势并组织虚拟社区主动出击的企业网站，不仅可以得到众多的品牌忠诚，还必将获得可观的经济回报。

三、电子电器产品网络营销价格策略

网络营销中的电子电器产品定价要考虑以下四个因素。

1. 国际化

由于互联网营造的是全球市场环境，企业在指定产品价格时，要具有全球视野，考虑国际化因素，针对国际市场的需求状况和产品价格情况，来确定本企业的价格策略。

2. 趋低化

由于网络营销使产品开发和促销成本降低，使企业有了降低产品价格的空间。同时由于互联网的开放性和互动性，市场是开放和透明的，购买者可以对产品及价格进行充分地比较、选择，因此，网络营销要求企业要以尽可能低的价格向购买者提供产品和服务，否则就缺乏市场竞争力。

3. 充分弹性

由于互联网的互动性，顾客可以和企业就产品价格进行协商、谈判，即可以进行议价。另外，企业也可以根据每个顾客对产品和服务提出不同的意见，有针对性地来制定相应的价格。

4. 价格解释体系

企业通过互联网向顾客提供有关产品和服务定价的信息资料，如产品的生产成本、销售成本等，建立产品和服务价格的解释体系，为产品定价提供充分而合理的理由，并答复购买者的询问，使购买者认同并接受企业的定价。

四、电子电器产品网络营销渠道策略

由于网上销售对象的不同，网上销售渠道的建设与传统营销渠道区别很大。

1. 会员网络

网络营销中一个最重要的渠道就是会员网络。会员网络是在企业建立的虚拟社区基础上形成的网络团体。企业通过会员制，促进顾客相互间的联系和交流，以及顾客与企业的联系和交流，培养和巩固顾客对企业的忠诚度，并把顾客融入企业的整体营销过程中，使会员网络的每一个成员都能互惠互利，共同发展，实现购销双赢。

2. 分销网络

企业提供的产品和服务不同，分销渠道也可能会不一样，如果企业提供的是信息产品，企业就可以直接在网上进行销售，需要较少的分销商，甚至不需要分销商。如果企业提供的是有形产品，企业就需要分销商，并且需要传统销售渠道实现产品从生产者向购买者的转移。另外，企业要想达到较大规模的营销，就要有较大规模的分销渠道，建立大范围的分销网络。

3. 快递网络

对于提供有形产品的电子电器产品生产经营企业来说，把产品及时送到顾客手中，就需要通过快递公司的送货网络来实现。规模大、效率高的快递公司建立的全国甚至全球范围的快递网络，是企业开展网络营销的重要条件。

4. 物流网络

为了实现及时供货以及降低生产、运输等成本，电子电器产品生产经营企业要在一些目标市场区域建立生产中心或配送中心，形成企业的生产配送网络，并同供应商的供货网络及快递公司的送货网络相结合。企业在进行网络营销中，根据顾客的订货情况，通过互联网和企业内部网对生产网络、供货网络和送货网络进行最优组合调度，可以把低成本、高速度的网络营销方式发挥到极限。在网络营销中，企业除了建立自己的产品运输和配送等物流部门外，更重要的是大量借助物流企业，加强与"第三方"物流企业的合作。

思考题

1. 电子电器产品网络营销中如何进行产品定位？
2. 电子电器产品网络营销策略有哪些？

知识拓展

网络营销策略

1. 拉销

网络营销中的拉销就是企业吸引潜在消费者访问自己的 Web 站点，浏览其产品网页，做出购买决策，进而实施产品购买。在网络拉销中，企业最重要的是要推广自己的 Web 站点，吸引大量的访问者。只有这样，企业才有可能把潜在的顾客变为现实的顾客。因此，企业的 Web 站点除了要提供消费者所需的优质产品和服务，还要做到形式生动、形象和个性化，体现企业文化和品牌特色。

2. 推销

网络营销中的推销就是企业主动向顾客提供产品和服务信息，让顾客了解、认识企业的产品，并促使其实施购买。网络营销有别于传统营销中的推销。它有两种方法：一种是企业利用互联网服务商或广告商提供的经过选择的互联网用户名单，向用户发送电子邮件，在邮件中介绍产品信息；另一种方法是企业应用推送技术，直接将企业的网页推送到互联网用户的终端上，让互联网用户了解企业的 Web 站点或产品和服务信息。

3. 链销

网络营销中，互动的信息交流强化了企业与顾客的关系。让顾客满意度提高是企业开展网络链销的前提。企业使顾客充分满意，满意的顾客成为免费的宣传者，会以自己的购买经历为企业做宣传，向其他顾客推荐。从而形成口碑和品牌效益，最终形成顾客链。

模块技能训练

一、请讨论并回答下列问题

1. 网络营销与传统营销有何异同？
2. 发布网络广告的方法有哪些？

二、案例分析

案例 12-4

美的空调如何通过电商赚得 100 亿

2014 年，美的集团挖来"1 号店"前高管，推动电商业务提升。同年，美的集团的电商收入首次突破百亿。2014 年美的集团总收入 1423 亿元，电商在美的集团总收入中的占比从 2013 年约 3%，上升到 7%。

作为家电大户，美的从以传统渠道为主，到电商与大连锁、经销商形成"三足鼎立"之势，电商业务从单纯网上销售，到向线上线下融合 O2O 模式转型。美的正加速拥抱互联网。

2013 年，为了拉拢网上的年轻消费者，美的集团生活电器事业部创立了网上子品牌"易酷客"。"易酷客"开始时堪称是"无产品、无资金、无渠道"的"三无"品牌。

但是美的集团将品牌目标人群瞄准为日益成为消费主力的"80、90 后"，努力打造专属年轻人的第一台小家电，致力于提供"年轻人的烹饪装备"。产品上，运用互联网思维，做年轻人喜欢的色彩绚丽、颠覆传统、功能简捷、较高性价比产品。服务上，倾向于新媒体运用，比如可以用微信查阅菜谱、说明书、查找附近售后网点。

经过策略、研发、制造部门的共同合作，易酷客做好了与常规产品的区别，包括差异化包装。最重要的还是让"易酷客"品牌和"美的"牌产品差异化，避免内部竞争。

经过半年努力，到 2013 年年底，易酷客推出 4 款产品，并有 3 款产品卖到京东 TOP 10，其中有一款电磁炉还打入并稳居京东 TOP 2。进入天猫的第一天就卖了 2000 台……

问题：

1. 美的空调是通过什么赚得 100 亿？
2. 美的空调目标人群是哪类人？

三、技能实训

网购一件商品

请每位同学登录某个购物网站,模拟完成一次购物行动。

模块学习测验与总结

一、选择题

1. 网络营销渠道有（　　）。
   A．会员网络　　　　　　　　B．分销网络
   C．快递网络　　　　　　　　D．物流网络
2. 公共关系营销的手段主要有（　　）。
   A．与网络新闻媒体合作　　　B．宣传和推广产品
   C．有奖促销　　　　　　　　D．建立沟通渠道
3. 网络营销的形式有（　　）。
   A．网络广告　　　　　　　　B．网站推广
   C．公共关系营销　　　　　　D．销售推广
4. 网络营销的策略有（　　）。
   A．直销　　　　　　　　　　B．拉销
   C．推销　　　　　　　　　　D．链销
5. 在网络营销中,企业的产品策略在（　　）方面都要体现互联网的特点。
   A．产品特征　　　　　　　　B．产品定位
   C．产品开发　　　　　　　　D．产品销售
6. 适合网络营销的商品主要有（　　）。
   A．有形商品　　　　　　　　B．在线服务
   C．无形商品　　　　　　　　D．硬件商品
7. 网络营销定价的特点是全球性、低价位和（　　）。
   A．顾客主导　　　　　　　　B．企业主导
   C．商品主导　　　　　　　　D．政府主导
8. 网络市场问卷调查的方法主要有（　　）。
   A．站点法　　　　　　　　　B．电子邮件法
   C．随机IP法　　　　　　　　D．视迅会议法
9. 网络消费者的特点有（　　）。
   A．注重自我　　　　　　　　B．易冲动消费
   C．喜好新鲜事物　　　　　　D．缺乏耐心
10. 网络营销市场具有（　　）的特点。
    A．经营范围广　　　　　　　B．经营全天候
    C．店铺经营　　　　　　　　D．库存销售

二、判断正误

1. 网上销售受时间限制。（   ）
2. 网络营销产品的价格更有竞争力。（   ）
3. 巨型广告可以解决旗帜广告因版面小而难以吸引网站访问者注意力的问题。（   ）
4. 网上交易可以讨价还价。（   ）
5. 在互联网上信息产品和有形产品的销售是不一样的。（   ）

三、案例分析

>>> 案例 12-5

天骏电器网络销售从 60 万涨至 1500 万

天骏电器有限公司于 2001 年在广东省中山市成立，它是率先组织暖风式干衣机产品生产的企业。随着企业规模的迅速发展壮大，现已成为国际上暖风式干衣机行业的龙头企业。该公司一开始走分销和代理的模式，后来通过代理商在淘宝网开始电子商务后，虽有效果，但不明显。

天骏电器有限公司从 2009 年 8 月开始通过代理商进行网店销售，一年销售额不到 60 万元。从 2010 年 10 月份开始与中山训迪电子商务有限公司合作，由训迪公司负责天骏的网上旗舰店，品牌宣传力度的加大，销售额马上飙升。开始营销的第一个月就实现 47 万元的销售额。从 2010 年 10 月份到 2011 年 3 月份，销售额达到了 1500 多万元。"

网络销售的弊端是消费者不能见到实物，仅能凭借商家的信誉度和产品宣传做出购买选择。因此，旗舰店的可靠性和宣传力度就显得尤为重要。

问题：什么原因使天骏电器的销售额飙升？为什么？

四、个人学习总结（表 12-4）

表 12-4　个人学习总结

我学到了哪些知识	
我学会了哪些技能	
我哪里学得不够好？原因及措施怎样	

模块学习评价（表12-5）

表12-5 模块学习评价表

小组：		姓名：	评价总分：		
评价项目		评价依据	优秀 8~10分	良好 6~8分	继续努力 0~6分
自我评价 20分	学习态度	遵守纪律；学习主动；积极参与小组活动和讨论；尊重同学和老师；具有较强的团队精神、合作意识；能客观有效地评价同学的学习			
	目标达成	达到学习目标；按要求完成各项学习任务			
	自评合计分				
小组互评 30分	其他组员	评价依据	优秀 20~30分	良好 10~20分	继续努力 0~10分
		（1）积极参与小组活动和讨论；具有较强的团队精神、合作意识；服从角色安排 （2）对小组活动贡献大小 （3）知识目标达成情况 （4）技能目标达成情况			
	……				
	小组平均分				
教师评价 50分		评价依据	优秀 8~10分	良好 6~8分	继续努力 0~6分
	学习态度	综合表现			
	个人评价	自评结果			
	小组评价	互评结果			
	小组活动	活动成果			
	测验	测验结果			
	教评合计分				

参 考 文 献

[1] 纪宝成. 市场营销学教程[M]. 北京：中国人民大学出版社，2008.
[2] 刘德武. 企业物流[M]. 北京：电子工业出版社，2009.
[3] 孙国忠，袁文军. 市场营销实务[M]. 北京：北京师范大学，2010.
[4] 李红梅. 市场营销实务[M]. 北京：电子工业出版社，2010.
[5] 张泽起. 市场营销实务[M]. 北京：北京传媒大学出版社，2008.
[6] 罗绍明. 市场营销实训[M]. 北京：机械工业出版社，2009.
[7] 王瑶. 市场营销基础实训与指导[M]. 北京：中国经济出版社，2009.
[8] 张存禄. 企业管理经典案例评析[M]. 北京：中国人民大学，2005.
[9] 赵志锋. 电子电器产品营销实务[M]. 北京：人民邮电出版社，2008.
[10] 周伟. 电子电器产品市场与营销[M]. 北京：电子工业出版社，2008.
[11] 刘晓峰. 现代工业企业管理[M]. 北京：机械工业出版社，2008.
[12] 张雪芬，曹汝英. 商品经营[M]. 北京：高等教育出版社，2006.
[13] 刘永芳. 消费心理学[M]. 上海：华东师范大学出版社，2008.
[14] 龙江. 商贸企业物流[M]. 北京：中国物资出版社，2003.
[15] 韩广兴，韩雪涛. 电子电器产品营销技能上岗实训[M]. 北京：电子工业出版社，2009.
[16] 孙国忠，袁文君. 市场营销实务[M]. 北京：北京师范大学出版社，2011.
[17] 梁慧琼，余远昆. 市场营销[M]. 北京：清华大学出版社，2011.